江苏省"十二五"教育科学规划重点课题研究成果

亲子戏剧
幼儿园与家庭合作新范式

孙立明 著

南京师范大学出版社
NANJING NORMAL UNIVERSITY PRESS

图书在版编目(CIP)数据

亲子戏剧:幼儿园与家庭合作新范式/孙立明著.
—南京:南京师范大学出版社,2015.12 (2021.11重印)
 ISBN 978-7-5651-2383-2

Ⅰ.①亲… Ⅱ.①孙… Ⅲ.①学前儿童-家庭教育-戏剧教育研究 Ⅳ.①G78

中国版本图书馆 CIP 数据核字(2015)第 245387 号

书　　名	亲子戏剧:幼儿园与家庭合作新范式
作　　者	孙立明
责任编辑	彭艳梅
出版发行	南京师范大学出版社
地　　址	江苏省南京市宁海路 122 号(邮编:210097)
电　　话	(025)83598919(总编办)　83598412(营销部)　83598297(邮购部)
网　　址	http://www.njnup.com
电子信箱	nspzbb@163.com
照　　排	南京凯建图文制作有限公司
印　　刷	江阴金马印刷有限公司
开　　本	787 毫米×960 毫米　1/16
印　　张	21
字　　数	349 千
版　　次	2015 年 12 月第 1 版　2021 年 11 月第 2 次印刷
书　　号	ISBN 978-7-5651-2383-2
定　　价	48.00 元
出 版 人	张志刚

南京师大版图书若有印装问题请与销售商调换
版权所有　侵犯必究

序言

儿童戏剧是以舞台表演为中心,融会了文学、音乐、舞蹈、美术、建筑等多种艺术成分,并适合儿童接受能力和欣赏趣味的戏剧,对儿童的成长具有独特的认识、教育、审美、娱乐等作用,这也使儿童戏剧的教育探索和实践备受学前教育学者、园长、教师的关注。先后涌现出很多相关的优秀论文,也有《表达·创作·表演:幼儿园戏剧教育课程》《幼儿园戏剧综合课程研究》《幼儿戏剧表演与指导》等专著出版。

本书作者孙立明是江苏省幼儿园特级教师,有着丰富的教学和研究经验,是一位学者型的园长。阅读本书,可以看出作者查阅了大量的文献资料,古今中外,娓娓道来。戏剧发展史、儿童戏剧史、中国戏剧史、中国儿童戏剧史的脉络非常清晰地展示在你眼前。阅读本书,可以看出作者扎实的教学研究功底,作者能站在理论的高度俯视幼儿园亲子戏剧教育的各类问题,也能回到幼儿园实践层面,通过丰富、完善的案例展示幼儿园亲子戏剧的实践工作,因此本书既有理论高度又有实践广度。

作者从幼儿园的实际出发,紧紧围绕"亲子"这一独特视角,将儿童戏剧教育与家园合作结合起来阐述。全书洋溢着《3—6岁儿童学习与发展指南》的精神,大胆提出了幼儿园戏剧教育中"角色动态竞争""戏剧素质游戏"等全新概念,并进行了较为系统的阐述;提出了亲子戏剧教育实践流程的"准备、创编、排演、展演、批评、延伸"六环节;倡导"亲子戏剧教育面向全体幼儿,人人参与,融入一日生活,追求的不是艺术的专业化程度,而是幼儿的参与、创造、体验与享受,实施的每一个环节都洋溢着幼儿、家长、教师三位一体的智慧"的理念。本书很好地填补了国内这一研究领域的空白。

阅读本书，你可以真正解决关于幼儿园开展亲子戏剧教育的各种困惑，如：亲子戏剧教育对幼儿发展的价值，如何让家长乐于参与到亲子戏剧中来，如何保护和发展儿童与生俱来的戏剧天性，亲子戏剧教育实践有哪些原则，应该避免哪些误区，为什么要开展"角色动态竞争"，幼儿园如何系统地开展"亲子戏剧活动"，一个亲子戏剧主题的具体实施流程是怎样的，等等。

每个儿童都是天生的戏剧表演者和热情观众。台上的他们通过装扮和戏剧表演逐步了解世界、增长知识、体验生活、陶冶情操；台下的他们睁大眼睛，伸着脑袋，一会儿急得顿足，一会儿笑得痛快，他们早已忘记了这是演戏。家长们拿着亲手制作的道具上场、下场，哪怕是担任一个大树角色，也乐此不疲。

真诚地希望幼儿园园长和幼儿教师们阅读并喜欢这本书，研讨书中的具体案例、实施流程等，能将之付诸实践并提出宝贵建议；也期待更多的专家、学者共同重视、参与到幼儿戏剧教育工作中来，指导更多的幼儿园很好地将幼儿戏剧教育工作开展起来。

2015 年 6 月

目录

序言 …………………………………………………………… 1

前言　亲子戏剧的研究缘起 ………………………………… 1
    一、戏剧自身的独特性 ……………………………………… 1
    二、家庭教育的重要性 ……………………………………… 4
    三、家园合作的必要性 ……………………………………… 5
    四、家园合作的可能性 ……………………………………… 8

第一章　戏剧·儿童戏剧·亲子戏剧

第一节　戏剧及戏剧形态 ｜ 3
    一、何谓戏剧 ｜ 3
    二、戏剧形态 ｜ 6

第二节　现代儿童戏剧的历史回顾 ｜ 7
    一、儿童戏剧的产生 ｜ 8
    二、儿童戏剧的发展 ｜ 9
    三、儿童戏剧的繁荣 ｜ 10

第三节　亲子戏剧的产生与分类 ｜ 14
    一、什么是亲子戏剧 ｜ 14
    二、亲子戏剧的产生 ｜ 15
    三、亲子戏剧的分类 ｜ 20

第二章　亲子戏剧的特征与功能

第一节　亲子关系概述 | 30
  一、亲子关系的界定 | 30
  二、亲子关系的特征 | 31
  三、亲子关系的现状 | 33

第二节　亲子戏剧的特征 | 34
  一、儿童心性的特点 | 34
  二、儿童观众的特点 | 36
  三、亲子演员的特点 | 37
  四、情感鲜明的特点 | 37
  五、冲突单纯的特点 | 39
  六、儿童语言的特点 | 41

第三节　亲子戏剧的功能 | 43
  一、解放身心功能 | 44
  二、综合教育功能 | 44
  三、审美娱乐功能 | 47
  四、和谐家庭功能 | 47
  五、和谐家园功能 | 48
  六、和谐社会功能 | 48

第三章　亲子戏剧的实践环节

第一节　亲子戏剧准备 | 55
  一、教师应该做什么 | 55

二、家长可以做什么 | 73

三、幼儿需要做什么 | 78

第二节　亲子戏剧创编 | 82

一、创编原则 | 83

二、创编要点 | 84

三、结构创编 | 86

四、文本创编 | 95

第三节　亲子戏剧排演 | 102

一、排演准备 | 103

二、分段排演 | 107

三、排演误区 | 117

第四节　亲子戏剧展演 | 119

一、舞台调度 | 120

二、舞台美术 | 122

三、人物造型 | 125

四、注意事项 | 127

第五节　亲子戏剧批评 | 128

一、教师反思 | 129

二、观众评价 | 130

三、亲子体悟 | 131

第六节　亲子戏剧延伸 | 132

一、延伸意义 | 132

二、延伸形式 | 134

第四章 亲子戏剧教育实践

第一节 小班亲子戏剧活动方案 | 139
  一、小黄鸭找妈妈(亲子歌剧) | 139
  二、想吃苹果的鼠小弟(亲子舞剧) | 167

第二节 中班亲子戏剧活动方案 | 193
  一、小熊请客(亲子歌剧) | 193
  二、青蛙卖泥塘(亲子舞剧) | 224

第三节 大班亲子戏剧活动方案 | 245
  一、三只小猪盖房子(亲子话剧) | 245
  二、笑翻天的农场(亲子音乐剧) | 279

前言　亲子戏剧的研究缘起

戏剧是一门很古老的艺术。例如,西方古希腊的戏剧,至少已有2500年的历史;东方印度的戏剧,也有不下1600年的历史;中国戏剧的历史,如果按照学术界流行的说法,从12世纪末(时值南宋、金朝)算起的话,那也将近1000年了。在众多类型的艺术——文学(诗)、音乐、绘画、雕塑、建筑、舞蹈、戏剧、影视之中,戏剧曾长期占据首位,甚至一度有"艺术的皇冠"之称,并一向是一个国家或民族文化发展水平的标志。戏剧已然是人类一种高度成熟的艺术,我们为什么试图在学校教育的开端——幼儿园开展戏剧活动呢?又为什么要联动家庭,以"亲子"作为幼儿园戏剧活动的探究视角呢?

一、戏剧自身的独特性

维果斯基说:"在戏剧中,儿童能演绎超过自己年龄和日常能力的活动,在戏剧中,他们能超越自我。"戏剧可以帮助儿童学习,为他们的发展提供积极的环境(Bodrova et al.,1999)。戏剧促使儿童实践生活中学到的知识,消化吸收信息,并理解其含义(Brown et al.,2001),它还能促进儿童的读写能力、自控力、认知力、社会性、情感和创造力的发展。[1] 例如,幼儿会把自己想象成另外一个人、动物或物体

---

[1] [美]朱莉·布拉德.0—8岁儿童学习环境创设[M].陈妃燕,彭楚芸,译.南京:南京师范大学出版社,2014: 249.

来开展戏剧游戏活动,会使用不同的替代物来表征游戏中需要的道具,会使用不同的方法自主解决戏剧活动中产生的问题。因此,将戏剧引入幼儿园教育,符合幼儿的心理需要和学习方式,更能引发幼儿的兴趣,深受幼儿的喜爱。

(一)戏剧自古以来深受人们青睐

戏剧是为人类所需而创造,并由人类的创造而不断演变、发展、成熟的。原始人还没有生产经验的时候,依靠狩猎为生。狩猎在原始人那里不是简单的捕猎行为,而是与一系列复杂的巫术仪式联系在一起,包括狩猎前的舞蹈、猎人对自己施加巫术、打猎中使用巫术魔法以及最后收场安抚猎物等完整的过程。这些巫术仪式中便隐含着戏剧的因素。在古希腊,每当春季葡萄藤长出新叶或秋季葡萄丰收时,人们都要举行群众性的化装歌舞会,向"酒神"狄俄尼索斯祈祷和祝福。在我国古代,戏剧不仅是成人的娱乐方式,也是儿童娱乐的主要方式之一。北宋初年出现了专为儿童娱乐的戏剧。每逢元宵节,"京城诸门皆有官中小棚……多设小影戏棚子,以防本坊游人小儿相失以引聚之"[①]。后来清代的"肩担戏"走遍大街小巷,走到哪里,后面都跟着一群孩子。因此,戏剧就形式而言,是深受孩子们喜爱的。再者,纵览欧美国家以及我国港台地区,戏剧教育行动非常盛行。国际戏剧教育思潮蓬勃发展于20世纪60年代,尤其在英国、美国等发达国家最为流行。美国有"戏剧与教育联盟",着重从事戏剧与教育相结合的研究和实践。在我国港台地区,20世纪80年代初也盛行教育剧场、教育戏剧。

(二)幼儿与生俱来的戏剧天性

幼儿生活中天天发生着戏剧性的活动。幼儿的游戏与生活在某种意义上可以说是模仿戏剧与戏剧活动的日常化尝试。譬如,幼儿自己画面具,系上绳子戴在头上,然后进行一天的游戏活动。如果想表演图画书中的故事,他们会求助于教师给他们配音乐、说旁白,表演者和观看者各得其乐。几乎所有的孩子都经历过"过家家"的阶段,起初,他们总是模仿自己的父母,你装爸爸,我扮妈妈,假装给洋娃娃喂东西吃,洗脸洗手……接着,模仿幼儿园老师,把玩具当小朋友,教他们唱歌、跳舞、

---

① 程式如.儿童剧散论[M].北京:中国戏剧出版社,1994:124.

讲卫生。他们在不想睡觉的情况下,将头埋在被窝里,紧闭双眼假装睡觉,但颤动的睫毛"出卖"了他们的小心思;他们端着空碗,装出吃得很香的样子;他们手持一根木棍,就能模仿出解放军叔叔正在打坏蛋的场景;他们跨在平衡木上,就能做出骑马的动作。幼儿的假装是自发的、自由的、创造的、愉悦的。没有谁教他们,没有谁提示他们,更没有谁去规定他们的行为,他们是天生的演员。此外,幼儿在进入戏剧游戏之前以及在玩的过程中,总会和同伴不断地共同商量"玩什么""怎么玩""用什么玩""你演什么,我演什么,他演什么"之类的问题,从戏剧元素的角度分析,幼儿是在创作剧情、制作道具、分配角色等,因此,他们不仅是天生的演员,还是天生的剧作家和导演的集合体。

(三)戏剧教育革新了教学模式、学习方式

当戏剧被引入幼儿园,幼儿不仅参与活动前的准备,还参与戏剧的创编、排演以及展演,乃至结束后的评论。能力发展各有特点的幼儿在不同阶段、不同领域都能施展特长、树立自信、找寻快乐,这将改变幼儿园教师的教学模式及幼儿的学习方式。

1. 改变了教师教学模式。

在传统的幼儿园教育中,教学主题的选择、教学内容的预设、教学方法的设计等,都是教师在有准备的情况下按部就班地传授给幼儿,即使注重幼儿的主体地位,增设游戏环节,仍难保证幼儿有自发、自主的创造和自由的表达、表现的机会。但在戏剧活动中,游戏精神、游戏理念始终贯穿其中,剧本的选择、主题的来源也几乎来自于幼儿感兴趣的话题、事件和经典故事。在此基础上,即便教师拿出故事预设框架,也仅仅是大概体例,具体的人物设置、人物间的对话、人物间的矛盾情节还是由幼儿想象、创编,关于人物的言语、动作的表达,更是给予幼儿自发、自由的模仿和创造的权力。

2. 改变了幼儿学习模式。

(1)在亲子戏剧中,幼儿身体与心灵都得到了解放。动静交替,改变了传统教育只重视知识的静态学习。身体的"动"包括了多个方面,从表情、肢体到内心的动作,从动态动作到静态动作,从非控制的动作到有控制的动作,从无节奏的动作到有节奏的动作。幼儿喜欢用、也乐于用身体动作来感受和表达对周围世界的探究,

以身体语言体验和传递着丰富的感受。

（2）亲子戏剧中的幼儿是一个体验的学习者，他们在角色的世界里学习知识、认识社会、陶冶情操，与传统教育集体传授式的学习相比，这种体验式的学习使幼儿获得具有生命质感的、活生生的知识。

（3）亲子戏剧中的幼儿创造着一个虚构与现实紧密结合的舞台世界，这种虚构性最贴近幼儿游戏的精神世界，激发幼儿的想象力和创造力，同时其现实性又将幼儿拉回现实生活，促使幼儿以理性的方式看待问题、解决问题，从而兼顾了幼儿感性和理性的平衡发展。

二、家庭教育的重要性

（一）家庭的概念

家庭是一种特殊的社会生活组织形式，它是一种社会群体，但是和其他社会群体不同，它不是社会中人们任意的结合，不是因为单纯的政治目的、经济目的、学术研究目的或文化娱乐目的的结合，而是婚姻关系、血缘关系的结合。家庭是以婚姻为基础、以血缘为纽带而形成的社会生活的基本单位，是社会最微小的细胞。家庭是在社会发展到一定历史阶段而产生的，并随着社会的发展而发展。家庭作为一种独立的社会组织形式，承担着众多的社会职能，教育是家庭的重要职能之一。

（二）家庭教育的重要性

按照传统的说法，家庭教育是指在家庭生活中，由家庭里的长者（其中主要是父母）对其子女及其他年幼者实施的教育和影响。其实，这是狭义的家庭教育。广义的家庭教育，应当是家庭成员之间相互实施的一种教育。如前所说，凡是有目的、有意识地增进人的知识技能，影响人的思想品德，发展人的智力和体力的活动，都是教育。在家庭里，不论是父母对子女，子女对父母，长者对幼者，幼者对长者，还是同辈人对同辈人，一切有目的、有意识地施加的影响，都是家庭教育。作为人的教育起点及终点，家庭教育在人的成长过程中起着特殊的、极为重要的作用。它之所以重要是在于：

其一，家庭教育是一切教育的基础。儿童从出生的第一天起就开始接受家庭教育,父母就是他们的第一任教师。如果儿童从小在家庭里受到良好的教育,以后学校教育就能顺利地进行;如果儿童在家庭里受到不良的教育,他们在接受学校教育时会遇到困难,学校需要用很大的力气去矫正他们的错误和缺点。

其二,家庭教育的影响最深刻。父母是儿童的亲人,他们是儿童最亲密、最信赖的人;同时他们共同生活在一个家庭里,接触的时间最多,父母的一言一行、一举一动时时刻刻都在潜移默化地影响着他们。所以,父母的教育往往在儿童心灵上起着决定作用。

其三,儿童的可塑性最大,最容易接受教育。过去有些教育家把儿童比作一张白纸,可以任凭你在上面画画。这种比喻虽然不是很确切,因为儿童的发展要受到遗传、环境和教育三种因素的影响,但是这种比喻并不是没有一点道理的。因为遗传素质只是发展的前提,对人的发展起决定作用的是环境和教育,而教育又是起主导作用的,它可以改变一定的环境,或者利用一定的环境,使它有利于儿童的发展。所以,懂得家庭教育的父母,可以根据儿童的先天素质和环境设计最美好的图画。

其四,家庭教育的时间最长。儿童从出生到他能够不依赖家庭而独立生活以前都在不同程度上接受家庭教育,越是年龄小的时候接受家庭教育越多。儿童上了学,家庭教育的影响就逐步让给学校教育。但家庭教育仍然在起作用,仍在发挥它的影响力。①

三、家园合作的必要性

苏联教育家苏霍姆林斯基曾说:"没有家庭教育的学校教育和没有学校教育的家庭教育都不可能完成培养人的这一极其细微而复杂的任务。"我国著名教育家陈鹤琴先生也曾指出:"幼儿教育是一种很复杂的事情,不是家庭单方面可以单独胜任的,也不是幼儿园一方面可以单独胜任的,必须两方面结合才能取得充分的成效。"②随着幼儿从家庭进入幼儿园,这两个影响幼儿发展的最重要的微观系统之间,开始形成一个重要的中间环境系统——家园关系,具体而言指的是家园合作、

---

① 赵忠心.家庭教育学——教育子女的科学与艺术[M].北京:人民教育出版社,2001:2.
② 陈鹤琴.家庭教育——怎样教小孩[M].北京:教育科学出版社,1994:45.

家园共育关系。家园合作是指幼儿园和家庭都把自己当作促进儿童发展的主体，双方积极主动地相互了解、相互支持，通过幼儿园与家庭的双向互动，共同促进儿童的身心发展。家园合作是幼儿园教育工作必不可少的一部分，它不仅有利于促进幼儿园教育质量的提高，也为促进幼儿身心全面和谐发展提供一条有效的途径。

（一）家园合作受到世界各国的教育机构以及我国政府的重视

幼儿园与家庭合作是当前世界幼儿教育改革与发展的一大趋势，受到了世界学前教育组织（OMEP）以及各国教育机构的密切关注。首先，在1991年，日本政府就制定了第三个幼稚园计划（1991年至2000年），该计划要求各幼稚园逐步起到社区幼儿教育中心的作用，向家长传播科学育儿知识，加强幼稚园与家庭之间的联系与合作。1997年，全美幼儿教育协会（NAEYC）颁布了新的《0~8岁儿童适宜性发展教育方案》，将"教师同儿童家庭建立合作互惠的关系"作为贯彻实施适宜性发展教育的一项基本原则。其次，世界学前教育组织（OMEP）和国际儿童教育协会（ICEA）1999年在瑞士召开的"21世纪国际幼儿教育研讨会"上通过的《全球幼儿教育大纲》指出："幼儿的成长和教育是家庭、教师、保育人员和社区共同的责任。在家庭和社区里，所有成员应共同为儿童的利益创造良好的条件。"我国颁布的《幼儿园工作规程》提出："幼儿园应主动与幼儿家庭配合，帮助家长创设良好的家庭教育环境，向家长宣传科学保育、教育幼儿的知识，共同担负教育幼儿的任务。"2001年，教育部颁布的《幼儿园教育指导纲要（试行）》指出："家庭是幼儿园重要的合作伙伴。应本着尊重、平等、合作的原则，争取家长的理解、支持和主动参与，并积极支持、帮助家长提高教育能力。"针对现阶段我国幼儿教育改革与发展的现实问题，国务院办公厅在2003年转发了教育部等10个部门《关于幼儿教育改革与发展的指导意见》，指出："幼儿园要与家庭、社区密切合作。要充分利用幼儿园和社区的资源优势，面向家长开展多种形式的早期教育宣传、指导等服务，促进幼儿家庭教育质量的不断提高。"[1]

---

[1] 张韵. 幼儿园家园合作现状研究——以重庆市主城区幼儿园为例[D]. 重庆：西南大学，2009：1.

（二）促进幼儿的全面和谐发展需要家园合作

作为影响幼儿发展的两个主要环境因素——家庭和幼儿园，"不仅要有一致的行动，向儿童提出同样的要求，而且要志同道合，抱着一致的信念，始终从同样的原则出发，无论在教育的目的、过程还是手段上，都不能发生分歧"。① 只有加强合作，形成教育幼儿的合力，才能使幼儿在心理上获得安全感，最终实现身心全面和谐发展。幼儿的发展存在着多方面的个体差异性，比如有的生活能力较弱，有的语言能力发展得好，有的社会性发展得好，等等。正是幼儿发展的个体差异性使我们要实施有针对性的教育，而家园合作则担当了为教育者提供更准确了解幼儿个体特点和差异以及存在问题的信息来源。家园合作进行幼儿教育，将会取得更好的教育效果，更有利于幼儿的成长。幼儿个体的发展具有整体性，家园合作将使幼儿的生态环境作为一个整体呈现于施教者（幼儿教师和幼儿家长）的视野内，而不像以往那样明显地区分幼儿园教育和家庭教育。一方面，幼儿园对幼儿主要实施健康、语言、科学、艺术、社会五大领域的教育，而家庭则在影响和教育幼儿形成良好生活习惯和道德等方面起着重要的作用。幼儿教师和家长对彼此的微观系统中幼儿的受教育情况有了较为清晰的了解，两者通过沟通和合作，达成了教育目标的一致。另一方面也有利于实现幼儿教育的连贯性和一致性，促进幼儿全面和谐的发展。

（三）促进学前教育质量的提高需要家园合作

家园合作，既不是传统意义上的"家长工作"，也不是一方为主的"配合"，而是两个同样肩负着人生启蒙教育重任的社会组织及其成员之间的携手。首先，"家庭和幼儿园作为幼儿生活、学习的两个重要场所，整合幼儿发展可以说是从两种场所所需要获得的学习经验的结果。家园合作，可以使来自两方面的学习经验更具有一致性、连续性、互补性"。② 其次，"教育是一种通过共同探索而进行的社群活动和文化分享"，③家园合作为教师和家长、家长与家长提供了一个交流和共享经验的平台：一方面家庭、家长关系以及与家长有关的一些社会联系作为一些来自社会

---

① 黄人颂.学前教育学[M].北京：人民教育出版社，1989.
② 汪芳.武都区幼儿园家园合作现状的调查与研究[D].兰州：西北师范大学，2006.
③ 李生兰.幼儿园与家庭、社区合作共育的研究[M].上海：华东师范大学出版社，2003.

生活实际的教育资源被吸纳到幼儿园教育中;另一方面幼儿园作为具有较为丰富和全面的教育资源将有利于改变单个家庭教育资源匮乏的状况。如家园共育中家长参与幼儿园教育活动,教师就会请各行各业、有特长的家长到幼儿园来当"老师",浅显地向幼儿展示各行各业的工作特点,而这些家长还会根据自己工作的特点和环境为幼儿提供到一些机构、部门参观、开展活动的便利条件,这是仅仅依靠幼儿园自身所不能实现的。再如大部分家长在教育幼儿的观念和方法上还存在着较多问题,而幼儿园作为专门的教育机构,了解学前教育发展的动态,接触最新的科学理念,因此,可以帮助家长树立正确的儿童观、教育观,在采用科学的育儿方法上都能为广大家长提供相应的咨询和指导,进而提高家长的教育能力。家园共育可以充分利用和整合教育资源,使其作用最大化,在提高教育者的教育能力的同时,提高学前教育的质量。

四、家园合作的可能性

家庭教育与幼儿园教育如车之两轮、鸟之两翼,两者相互依存、不可或缺。尽管家长和幼儿教师在幼儿教育的方式和方法上存在差异,但二者的目标是一致的,都是为了幼儿的全面发展。家园合作的可能性正是建立在家园目标一致的基础上。近年来我国很多幼儿园开展了各式各样的家园合作,如幼儿园举办家长学校,或为家长设咨询服务点,向家长传授教育幼儿的知识与方法,或定期召开家长会议,向家长反映幼儿在园的情况。有些幼儿园还规定了参观日,便于家长了解幼儿园的各项活动。家长们为能更好地促进自己孩子的成长,也渴望学习科学的育儿知识,掌握先进的教育方法,也愿意主动参加幼儿园所组织的各项活动。因此,幼儿园与家长的合作已取得一定的成效。我们将幼儿园家园合作形式分为两大类:一类是以"幼儿园"为核心的家园合作活动,一类是以"家长"为核心的家园合作活动。

(一)以"幼儿园"为核心的家园合作活动

以"幼儿园"为核心的家园合作活动的主要目的:一是让家长了解孩子在幼儿园内的各方面的表现,了解教师是如何教育孩子的,同时,通过观察教师的教育行为和孩子的表现,反思自己的家庭教育的内容和方法;二是充分发挥家长的教育资源作用,支持幼儿园的教育活动。主要活动形式如下:

(1) 教育活动开放日。教育活动开放日可以是家长在幼儿入园前,对幼儿园整体环境、设施设备与师资力量等情况的参观、访问,也可以是幼儿入园后的一日或半日活动的参观与听课。入园前的开放日,可以邀请家长和幼儿一起来园,以此熟悉新老师和新环境,消除陌生感。

(2) 幼儿学习成果展览与汇报会。家长把自己的孩子送到幼儿园接受教育,最大的愿望莫过于孩子的进步。举办幼儿学习成果展览与汇报会的目的就在于向家长汇报幼儿在园的学习情况,让家长对幼儿园放心,同时给他们教育的信心和方法。

(3) 接送交流与家访。这是一种以访问、谈话为主要方式的个别交流形式,主要目的是让家长了解孩子在幼儿园的学习表现,让教师了解幼儿在家庭里的行为表现以及所处的家庭环境,加强沟通,交流经验,共同促进幼儿发展。

(4) 家园联系手册。这是一种书面形式的个别交流方式,教师以图文并茂的方式向家长介绍近期幼儿园的活动,幼儿的学习情况、生活情况及各方面的表现等。家长同时向教师介绍幼儿在家的表现以及亲子活动的概况。

(5) 便条或电话联系。简短的便条也是一种有效的交流手段,它往往只用教师的寥寥数语,就可以把幼儿的点滴进步传达给家长。

(二) 以"家长"为核心的家园合作活动

以"家长"为核心的家园合作活动,主要是指为了提高家长素质和家教质量,对家长的家庭教育提供帮助和进行指导的过程,也可以称作"亲职教育"。这是一种以家长为主要对象,以促进儿童身心健康发展为最终目的的成人教育,在亲职教育中,家长既是受教育者又是教育者。一方面,他们需要向亲职教育的指导者学习科学的家庭教育方法;另一方面,他们又要把学到的东西运用到自己的家庭教育实践中。亲职教育通常在幼儿园开设的家长学校里进行,大致有以下一些形式:

(1) 家长会。家长会大多由家长集体参加,其内容相对集中于大家共同关心的话题。

(2) "家长园地"或"家庭教育专刊"等。是以文字的形式定期对家长进行指导的一种形式。

（3）家教现场指导活动。这是一种互相观摩、直接指导的活动方式，常常是由教师通过对幼儿出现的问题或家长目前普遍关心的问题进行专项的教育活动设计，家长通过现场观摩来学习。

（4）家长沙龙。家长沙龙主要是给家长提供宽松的畅所欲言的环境与机会，可以由幼儿园提供场所，也可以由家长自愿在其他场合组织。

（5）家庭互助组。家庭互助组是幼儿家庭之间的一种在家庭教育方面相互关心、相互支持的形式。

（6）社区教育基地。社区教育基地是幼儿园亲职教育的一种延伸和补充。教育是人民的教育，发展教育和办好教育是全社会的责任。幼儿教育只有融入社会大系统，才能形成社会关心、支持并参与幼儿教育的社会风气。[①]

总而言之，幼儿期是人一生中发展非常迅速的时期，家庭和幼儿园是影响幼儿身心发展的两大方面，这两大方面对幼儿的影响必须同方向、同步调才能达到成倍的效果。因此，当前幼儿园首先应该认识到家园合作的重要性、必要性，而后分析家园合作的可能性，进而寻求家园合作可能、可行的方式，才能将家园合作工作落到实处，才能发挥家园合作的教育功能。

亲子戏剧是应时代进步，儿童观、教育观改革的背景下而产生的家园合作新型模式。它的产生离不开国家学前教育政策与时俱进的引导，也离不开学前教育专家科学育儿知识的引领，更离不开幼儿园自身对家园合作途径的不断探究以及家长对学前教育功能的新期待。它不是主观臆测、凭空出世，也不是自上而下的演进，而是在戏剧、儿童戏剧日益丰富、完善、多元，得到越来越多人的认可、重视尤其是教育价值得到认识的前提下，以及园方对家长工作、家园联动新模式不断探究的过程中，两者相契合，自然而然地出现的。其孕育、产生的过程是自下而上的求索，而不纯粹是理论家、学者由上而下的指引前行。

至于为何要在讨论戏剧、儿童戏剧的基础上，再引申出亲子戏剧的研究，是基于我们曾经做过的一个小范围的调查。调查我们的同行教师、家长对戏剧概念的理解，我们发现大多数人狭隘理解甚至曲解了"戏剧"的概念，有人将戏剧活动仅

---

① 石伟峰. 家园合作的必要性及对策[J]. 赤峰学院学报（自然科学版），2010（7）：219.

等同于演戏;有人将戏剧理解成"戏曲",认为戏剧就是唱戏的,在他们眼里,幼儿园搞戏剧,难道不就是教孩子们演戏、唱戏吗?若仅仅是唱唱跳跳对孩子的发展又能增益多少呢?对已然成熟、受众面极广的"戏剧"概念理解尚且如此,更不必说"亲子戏剧"了。

因此,考虑到广大读者对戏剧活动认识的不足,我们拟在简略回顾华夏文明孕育的千余年戏剧、百余年现代儿童戏剧的基础上,引出对亲子戏剧的讨论。因为,我们所要讨论的幼儿园"亲子戏剧"和"儿童戏剧"以及"戏剧"的关系,它们三者的关系一定如下图:

图 1　戏剧、儿童戏剧、亲子戏剧的关系

第一章

戏剧·儿童戏剧·亲子戏剧

戏剧是一门以演员扮演角色为核心,将文学、绘画、建筑、灯光、音乐、舞蹈、服装、化妆等诸多审美元素融为一体的综合艺术。和其他艺术形式一样,戏剧具有认识、教育、审美娱乐等作用。戏剧的认识作用体现在:戏剧概括、集中、提炼了生活,是特定历史社会生活的摹本。剧本的读者和观众通过戏剧能够观察和集中感受作品所展现的社会生活,对各种人物和人物关系所反映出来的社会生活获得鲜明而突出的印象。在此意义上,戏剧演出是直观的、形象的"历史、生活的教科书"。戏剧的教育作用体现在:观众步入剧院,有着各种各样的目的,但在看戏过程中,作者对社会、人生的看法,所要表达的政治观念、伦理观念、道德观念和文化观念,都会渗入戏剧的语言、行动、情境和意象中,对观众已有的或者还没有的乃至对立的思想体系是一次撞击,会导致群体思想的波动甚至剧变,因而富有教育意义。戏剧的审美娱乐作用体现在:通过悲剧或喜剧的方式,可以赋予观众一种有情趣的审美体验,让他们暂时从日常生活的琐碎和庸俗中解脱出来,从而认识到人的高贵和生命的自由。

第一节　戏剧及戏剧形态

一、何谓戏剧

戏剧一词,英语是 theatre,法语是 théâtre,德语是 Theater,它们都始源于希腊剧的剧院(theatron),即"观看的场所"一语。古往今来,戏剧艺术在全世界范围内,以历史的纵轴看,从原始戏剧到现代戏剧的漫长演变过程中产生了许多戏剧形态;以空间的横轴看,各个国家和民族有代表性的戏剧也呈现千姿百态的景象。就中国而言,除了戏曲和话剧这两种主要形态,还有歌剧、舞剧、音乐剧、哑剧、朗诵剧、木偶剧、皮影戏、多媒体剧等众多品种,单就戏曲而言,也在古往今来的演变中形成了不同的戏剧形态。

戏剧,广泛而言是关乎人类活动的表演。从认识论看,戏剧活动摹仿事物、展示祭礼反映出人类的宇宙观与生命观;从实践层面看,戏剧活动组织社会生活的伦理实践与价值秩序,参与历史事件与政治运动;从内涵看,包括表演的情感、歌舞、对话、动作、面具、服装、声腔、角色、曲牌、类型等表现形态;从外延看,还包括演出的个人、家族、阶层等社会结构关系,以及围绕戏剧所展开的观众与演员的精神互动、师徒与学派的言传身教、地方与剧种的生养保育等地方性知识和实践体系。① 由此,戏剧是一个非常丰富而又复杂的话题,堪称人类文化之鲜活多元的遗续,所以很有必要先来思考一下"戏剧是什么"的问题。

关于"戏剧是什么"的问题,艺术家们在不同时期、从不同角度给戏剧下过不同的定义。对于戏剧的定义众说纷纭,至今仍然没有一个明确的、公认的、绝对准确的概念。戏剧是一个在形态上不断发展演变的动态系统,每个时代都会赋予戏剧新的观念、新的内容、新的样式。因此,要给两千五百多年世界范围内的一切戏剧下一个有统摄性的定义确实不是一件易事。日本戏剧理论家河竹登志夫在其《戏剧概论》一书中,对于"戏剧是什么"认识差异产生的原因作了如下解释:

第一,由于戏剧几乎有着与人类社会同样悠久的历史,具有遍布于所有民族、人种之中的社会广泛性以及千差万别的形态,因此难于从中抽取出共同的本质特性。

第二,由于戏剧的构成要素是多方面的,而且它与浩瀚的社会活动或实际生活有着密切联系,故而难以像其他领域研究那样对它作"纯粹培养"般的处理。

第三,由于戏剧是由热的形体所创造的刹那间的一次性艺术,所以也难以对它作历史的实证科学的研究。②

我国《辞海》对"戏剧"一词的释文如下:"由演员扮演角色,当众表演情节、显示情境的一种艺术。"这个定义简单明了,抓住了戏剧艺术的核心内容演员"当众

---

① 黄玲. 戏剧[J]. 民族艺术, 2014(2): 27.
② [日]河竹登志夫. 戏剧概论[M]. 陈秋峰, 杨国华, 译. 北京: 中国戏剧出版社, 1983: 2.

表演"。日本戏剧理论家河竹登志夫在其《戏剧概论》一书中也为戏剧下了定义:"由演员扮演成剧本中的登场人物出现在观众面前,并在舞台上凭借其形体动作和语言所创造出来的一种艺术。"这个定义除了突出表演艺术之外,还指出了戏剧的另一重要构成要素"剧本"。《牛津词典》对戏剧的定义较前两者更为全面:"适合于舞台演出的散文作品或诗作。故事情节通过对话和动作来表达,辅之以姿态、服装和布景,表演出来宛如真实生活;此即为一出戏。"不过,这个全面的定义在英国戏剧家马丁·艾斯林看来过于冗长,还存在某种不足。

不同历史时期的戏剧家们对戏剧做出了不同的解释。究竟什么是戏剧?雨果说:"戏剧必须是一面集中焦点的镜子。"英国诗人柯勒律治认为:"戏剧是对自然的模仿。"荒诞派戏剧家尤奈斯库认为:"戏剧是舞台形象的动态的建筑结构。"格洛托夫斯基说:"戏剧是产生于观众和演员之间的东西。"美国戏剧评论家布朗德·马修斯说:"戏剧是这样一个总和,我们在剧场里借助于它来表现生活,并给剧场中一千二百名观众以真实的幻觉。"现代戏剧实验之父彼得·布鲁克说:"戏剧是一个通用的词汇,它将红色帷幕、舞台灯光、无韵诗句、笑声、黑暗统统胡乱地加在一起,成为一个混杂的概念。"

每一位以戏剧为研究对象的学者或艺术家都孜孜以求这个问题的答案。纵观不同时代的戏剧家对"戏剧"的认识和归纳,我们可以发现,这些归纳视野不同、角度不同、立足点不同,有的针对文本,有的针对演出,有的来自经验,有的来自思辨。思考者的学养不同、出发点不同,论述的角度、方向不同,对戏剧的认识深度不同,得出的结论自然也不同。

我国学者顾春芳在其《戏剧学导论》一书中,这样解释戏剧:"戏剧是一门以演员扮演角色为核心,将文学、绘画、建筑、灯光、音乐、舞蹈、服装、化妆等诸多审美元素融为一体的综合艺术。"它有三个最根本的特性是稳定不变的,那就是"假定性""现场性""时空交融性",这三者缺一不可。"假定性"表明戏剧永远是在一个"虚构的情境"中发生的事件,现实生活充满了"戏剧性",但不能由此认为现实生活中的"戏剧性"就等于戏剧。"现场性"表明戏剧中永远不能取消"角色当众表演"这一实质性内容,戏剧是一种具有现场性的演出活动。"时空交融性"则表明戏剧艺术中包含着空间艺术和时间艺术。空间性的呈现指的是演出空间的造型艺术、演出空间的整体形象等,时间性的呈现指的是剧情的展开、事件的延续、音乐的发展等,尤其是在歌剧、音乐剧等戏剧形态中,戏剧中的时间性特征表现得更为充分。①

二、戏剧形态

日本戏剧理论家河竹登志夫在其《戏剧概论》一书中,将戏剧的形态分为十类:

表 1-1　河竹登志夫对戏剧形态的分类

分类方法	戏 剧 形 态
按历史时代分类	原始剧、古代剧、中世纪剧、近代剧、现代剧、先锋剧等
按传播媒体分类	一般戏剧、木偶剧、假面剧、幻灯剧、连锁剧、电影、广播剧等
按表现要素分类	科白剧、哑剧、舞剧、音乐剧、朗诵剧、交响戏剧、全体戏剧等
按情节开展分类	悲剧、喜剧、笑剧、悲喜剧、流泪喜剧、情节剧等
按表现手法分类	写实剧、诗剧、叙事戏剧、表现主义戏剧、象征主义戏剧等
按戏剧动因分类	命运剧、境遇剧、性格剧、心理剧等
按内容素材分类	神话传说剧、历史剧、传奇剧、民间传说剧、寓言剧、市民剧、社会剧、家庭剧等
按主要场面分类	奇迹剧、复仇剧、恋爱剧、人情剧、怪诞剧、推理剧等
按戏剧目的分类	政治剧、宣传剧、宗教剧、祭祀剧、公共剧、教育剧、娱乐剧、慰问剧、儿童剧、学校剧、工厂剧等
按剧场形式分类	野外剧、室内剧、圆形剧场剧、流动戏剧、无形戏剧等

他的分类方法尽管比较详尽,但仍无法完全概括戏剧的全部种类。戏剧是一门以演员扮演角色为核心,将文学、绘画、建筑、灯光、音乐、舞蹈、服装、化妆等诸多审美元素融为一体的综合艺术。德国哲学家黑格尔对它推崇备至:戏剧无论在内容上还是在形式上都要形成最完美的整体,所以应当看作诗乃至一般艺术的最高层。

人类历史上三大古典戏剧:古希腊戏剧、印度梵语戏剧和中国古典戏剧,都是在各自的民族文化土壤上生成的,因而也就带有各自的民族文化心理特征。戏剧

---

① 顾春芳. 戏剧学导论[M]. 北京:北京大学出版社,2014:145.

的发展形态,在西方戏剧史范围内,大致经历了原始萌芽阶段、古希腊罗马时期(古典时期)、中世纪、文艺复兴时期、新古典主义时期、浪漫主义时期、现实主义、现代主义、后现代主义等漫长的历史。在中国的戏剧史上,戏曲的演变大致经历了先秦乐舞、秦汉散乐、汉代百戏、三国两晋南北朝的歌舞戏和优戏、隋唐散乐和歌舞戏、唐代的参军戏、宋代的教坊歌舞剧、宋杂剧、金院本、北杂剧与南戏、元杂剧、明清传奇,一直到今天多样化的戏曲形态。今天全国最具代表性的戏曲形态主要有京剧、昆剧、越剧、豫剧、川剧、秦腔、评剧、晋剧、汉剧、河北梆子、湘剧、粤剧、黄梅戏、湖南花鼓戏等。总之,东西方各个国家、各个民族和地区都有各自的戏剧形态。

第二节　现代儿童戏剧的历史回顾

亲子戏剧是在儿童戏剧的基础上逐步延伸出来的新型剧种,幼儿园所开展的亲子戏剧活动,必然建立在幼儿能充分理解、想象,反映幼儿思想、生活,符合幼儿审美特点的剧本选择的基础上。因此,要想了解亲子戏剧,就有必要先了解儿童戏剧的内涵及其历史变迁的过程。

儿童戏剧是以舞台表演为中心,融会了文学、音乐、舞蹈、美术、建筑等多种艺术成分,并适合儿童接受能力和欣赏趣味的戏剧。中国台湾学者陈信茂对此作了更为细致的阐释:"所谓儿童戏剧,应用儿童的思想、儿童的想象、儿童的语言、儿童的情感、儿童的经验,透过戏剧的手法,表现大宇宙间动植物的生活、人和物的关系、社会的现象、人生的意义。用以增进儿童的知识、陶冶儿童的美感、坚定儿童的意志、充实儿童的生活、诱导儿童向上的艺术活动。"①陈信茂为儿童戏剧下的定义较为宽泛。在他看来,只要合乎上述要求,不管内容是古代或近代;事件是发生在国内或国外;表现方式是舞台、电视、电影,或卡通,或皮影戏、木偶戏;扮演者不论是成人或小孩,只要符合儿童身心发展理论,内容切合儿童发展需要,都可称为儿童戏剧。

---

① 方先义.儿童戏剧创编与表演[M].西安:陕西师范大学出版总社有限公司,2014:3.

程式如在《儿童剧散论》中将儿童戏剧分为两类：一为儿童自身参与的；一为专业剧团为儿童演出的。为了和专业剧团演出的儿童剧相区分，她将少年儿童自己参与的戏剧称为"学校剧"或"校园剧"，是指在学校或校外少年儿童经常活动的少年宫、少年之家等处排练及演出的非营利性的戏剧，参加的成员和观众主要是学生，偶尔也有少数教师、家长参加。①

一、儿童戏剧的产生

中国现代儿童戏剧，最早可以追溯到清朝末年的新式教育学堂的出现。它是与学校教育密切配合的。当时出现的新式学堂是外国宗教势力在中国扩张的产物。在这些新式学校或教会学校里，沿用了西方的教学内容、方法和体制，并设置了一种"形象艺术教学"课程，即将圣经故事编成剧本，让学生自己用外语排演。有时也选用课本中的世界名剧，如莎士比亚、莫里哀等的作品。学生在接受新思潮的同时，也自然地运用这种演剧样式，将中国的时事编成历史故事演出。据史料记载，我国最早的学生演剧出现于上海。1899 年，上海圣约翰书院的学生利用每逢耶稣诞辰都要演出英语戏剧的惯例，在圣诞节晚会上为学校同学演出了自己编排的"时事新戏"——《官场丑史》。这出"无唱功""无做工""穿时装"的新戏，打破了中国戏剧的传统戏曲演出一统天下的局面，为中国话剧和中国儿童剧的出现开辟了新的道路。

1919 年 11 月 14 日，文学大师、作家、诗人、剧作家郭沫若创作的第一个剧本——儿童诗舞剧《黎明》，在《上海时报·学灯》上发表。剧中塑造了一对渴望民主与自由的新型少年少女形象。郭沫若的《黎明》吹响了少年儿童自主意识觉醒和儿童戏剧诞生的号角。虽然，其中的戏剧性不够强，故事性也不够完整，戏剧的动作性也比较简单，但其中喷薄欲出的激情，浪漫不羁的想象力，雄奇奔放的诗情和昂扬的革命热情都代表了一种新的时代精神，以高亢的、积极的基调拉开了儿童戏剧这一新兴艺术种类诞生的序幕。

中国儿童剧作为一种特定的艺术样式真正固定下来，归功于 20 世纪 20 年代由黎锦晖开创的儿童歌舞剧。"五四"之后不久，黎锦晖以儿童歌舞剧创始人的身

---

① 程式如. 儿童剧散论[M]. 北京：中国戏剧出版社，1994：7.

份跻身于庄严的文艺殿堂。由他创作的儿童歌舞剧,以其从内容到形式的独特性,为中国的儿童戏剧做出了开创性的贡献。《麻雀与小孩》是黎锦晖的一部承前启后之作,是中国现代儿童歌舞剧的先导。他采用了一种载歌载舞的艺术形式——儿童歌舞表演曲。它是中国儿童音乐的一个崭新的品种,特别适应儿童的心理特点和审美情趣。这部作品也被称作是中国儿童歌舞剧的开山之作。

二、儿童戏剧的发展

"九·一八"之后,面对日寇对我国东北的进犯,儿童戏剧作为抗日救亡的一支同盟军,紧密配合工农武装斗争,体现了更为广泛的群众性和强烈的宣传鼓动性。儿童文学大师叶圣陶创作了儿童历史剧《西门豹治邺》和《木兰从军》,又与他人合写了儿童歌舞剧《蜜蜂》和《风浪》。接着又有一大批著名戏剧家投入儿童剧创作,像于伶的《蹄下》、陶行知的《少爷门前》、崔嵬的《墙》、熊佛西的《儿童世界》、陈白尘的《两个孩子》和《一个孩子的梦》、中汪洋的《小毛毛的爸爸》等。这些剧目在各地演出,向孩子们发出团结起来与侵略者搏斗的号召。文学家、戏剧家对儿童戏剧的积极参与,促进了儿童戏剧从文学到艺术的进一步发展。

"卢沟桥事变"后中国的儿童戏剧经历了左翼剧运、国防剧运的磨炼与积累,高举爱国主义大旗,走出城市,深入抗日斗争的广大战场上,社会视野大大开阔,巩固扩展了统一战线。大后方的进步剧作家继续保持革命的战斗精神,进行不屈的斗争和辛勤的笔耕,从各个角度以儿童题材来反映现实,暴露黑暗,并出现了一批热心于儿童戏剧事业的专家,如贺宜、龚炯、张石流等,在发展儿童戏剧运动中起了积极的作用。另一方面,广大流离失所的孩子,在地下党的组织下,纷纷成立了自己的剧团,奔赴前线、敌后和大后方进行演剧宣传。如孩子剧团、新安旅行团、昆明儿童剧团等,走上了革命的道路,成为现实斗争中一支支小小生力军。在这段中国人民同日本帝国主义者殊死斗争的岁月里,中国的儿童戏剧奇迹般地发展与成熟了起来。

新中国成立后,党和政府把培养教育新一代和社会主义的前途联系在一起,十分重视少年儿童身心健康成长。从培养社会主义新一代的目的出发,儿童戏剧事业得到党和国家领导人的重视,成立了"中国儿童艺术剧院"和"中国福利会儿童艺术剧院"。由这两个剧团参加的1956年3月全国第一届话剧观摩演出活动,是新中国成立以后规模最大的话剧盛会,它们表演的《马兰花》和《友情》等艺术成就引起中国戏剧界的广泛瞩目,确立了儿童戏剧作为一个新的艺术门类、儿童戏剧队伍作为一支蕴含着巨大潜力的生力军在中国戏剧界的地位。

三、儿童戏剧的繁荣

改革开放后,全国一片生机勃勃的局面,精神文明建设显得尤为重要,党和国家领导人、社会各界都十分关心儿童戏剧事业的发展。宋庆龄副委员长在1979年连续写了两封信给中国福利会儿童艺术剧院,其内容如下:

中国福利会儿童艺术剧院:

我创办儿童剧院,是为了演出儿童剧,通过儿童典型形象,感染儿童,使他们有文娱生活并寓教育于文娱之中。希望你们继续把工作重点放在儿童剧上,创作出更多更好的儿童剧。

  祝
工作胜利!

宋庆龄(亲笔签字)
1979年2月12日

中国福利会儿童艺术剧院:

昨天给你们写了一封信。今天觉得还有话要说,再写这封信。儿童艺术剧院是示范性、试验性的,完全是为儿童服务而创办的。成人有成人的剧院。某些干部把为儿童服务的方针误会了,将是一个大错。我们既定的方针,不可曲解和转变。我们多年来培养的专业人员,不允许调走。

  此致
敬礼!

宋庆龄(亲笔签字)
1979年2月13日
(注:着重符号是宋庆龄同志加的)

这两封信是宋庆龄副委员长写给中国福利会儿童艺术剧院的,实际上是表达了国家领导人对我国戏剧事业的深深关心和有力支持,她再次重申了儿童剧的性质、对象、方向以及队伍建设等问题,是对新时期儿童剧事业发展方针的十分重要的指示。

再有我国著名儿童文学家叶圣陶、冰心、高士其、张天翼、严文井、金近、柯岩、袁鹰八人联名在《人民日报》上发表题为《孩子们到哪里去看戏》的文章,表达了他们对没有儿童剧场给孩子看戏的焦急、心酸的心情。在信中,他们阐述了儿童戏剧对儿童成长的意义。他们说:

"儿童戏剧与儿童文学是姐妹。文学作品的小读者就是儿童剧院的观众,孩子们以袒露的心胸承受着文学、戏剧传播的真、善、美种子,随着岁月流逝,珍贵的种子会变成闪光的星星,照亮他们人生的道路。

十年动乱期间,一位才华出众的姑娘不远数千里去和她正被'劳改'的'现行反革命'结婚,她的勇气来自多方面,据她自己说,她曾经是儿童剧爱好者,《革命一家》里妻子接替倒在血泊中的丈夫的地下工作,《青年近卫军》里男女挚友在刑场上携手高歌的情景一直鼓舞着她,她要做这样的人!可爱的小观众们,总是以加倍的情感偿还那些可尊敬的儿童艺术家们的艰辛劳动,真引得我们文学工作者怀有三分羡慕、两分嫉妒了!水果、蔬菜、肉类、粮食是儿童长身体不可缺少的食品,文学、戏剧、音乐、美术更是陶冶情操、铸造灵魂必需的营养。否则,有健壮的躯壳,没有充实的内心,又有何用?特别是儿童戏剧,通过具体形象,最为孩子们所接受。童年是短暂的,一去不复返,童年是重要的,会影响人的一生。因此,儿童事业的一切设施不能缓,必须只争朝夕!

列宁在苏维埃刚刚建立,百废待举之时,下令盖的第一个剧场就是莫斯科儿童剧场。因此,我们恳切地呼吁,也真诚地相信:计划、财政、建筑施工各部门的领导同志会像爱自己的儿孙一样疼爱所有的儿童,再不要使儿童剧场的重建挂不上号、排不上队!我们之中,有的年逾八十、九十,却坚定地相信总能亲自参加第一座儿童剧场——儿童自己的艺术宫殿落成典礼!"

(摘自《人民日报》1980年12月1日)

党的关心、社会各界的支持，这就是 20 世纪 80 年代初吹的儿童剧繁荣的强劲的东风。邓颖超在 1982 年首届全国儿童剧观摩演出活动前，发来贺信：

我预祝建国以来首届全国儿童剧观摩演出获得成功！向参加全国儿童剧观摩演出的全体同志、朋友表示衷心的感谢和敬意！

为孩子写戏是一件很光荣、很有意义的事，也是一件好不容易的事，需要不断地探索和创造性的努力。鲁迅先生说过："为了新的孩子们，一定要给他们新作品。"希望我们的儿童剧工作者，在党的文艺方针指导下再接再厉，到儿童世界中去生活，了解 80 年代儿童的心理、兴趣、爱好，创作出为新儿童所喜爱、激发他们奋发向上的新作品。

儿童戏剧评论工作者是发展、繁荣儿童戏剧创作的重要一环，希望我们的戏剧理论家重视儿童戏剧的研究工作！

邓颖超
1982 年 7 月下旬

1982 年是中国儿童戏剧事业有重大意义的一年，这一年的 8—10 月，文化部分南北两片举行了全国儿童剧观摩演出。这次活动无论从演出的规模、剧目的质量以及专业儿童戏剧队伍的扩大方面，都可以说是新中国成立以来从未有过的。演出剧目的题材广泛，在反映儿童现实生活方面，有揭示儿童教育等问题的话剧《朱小彬》《闪烁吧，繁星》；有新型的学校教育剧《好伙伴之歌》；还有小舞剧《三毛要上学》、童话剧《人参娃娃》、京剧儿童剧《金童》《寒号鸟》等；特别令人难忘的是《宋庆龄和孩子们》和《喜哥》这两部反映革命历史生活的儿童剧，它们在塑造革命领袖人物上，进行了大胆的艺术实践，取得了良好的艺术效果。

1996 年再次举办的全国儿童剧新剧目评比演出，规模上虽然没有 1982 年全国儿童剧观摩演出那么大，但剧目选的比较精。在 12 台戏中，无论是题材、体裁剧种及风格、样式的多样性、丰富性，还是反映现实的及时性和深刻性以及艺术追求上的探索性等方面，都取得了显著成绩，涌现出了现代儿童舞剧《远山的花朵》、多场次校园剧《我爱我班》、无场次儿童剧《希望》、新童话剧《白马飞飞》等一批优秀的剧目，特别是出现了苏州滑稽戏《一二三，齐步走》这样一部轰动全国的优秀儿童剧。

2011年,作为新中国历史上时间最长、场次最多、范围最广的首届中国儿童戏剧节开幕。为期42天的戏剧节中,来自8个国家和地区的39部儿童剧在北京、济南、南京、杭州、呼和浩特、宁波、青岛、延安、西安、平顶山等地进行了215场演出,共有15万观众走进剧场,展演剧目题材广泛、品种多样,包括童话剧、神话剧、音乐剧、动漫剧、人偶剧、歌舞剧、互动剧、校园剧、木偶、皮影、沙画、情景马戏、奇趣音乐会等。不仅展示了中外儿童戏剧的优秀成果,促进了相互交流,有利于儿童戏剧人才的培养和事业的进步,而且形成了多省市联动的办节模式,特别是深入到二三线城市以及部分县城,扩展了戏剧节的规模效应。

截至2014年,中国儿童戏剧节已连续举办三届,共有75个演出团近2千名艺术家奉献121个精彩剧目,共计演出612场,43万观众由此欣赏到了高水平的演出。相比之前的三届,2014年的第四届中国儿童戏剧节呈现以下特点:第一,戏剧节活动规划和内容的丰富性、参与的广泛性超过往届;第二,展演剧目内容更加丰富、艺术形式更加多样;第三,坚持高品质、低票价、公益性原则,打造有世界影响力和号召力的儿童戏剧品牌。①

总而言之,纵观整个中国现代儿童剧的发展史,从萌芽期到发展期、繁荣期,其艺术演变轨迹清晰可见:题材上由童话剧到现实剧,体裁形式上由歌舞剧转向话剧,结构上由单纯的独幕剧转向复杂的多幕剧,技巧上由简单生硬转向灵活多样,戏剧情境上由粗略化转向精巧化,戏剧冲突上由没有或单一转向二重且细致化、由观念冲突转向性格冲突,人物塑造上由平面化转向立体化、人数逐渐增多且个性各异,创作方法上由浪漫主义转向现实主义,情调上由轻喜剧转向正剧、悲剧,在儿童性和戏剧性的结合上不断开拓。中国现代儿童剧的艺术成长,确实开创了戏剧界"大发展大繁荣"的新局面。

---

① 白瀛. 首届中国儿童戏剧节落幕[N]. 人民日报,2011-08-29(004).

第三节　亲子戏剧的产生与分类

一、什么是亲子戏剧

幼儿园亲子戏剧是指家长和幼儿在假定性的情境中,共同扮演角色,面向观众现场表演,融入语言、社会、科学、艺术、健康五大领域的教育教学元素的综合艺术活动。而幼儿园亲子戏剧活动是指围绕幼儿、家长、老师共同选定的戏剧主题开展的一切相关准备、创编、排演、展演、批评、延伸的完整的戏剧教育教学活动。亲子戏剧活动面向全体幼儿,人人参与,融入一日生活,追求的不是艺术的专业化程度,而是幼儿的参与、创造、体验与享受,实施的每一个环节都洋溢着幼儿、家长、教师三位一体的智慧。亲子戏剧是幼儿园与家庭合作共育的新型模式。目前,国内关于幼儿园戏剧教育研究尚不多,亲子戏剧教育领域,研究者、实践者更是缺失。正因如此,亲子戏剧是学前教育领域里一片全新的、有待开发、深层挖掘的教育沃土,亟须更多的专家、学者、教师及对学前教育的有志有识之士共同重视、研究并付诸实践。

对于为何将"亲子戏剧"引入幼儿园教育活动中,基于如下几点思考:首先,通过亲子戏剧活动的开展,家长能够走进、融入幼儿园教育教学活动中来,贴近幼儿生活,了解幼儿教师的智慧、能力及品质、修养,理解幼儿教师工作的琐碎、艰辛与不易,这样的感同身受对于顺畅家园沟通、交流起到巨大的实际意义;其次,家长的参与,有效激发幼儿的成就动机。他们热情、积极、主动、参与;他们乐于表现、勇于思考、敢于创造;他们的潜能得以最大化,个性得以充分释放,活动参与率高、效果好。另外,家长在参与的过程中,自身的能力也得以展示,童年的情感也得到再次体验,对于平日为生活奔波、忙碌的家长,也将是一次难忘的自我提升与经历;最后,亲子需共同表演,在此过程中,他们需要共同研讨剧本、琢磨角色、制作道具、面对导演并与其他"演员"们沟通、协作……在这样的面对面过程中,需要在理解的基础上反复、耐心、良性、和谐的沟通,亲子关系亲密,亲子感情升华,亲子关系和谐,家庭、社会关系自然也相应和谐了。因此,致力于亲子戏剧的理论与实践研究,关乎社会、家庭、幼儿园和谐共生,意义深远。

二、亲子戏剧的产生

亲子戏剧和戏剧的本质特征一致,它是一项以舞台表演为中心,融会了文学、音乐、美术、舞蹈、建筑等多种艺术成分的活动。虽然幼儿园亲子戏剧活动是一项以幼儿的创造意识、创造能力及创造个性的培养为中心任务,注重幼儿活动过程中自身的审美感受、想象及情感体验的活动。但不可否认,表演或者能够在大型开放舞台上的当众表演,也是其目的之一,并占据重要的地位。那什么是表演?表演是创作主体、创作工具、艺术作品高度统一于演员的艺术,这是表演艺术区别于其他艺术的最重要特征。任何艺术总是离不开体现艺术创造的物质性承载,于演奏家而言是演奏的乐器,于画家而言是画布(纸张)、画笔和颜料,于雕塑家而言是石头、木头、金属等材料和锤子、凿子等工具,其创造主体、工具和作品总是分离的。唯有表演艺术达到了"三位一体"的高度融合。表演艺术是演员面对观众,利用自己的身体(包括身体的一切自然条件和内在条件)所进行的艺术创造。作为体现表演艺术美的本质的、具有生命的人——演员,其内在的生命、感情、意志、情绪、思想以及外在的肢体、表情、声音、动作、语言、行为等,成为表演艺术创造中最重要的构成。内在的生命体验、情感的蕴涵、情绪的发展等就是"内在体验",构成演员的"内在动作",而外在的肢体活动、行为的生成、语言的表达等即所谓的"外部体现",构成演员的"外在动作"。表演艺术的美学生成,就是依赖演员丰富的"内在体验"和准确的"外部体现",两者相互依存、相互交融、相互推动,进而获得情感和艺术形式的完美表达,获得表演艺术的魅力、张力和感染力。

因此,幼儿园开展亲子戏剧活动不是一蹴而就、一朝一夕的功夫便可实现的,须经历前期的各项素质锻炼、情感体验与能力累积,为其成功实施奠定基础,并在此基础上产生、发展。那么,面对幼儿园亲子戏剧活动演员的重要构成者——职业、年龄、性别、成长背景、教育层次各异的家长群体,如何去培养他们在戏剧表演活动中的"外部体现"和"内在体验"素质呢?可以分别通过亲子阅读活动(为亲子充分地理解剧本奠定基础)、亲子手工活动(为亲子制作活动道具做好准备)、亲子舞蹈活动(为亲子表演中肢体的灵活表现奠定基础)、亲子体育活动(为亲子塑造良好体格、培养默契性奠定基础)等做好正式开展亲子戏剧的前期经验与能力累积工作。

(一) 亲子阅读

英国哲学家培根说过:"读书使人明智,读诗使人巧惠,数学使人周密,科学使人深沉,伦理使人庄重,逻辑和修辞使人善辩。"这一经典性言论是对阅读价值的最精辟概括。著名教育家苏霍姆林斯基指出:"在学习应具备的各种能力中,阅读能力居于首要地位。一个人如果不能完善地掌握阅读这个工具,就不可能顺利地学习。"[1]现代神经学家曾指出:阅读能力发展的最重要的时期是4~8岁。美国的研究资料表明:一个人的阅读能力是在3~8岁期间形成的,这一阶段是儿童学习基本阅读能力的关键期。所以,家长和教师要切实把握这个发展儿童阅读能力的时机,促进儿童阅读能力的发展。

最早的阅读行为来源于家庭中的亲子阅读。新西兰教育家 Holdaway 最早提出亲子阅读的概念,他认为,亲子阅读是指家长和幼儿共同阅读故事书或图画书的一种活动,其主要目的并不是学习知识,而是在轻松愉快的气氛中进行的类似游戏的活动。[2] 幼儿的早期阅读活动主要有独立阅读、同伴共读、师幼共读和亲子阅读四种形式。由于幼儿的独立阅读能力较差,在幼儿园中与同伴和教师共同阅读的时间较短,因此亲子阅读成为幼儿阅读活动的主要形式。"幼儿虽然可以通过视觉直接感知图画书的某些画面的含义,但是要独立读懂图画书却是困难的。这不只是指图文并茂的图画书中那些文字他们还不认识,而且要准确地读出图画所描述和表达的内容也是不容易的,所以幼儿欣赏和接受图画书仍然需要有大人的帮助。大人用自己的语言将图画中的含义描述成一个故事或一首诗歌,诉诸幼儿的听觉。幼儿可以一边听大人的讲述,一边看图画书。本来看不懂的图画,听了大人的讲述而看懂了。这就是说,幼儿欣赏图画书是耳目并用的,既听赏了大人的讲述,又在

---

[1] 张晓怡.不同亲子阅读策略对3—6岁儿童图画书阅读能力的影响[D].西安:陕西师范大学,2008.

[2] 赵晓茹.城市幼儿家庭文化资本与其亲子阅读活动的关系研究——以哈尔滨市为例[D].哈尔滨:哈尔滨师范大学,2011.

视觉上得到了印证。"

阅读心理学有关研究已证明:家庭中有一定数量的书籍与儿童的阅读能力之间有一定的关系,但阅读材料对儿童的影响是通过父母卷入这些材料的活动而实现的。父母的阅读行为的榜样作用,把材料读给孩子听,甚至鼓励孩子阅读等,都会影响儿童的阅读行为。所以,研究者们特别强调父母参加到孩子们的阅读活动中去的重要性。研究表明,儿童在成人陪同下阅读,注意力高度集中,更能促进双方互动学习,成人可以教给儿童更多的阅读技能、阅读习惯。亲子阅读强调轻松愉快的学习,注重让儿童充分享受阅读带来的快乐,有助于提高儿童对阅读的兴趣,而这种阅读兴趣对儿童今后读写能力的发展和学业成绩的提高起着关键作用。如儿童对阅读活动越有兴趣,就越愿意参加阅读或与文学相关的活动。儿童阅读兴趣的有无也会影响父母对他们进行阅读活动的次数及时间,进而影响儿童阅读和语言能力的发展。

亲子阅读对于亲子戏剧活动的积极影响在于:有利于亲子对戏剧文学作品主旨的理解;故事大纲的创编;台词的朗诵与记忆,吐字清晰、口语精炼,语句连贯;词汇量丰富与增多;对事物进行叙述和描述时有更广阔的想象空间、并且用词准确率高;获得、强化与人沟通的一系列经验,比如情感态度经验、行为经验、认知经验、社会文化经验等。

(二) 亲子手工

幼儿园亲子手工活动是指园方依托节日或主题课程开展需要,由教师组织,家长和幼儿利用生活中废旧物品共同参与的制作活动。亲子手工活动可以在园内进行,也可以在家庭中进行。

比如,我们分年级组开展的亲子利用废旧材料进行手工制作的活动。小班主题"大手拉小手,玩具总动员";中班主题"变废为宝,创意无限";大班主题"绿色环保,变废为宝"。各班教师在"家园联系栏"里推荐亲子手工制作的内容和制作方法,鼓励家长和孩子在家尝试制作。教师还重点进行手工制作的指导,家长和孩子在寻找废旧材料、进行设计和制作的过程中,逐步纳入了孩子的创意和家长的想法,体验到手工制作成功的快乐,认识到该活动对孩子成长的促进作用。亲子手工制作活动的开展,让忙碌的家长与教师一起担当起教育孩子的责任,也给家长创造出更多与教师交流的机会,更拉近了教师与家长的心理距离。

在园内开展的手工制作活动中,教师对幼儿启发式的教育方法和幼儿积极的表现,引导家长反思自己的家庭教育内容和方法,获得科学的育儿观念和育儿方法,并将这种观念、方法融入与幼儿相处的每一刻,逐步了解家园共育的重要性。如有位幼儿的奶奶是剪纸高手,我们便把她请过来表演并教大家剪纸,从折纸、描花样到用小剪刀抠花,在场的所有人都看得入了迷。这不仅是一个亲子手工制作活动,也是一次民间艺术的欣赏活动。我们还有个幼儿的爸爸会制作陶艺,我们就请他来给大家介绍陶艺的制作流程、陶艺的特点、制作和烧制的过程,这位爸爸娓娓道来,还现场指导幼儿制作陶艺,让大家好好地体验了一回。

亲子戏剧活动中需要大量的道具准备,而班级师资力量有限,仅靠三名教师完成道具制作工作,实属不易,且教师们还要统筹整个活动的开展。因此,借助家长和幼儿的力量尤为必要,能达事半功倍之效,在长期的亲子手工制作活动积累后,家长和幼儿都增强了动手能力、艺术鉴赏能力及合作表达能力。

(三)亲子舞蹈

在当今社会艺术形式发展中,戏剧与舞蹈为了反映和表现内容的需要相互吸引接收,兼容并蓄,达到暂时的稳定与平衡。舞蹈选择了戏剧,戏剧也选择了舞蹈。戏剧的舞台形象是靠演员塑造的,他是立体的、有生命的、具体的、行动着的,而演员的表演必须通过舞台动作才能得以展示。舞蹈便是一种使用身体来完成各种优雅或高难度的动作的表演艺术。因此,要完成戏剧舞台形象的塑造,演员须有一定的舞蹈基础或者灵活动作表达基础。从戏剧诞生之日起,戏剧表演与动作就密不可分。写实的戏剧、象征的戏剧、表现的戏剧乃至荒诞派的戏剧,即使在梅特林克所提倡的"静剧"中,也有不可取消的"动作"。无论是写实的还是非写实的,观众总是通过演员在舞台上创造的动作及动作过程,来了解人物和故事,进而感悟演出的思想内涵。没有动作就没有活动的画面,演员就是无生命的雕塑。表演作为鲜活生命的艺术创造,角色的生命呈现以及肢体对空间和时间的占有,都需要一个最基本的条件,即动作。舞台行为和语言对话都是舞台动作的构成。斯坦尼斯拉夫斯基认为"没有动作就没有表演艺术""在舞台上需要动作。动作,活动——这就是戏剧艺术、演员艺术的基础"。①

舞蹈动作在戏剧表演中占据基础地位,南师大许卓娅教授在"民间音乐舞蹈的游戏精神"专题讲座中,以生动鲜活的实例,深入浅出地对当前幼儿园民间舞蹈教学的现状做了深刻的剖析,揭示了民间舞蹈的游戏性精神的内涵,游戏性精神的来源以及舞蹈"模型"设计的具体方法,给舞蹈教学注入一种全新的理念,即舞蹈是属于每一个人的,舞蹈的终极价值——我舞蹈、我健康、我快乐。

沿着专家精神指引的方向,结合幼儿园的教育实际,考量家长的肢体表现能力,建议幼儿园组织轻松愉快、节奏简单的亲子集体舞活动,让集体带动个人,让个人提升集体。这种亲子集体舞形式可以每周定时、定点邀请家长来园与幼儿快乐互动。不仅密切了家园联系,同时让幼儿和家长感受到音乐舞蹈艺术的魅力,身心愉快,掌握一定的节奏、韵律等舞蹈基础,为胜任亲子戏剧活动的表演奠定基础。

(四) 亲子体育

广义的"亲子体育"是指"亲代"与"子代"共同参与、以身体运动为基本手段、促进彼此身体、心理健康,并以加强"亲代"与"子代"感情联系与和谐发展为主要目的的所有体育活动内容和手段的总称。狭义上则指"父母亲"与"孩子"共同参与的、以身体运动为基本手段、促进彼此身体、心理健康,并以加强"父母亲"与"孩子"感情联系与和谐发展为主要目的的体育活动内容和手段的总称。幼儿园的"亲子体育"主要以体育游戏方式为主,比如晨间入园时亲子早锻炼,以各种竞技游戏为主的大小型运动会等。具体应当包括跑爬、跳跃、投掷、平衡、耐力、灵敏协调等几大类,以全面发展幼儿相应的运动素质和机能水平。如前所述,戏剧艺术需要演员具有良好的肢体表现动作,甚至认为"表演艺术是动作的艺术",表演的实质就是动作。而亲子体育活动,不仅能够锻炼双方的体能,诸如平衡、奔跑、耐力、灵敏、投掷等,而且能使双方有愉快的情绪体验、对智力和社会适应性等方面亦有促进作用。法国戏剧理论家也谈及戏剧表演艺术的本质就是造型与形体:

---

① 斯坦尼斯拉夫斯基. 斯坦尼斯拉夫斯基全集:第2卷[M]. 林陵,史徒敏,译.北京:中国电影出版社,1959:56.

应该说,戏剧这个领域并不是属于心理的,而是属于造型与形体的。问题并不在于戏剧的形体语言是否具有能力完成和台词语言同样的心理转化过程,形体语言是否能够和台词语言一样表达感情和情欲,问题倒是在于在思想和智力的领域里,未必就没有这样一种看法,即台词实际上无能为力,而姿势动作和其他一切担负空间语言的东西反比台词的表达更为准确……真正的感觉实际上都是不能解释的,表达它就是背叛它,而解释它也就是掩饰它。①

幼儿园可以根据自身的实际,定期开展形式多样的大、小型亲子体育活动。比如每年举办1~2次的大型亲子运动会,从运动会开幕、组织到闭幕,借鉴正式运动会的举办模式,让家长、孩子感受到竞技体育更高、更快、更强的精神氛围。除了开展竞技性体育活动,还可以在日常教学活动中,组织家长来园参加孩子的早锻炼活动,并且一起商量制作教玩具。由教师布置相关主题和范围,大家一起事先收集好各种废旧材料。鼓励家长利用网络、纸媒等搜集各种教玩具制作方法和图片,集思广益,激发家长参与幼儿园教育的热情,让家长了解教育内容、掌握教育方法、体会教师工作的艰辛。而且通过这样的活动,大家还有更密切的一起探讨育儿经的机会。另外,还可结合各类民俗节日,组织开展各类民间亲子体育游戏。如重阳节,把爷爷奶奶请到幼儿园,和孩子们一起玩爷爷奶奶小时候的游戏:滚铜板、滚铁环、踢毽子、丢沙包……这些游戏爷爷奶奶都会玩,很多孩子却可能是第一次看到,不仅增进祖孙感情,而且爷爷奶奶也因有了表现机会和别人的认同而产生成就感。

三、亲子戏剧的分类

儿童戏剧是人类戏剧大家族中的一员,而幼儿园亲子戏剧,又是儿童戏剧范畴里的一分子,人类戏剧在经过几千年不同国家形态的迁移与发展后,种类繁多、流派多元、数不胜数,隶属于其的儿童戏剧、亲子戏剧亦是如此。因此,为了便于讨论,这里仅对一些在幼儿园亲子戏剧活动中常见的、易实施的、具有普遍性和稳定

---

① 杜定宇.西方名导演论导演与表演[M].北京:中国戏剧出版社,1992:256.

性的戏剧题材和种类予以概括和梳理。

（一）亲子戏曲

戏曲是中国特有的以唱、念、做、打为主要表现手段的戏剧。全国的戏曲剧种共有三百多个。唱、念、做、打的有机结合是中国戏曲最基本的表现手段。剧本情节的展开，人物的塑造乃至环境的呈现，都是通过演员扮演的人物的唱、念、做、打表达出来的。所谓唱，就是歌唱，在戏曲艺术表现中地位格外重要，过去的观众把看戏曲说成是"听戏"，也可说明唱在观众心目中的地位。所谓念，就是道白，比话剧中的道白更富于节奏感和音乐性，是接近于唱而又不是唱的道白。所谓做，就是形体动作，与话剧不同，戏曲中的"做"是一种舞蹈化的形体动作。人物的手、眼、身、步各有相对稳定的程式，因而戏曲的形体动作又是程式化的舞蹈语汇。所谓打，就是武术性的形体动作，一般分为"把子功"和"毯子功"两大类。凡用刀枪剑戟等兵器对打或独舞的，称"把子功"。凡在毯子上翻滚跌扑的技艺，称"毯子功"。作为一门综合艺术，戏曲"不是一般地综合了音乐、舞蹈、美术、文学等因素的戏剧形式，而是把歌唱、舞蹈、诗文、念白、武打、音乐伴奏、人物造型（如扮相、穿着等）以及砌末道具等紧密地、巧妙地综合在一起的戏形式"。

亲子戏曲是运用地方戏曲的曲调、唱腔和身段，通过演员的唱、念、做、打，即剧种人的歌唱和带有节奏感的道白，以及富有民族特色的舞蹈动作来表现故事情节，展现现实生活的戏剧形式。把传统的戏曲和现代歌舞剧、音乐剧、儿童剧的舞台表现形式有机地结合起来，创演富有时代特征和现实主题意义的现代亲子戏曲，这是一项非常有意义的艺术探索行为，它推动了戏曲艺术的发展，使古老的国粹通过全新的结构、包装及形式走进现代儿童视野，让儿童从小对戏曲艺术拥有感知上的认识。

（二）亲子话剧

话剧，指的是19世纪才从西方舶来的以对话为主的戏剧样式。中国话剧是在19世纪末叶的时代变革中萌生的。民族解放运动、民主革命运动，迫切需要新的艺术形态为它们服务；旧中国长期战乱、政治环境、物质条件等方面都制约着剧场艺术的发展。国破家亡、民不聊生的社会背景造就了话剧这一新兴剧种成为现实斗争的文艺武器。

亲子话剧是以角色的对话、动作、表情等为主要艺术表现手段来发展剧情的亲子戏剧。演员的无伴奏对白或独白是演绎情节、表达内容的主要方式。幼儿园亲子话剧冲突单纯,内容和语言适合儿童接受和欣赏。其中,以人物形象为角色、表现幼儿现实生活的是幼儿园亲子生活话剧,短的话剧如日本作家坪内逍遥的《回声》,长的话剧如《报童》,均是通过人物形象来反映儿童生活事件的。其中,以拟人形象为主要角色、用幻想形式来表现情节的是童话剧,如柯岩的《小熊拔牙》、孙毅的《一只小黑猫》和《五彩小小鸡》、张天翼的《大灰狼》等作品都是通过拟人手法和动物形象来表达主题、演绎情节的。儿童的思维具有拟人化和泛灵论特点,在他们看来,大自然的万事万物都有生命,和人一样有感觉和意识,各种动物、花草和儿童生活中常见的东西都能言能语、富有感情。亲子话剧的基本特征是幻想性,是一种非写实性文学,这一特征和儿童的泛灵性思维有着天然的一致性,所以深受儿童喜爱。因此,亲子话剧在亲子戏剧中占有举足轻重的地位,也成为亲子戏剧中最为常见的一类,除了对话,也可以插入一些歌唱和舞蹈,如台湾被子剧团的《叮叮当当历险记》。

(三) 亲子歌剧

歌剧最基本的特征是音乐成为塑造形象的主要表现手段。歌剧与其他戏剧形式最根本的区别是通过声乐和器乐的表现手段来塑造艺术形象和表达剧情内容。因此,在歌剧的结构和思维中,音乐成分占据相当突出的地位,至于形体动作和人物对白则主要依托音乐来加以设计。幼儿园亲子歌剧是以歌唱为主,将音乐(声乐与器乐)、戏剧(剧本与表演)、文学(诗歌与文学)、舞蹈(民间舞与芭蕾)、美术(绘画与布景)等融为一体,以唱词(有时也用说白和朗诵)来叙事、抒情、描写、议论等。受以音乐和演唱为主要表现手段的制约,歌剧不以叙事为主,对剧情、事件、人物关系等刻画较为简单,但较为注重对气氛、情感的渲染。

(四) 亲子舞剧

幼儿园亲子舞剧是以舞蹈为主要手段,结合音乐、美术、哑剧等,具有一定戏剧情节的舞台表演艺术,主要通过演员的肢体动作,即身体的各种舞姿来表现剧情、塑造人物、揭示主题。亲子舞剧由各种类型和风格的舞蹈组成,通常舞剧的舞蹈分情节舞和表演舞两种类型:情节舞主要用以交代故事情节,表演舞主要用以交代时代和环境的特征。

亲子舞剧的舞蹈形式可以有独舞、双人舞、多人舞等。独舞长于刻画人物性格和抒发内心情感。独舞,即单独一人进行表演的舞蹈,又称"单人舞",最擅长表现特定舞蹈形象内部和外界的各种特征及个性;既可以是结构完整、自成篇章的舞蹈作品,又可以是群舞中的独舞段落。双人舞通常按照三段式进行:一、慢板,由男演员扶持、托举女演员的合舞,连贯地展示各种舞姿,在地面和空中完成一系列旋转、跳跃等技巧动作;二、变奏,男女演员分别表演独舞,展现高难度的独舞技巧;三、结尾,由男女演员逐渐加快的独舞过渡到快板的合舞,呈现舞蹈的高潮。群舞长于渲染烘托气氛。

音乐是舞剧的重要构成元素。根据舞剧脚本谱写的音乐,是舞剧编导赖以进行创编舞蹈和戏剧动作的基础。舞剧音乐既要体现完整的艺术构思、描绘戏剧性的情节进展,又要刻画鲜明的音乐性格、揭示人物内心世界与情感的变化。舞剧音乐除了构成舞蹈动作和情节推进的基础之外,还可以整体性体现作品的时代、地域风格,是舞剧的"内在灵魂"。

(五)亲子音乐剧

音乐剧,是继西方歌剧之后,综合化程度最高的一种戏剧形态。作为一门新兴的综合演出艺术,它广泛采用高科技的舞台技术,并追求视听效果的完美结合以及雅俗共赏的艺术旨趣。它是以戏剧为基础,以音乐为灵魂,以舞蹈为重要表现手段,通过戏剧、音乐、舞蹈三者高度融合来讲述故事、刻画人物的一种舞台艺术形态。音乐剧包括叙事音乐剧和时事秀两种基本形式。因此,一部音乐剧通常有三位作者:剧作者、词作者和作曲家。

与话剧、歌剧、舞剧不同,音乐剧中的叙事与抒情是通过歌唱与舞蹈的合二为一来表现的。舞蹈是音乐的重要组成部分,音乐剧中的舞蹈分抒情性舞蹈、叙事性舞蹈两种。抒情性舞蹈通常是指表现单一情绪、不叙述情节的舞蹈;叙事性舞蹈用演员的肢体语言来讲述有戏剧因素的故事,长于叙述剧情。在一部优秀的音乐剧中,叙事性舞蹈和抒情性舞蹈通常是相互交融而又各有侧重,与音乐、剧情紧密结合在一起。

音乐剧里的音乐通常都会从当时的流行音乐中汲取元素,也经常借鉴一些不同类型的流行乐及流行乐的乐器编制。如伯恩斯坦的《西区故事》中带有爵士灵感的音乐。音乐剧中的音乐形式并不限于旋律一种,有时恰当使用节奏也可收到画龙点睛的作用。如在坎德尔的音乐剧《芝加哥》中,律师在法庭上论辩的情节以踢踏舞来表现。

幼儿园亲子音乐剧是运用音乐、舞蹈、歌唱等多种艺术表现手法来表现戏剧主题,用舞蹈语言和音乐语言来表现剧情、塑造舞台形象的戏剧形式。亲子音乐剧将声乐、器乐、文学、舞蹈、舞台美术等艺术元素融为一体,有的完全没有对话,有的插入简单对话。这一类的亲子剧最容易受到幼儿欢迎。一般来说,戏剧中的歌曲和舞蹈较为短小,注重用儿童能理解和欣赏的音乐、舞蹈动作刻画人物形象,演绎情节、表达主题、烘托艺术氛围。载歌载舞的艺术表现形式常使舞台氛围欢快热烈,因此深受广大幼儿和家长喜爱。例如,我国儿童歌舞剧创始人黎锦晖创作的《麻雀与小孩》《三蝴蝶》《葡萄仙子》《月明之夜》等 12 部儿童歌舞剧;乔羽的《果园姐妹》《森林的宴会》《湖》《宇宙的骏马》和《鲤鱼妈妈》;金近的《兔妈妈种萝卜》;柯岩的《照镜子》等都是我国儿童剧的经典之作。

(六) 亲子哑剧

"哑剧"一词源于希腊语,意思是"模仿者"。哑剧是有着几千年历史的古老戏剧形式之一。哑剧不用对话或歌唱,只以动作和表情来表演剧情,虽然不用语言来表演,但其起源却与语言关系密切。在语言产生之初,人类的发音器官尚欠发达,声音粗粝、音素单调、词汇稀少,所以必须借助手势动作和面部表情来传递信息、表情达意。表现史前人类生活,如狩猎、战争等内容的舞蹈,正是在这样的动作表达中诞生的。

亲子哑剧是指不用台词而凭借形体动作来表达剧情的戏剧形式。借助肢体语言来叙事,是哑剧区别于其他戏剧种类的鲜明美学标志。这一特征使哑剧在全世界的传播没有语言的界限和隔阂——在戏剧中创造了一种特殊的世界性语言。形体动作是哑剧塑造人物、表达感情、描绘事物的主要艺术手段。哑剧常用的肢体语言有同虚拟人物的对抗、推拉、搂抱、抻拽;个人的飞奔、滑行、平移、弹动等。通过演员丰富而生动的形体语言,哑剧不但能把人物各种行为活动、精神世界、人际交流以及大量各具特色的舞台形象,准确、鲜明而又具艺术性和感染力地呈现在舞台上,而且不需要借助任何布景、道具等实物,把作品所描绘的全部意义和内涵深刻地揭示出来,唤起观众丰富的想象和思考。

第二章

亲子戏剧的特征与功能

第二章
亲子戏剧的特征与功能

当前,中国儿童戏剧的现状并不乐观,让家长参与其中更是凤毛麟角。据统计,全国有3.8亿少年儿童,而专业的儿童剧团仅有24家。有人做了这样的统计:24个剧团每天都演,一天4场,起码也要演上50年才能保证每个孩子一生看上一部儿童剧。相比之下,日本有330个儿童戏剧表演团体,而俄罗斯仅莫斯科一个城市就有200个儿童戏剧团体。丹麦人口不多(534万),却有上百家专业儿童剧团,每年演出2000余场。按照法律,丹麦政府每年在戏剧方面支出的25%必须用在少年儿童剧方面。瑞典是世界上儿童剧最普及、发展水平最高的国家之一。瑞典的孩子从六个月大就开始观看儿童剧,编剧根据不同年龄层观众的交流需要进行创作,不同年龄段的孩子看不同的儿童剧,堪称儿童剧王国。[①]

而中国拥有世界上最大的少年儿童群体。儿童戏剧对孩子们世界观的形成,起着潜移默化的作用。儿童戏剧亲切生动、活泼有趣,最易被孩子们接受。孩子们参与戏剧活动,有助于情绪的疏通与自我的展现,可以舒缓积存的心理压力,可以进行平常被禁止的童趣行为,实现天马行空的梦想,由此获得心理上的平衡,逐渐学会认识自我。儿童戏剧表演活动还有助于群体生活与默契的培养。儿童必须学着与人协调、相互尊重,并准确地进行表达,才能使戏剧活动圆满完成。此外,儿童戏剧教育对儿童的认知、社会适应性和情感等心理的健康发展有着难以替代的教育作用。许多孩子,通过观看儿童剧懂得了善良、友爱、进取、爱祖国、爱家乡、爱科学等。

因此,在认识到儿童戏剧教育活动对幼儿综合素质发展的意义后,我们思考进一步扩大儿童戏剧活动的表演范畴,改革创新,实现儿童戏剧教育活动功能最大化,将家长融入进幼儿园戏剧活动,在剖析为什么要牵手家长进行儿童戏剧教育活动之前,我们有必要先阐述当前我国亲子关系的内涵、现状及和谐亲子关系的重要意义。

---

① 方先义.儿童戏剧创编与表演[M].西安:陕西师范大学出版总社有限公司,2014:10.

第一节 亲子关系概述

一、亲子关系的界定

有关亲子关系的定义主要有两种:一种是遗传学的定义,指亲代和子代之间的生物血缘关系;一种是社会学的定义,指社会关系中的父母子女关系,主要示明的是法律、制度、地位等关系。我国的《婚姻法》规定:父母子女关系又叫亲子关系,亲指父母,子指子女,父母子女关系是最近的直系血亲。父母子女关系的种类可以分为自然血亲的父母子女关系和法律拟制的父母子女关系两种。前者可分为父母与婚生子女关系和父母与非婚生子女关系;后者包括继父母与形成抚养教育关系的继子女关系和养父母子女关系。心理学家朱智贤教授认为,亲子关系是父母与其亲生子女、养子女或继子女之间的相互关系。它是家庭中最基本、最重要的一种关系。[①] 有人把亲子关系分为七大类型。(表2-1)

表2-1 亲子关系的类型(摘自台湾教育学会编《亲职教育研究》)

类型	生物的	社会的	心理的	说　明
A	√	√	√	通常的血缘亲子关系
B	√	√	×	真实的亲子,却无心理沟通。如忤逆的子女,从不过问子女的狠心父母
C	√	×	√	有血缘关系,也有心理沟通,因某种理由未入籍者,如非婚生子女的亲子关系,离婚后的亲子关系
D	×	√	√	收养关系,如养父母与养子女关系
E	√	×	×	只有血缘关系,无社会、心理的关联,如私生子
F	×	√	×	名义上的亲子关系,如名义上的过继子女、承嗣子女
G	×	×	√	当事人间的约诺而表明亲子关系者,如干爹妈与干儿女

---

① 李燕. 亲子关系的教育哲学分析[D]. 苏州:苏州大学,2005.

亲子关系的概念源于遗传学,指亲代和子代质检单生物血缘关系,在心理学中指父母与子女之间的相互关系,是家庭中最基本、最重要的一种关系。近年来有人将其界定为"以血缘和共同生活为基础,以抚养、教养、赡养为基本内容的自然关系和社会关系的统一体"。这一界定排除了非血缘关系的养父母、继父母的亲子关系,同时也排除了虽有血缘关系但未共同担负抚养、教养、赡养等义务的亲子关系。但是在亲子关系中父母对孩子的抚养只是亲子关系的一个方面,在另一方面,孩子自己的特点和看法也对亲子关系起着重要作用,从而影响着自己的发展。因此,在这一界定中,抚养、教养、赡养等只说明了父母对子女的影响(当前亲子关系的研究多属于此),而没有表现出子女对亲子关系的影响。同时亲子关系也受社会、文化的影响,不同的社会形态、传统文化、宗教信仰和父母的人格特征构成的亲子关系是不同的。因此,本书将亲子关系的概念界定为:以血缘和共同生活为基础的、以抚养、教养、赡养为基本内容的、父母与子女之间相互作用、相互影响所构成的自然关系和社会关系的统一体。

二、亲子关系的特征

(一) 亲子关系的互动性

亲子关系对儿童来说是其最早接触到的人际关系,它由亲子间的互动活动产生。因此,可以这么说,亲子关系既包括父母与孩子间的互动活动,又包括亲子间的相互作用。

(二) 亲子关系的深刻性

亲子关系作为人类最亲密的人际关系,对亲子双方都有深刻的影响,而且这种影响深远持久,形式多样。亲子关系是亲密人际关系的典型代表,它的最大特点就是影响的深刻性,所以就算经过长时间的分别之后,这种关系依然存在,深刻的情感不会因此中断。

(三) 亲子关系的变化性

由于孩子的年龄会随着时间的推进而不断改变,所以亲子关系也处在一个不断改变的过程。其中的水平关系多是利用平等、合作等来说明的,这样突出了亲子关系之间更多的公平活动。可以知道,亲子关系是父母与子女间双方的一个活动,亲子关系下的活动行为具有双向性。除了孩子的成长会受到家长的影响,孩子自身的行为活动同样会对家长起到反向影响作用,这种双向性对亲子关系的质量有很大的影响。

(四) 亲子关系的伦理性

所谓"伦理"有两层含义:一层是指人和人之间、人和世界之间联系的事实;还有一层是说明关系之理。综上,可以看出亲子关系的实质就是一种伦理关系,如果从伦理这一方面来看,亲子关系为父母与孩子间的一种普遍关系,还包括由这一关系延伸出的相关道德、秩序。亲子关系是一种非静止的伦理关系,社会背景的改变、时代的改变都会改变亲子关系的伦理含义。有的社会背景下崇尚绝对服从父母,不能违背父母的意思;有的社会背景下孩子同父母处于平等的地位,民主平等,孩子的想法能够向家长提出。亲子关系从中国古代的绝对服从渐渐向现代的民主、平等过渡。

(五) 亲子关系的不对称性

整个家庭关系中最核心的非亲子关系莫属,我们可以通过心理意义以及社会资源这两个角度来研究其不对称性。父母要保护、抚养孩子,这个过程贯穿孩子的一生,从婴幼儿时期、童年、少年时期乃至成年后,父母会为孩子的不断成长、自身的发展做出努力。孩子通过父母获取生活所需的生活资料、教育、关心、疼爱以及管教;另一方面,孩子的依附、服从、协助也使得家长得到情感上的安慰。我们知道,亲子关系具有双向作用的特点,这种关系同样有着不对称性,家长与孩子间的相互期望又具有不对称性:孩子对父母的期许一般在短期内能够实现,可是父母想从孩子身上得到的通常是要经过长期的努力才能获取的。现实生活中,我们可以发现孩子对家长的要求都多过于父母对子女的期许,往往是父母对子女更具有贡献性、无私性。这一点又证实了亲子关系的不对称性。现代社会的亲子关系一般由家长占主导地位,他们拥有较多的权力,而孩子对家长命令的服从可以看成是对家长的尊敬。大多数情况下,孩子都遵从家长的教育与指导,虽有时会有抵触,但是以遵从为主，所以逐渐就产生了亲子关系中家长的主导地位。

三、亲子关系的现状

随着后工业文明、信息社会的悄然降临，追求民主平等、弘扬个性多元已成为当今社会的主题。处于如此社会背景之下的亲子关系必然也产生了深刻的变革。

（一）代际差异扩大，代际冲突加剧

社会转型扩大了两代人的差距，导致了代际冲突的加剧。代际差异又称"代沟"，是指两代人在思想、行为、价值观念等方面的差异。在任何社会中，新老两代人由于年龄、经历、历史条件、看问题的角度等有所不同，都必然会在心理活动和行为方式等方面表现出一定的差异。

代沟的存在给两代人的交往带来了一定的困难，而且一旦处理得不好就会演变为严重的亲子冲突，从而对父母子女都造成不良影响，因此要设法防止、缩小或消除这种差异。我们既不要过分夸大这种差异，也不要无视这种差异；既不要把子女与父母的任何分歧和冲突都归因于代沟，也不要否认代沟的实际存在。一般说来，随着子女的不断成熟，他们与父母之间的代沟会逐渐缩小。

（二）家庭结构变化，亲子互动不同以往

社会变迁带来了家庭结构的巨大改变。中国社会是一个十分复杂的社会，转变中的家庭结构也是多元化的。以核心家庭为主（夫妻和未婚子女共同组成的两代人生活的家庭），此外还有留守家庭、单亲家庭、离异家庭、重组家庭、隔代家庭等，亲子间的互动要么缺失，要么方式不正确，如过于溺爱，过于偏爱，过于粗暴……因此，来自社会的正确家庭教育干预显得尤为必要。

（三）生活节奏加快，亲子关系淡漠

社会转型期发展变化的速度加快，加重了成人的生存和发展压力，不少父母忙于事业发展、忙于挣钱养家，无暇顾及孩子，甚至出现父亲"淡出"家庭的现象。忙

碌的生活使一些人的家庭观念淡漠了许多。多数孩子会用沉溺于电视尤其是电子游戏的方式来逃避孤独的境地，从而带来更多的问题。而子女与父母的沟通也会愈加减少，如此形成恶性循环。

（四）不良亲子互动及其严重后果

社会转型的特殊质态引起了亲子互动的种种不协调状态。这些不良的亲子关系对孩子的人格、心理健康以及学习、智力的发展都会造成严重的影响，同时会导致亲子之间缺乏和谐、信任、理解、沟通、相互支持，甚至出现父母残杀子女或子女杀害父母的悲剧。

由此可见，不良亲子关系不仅不利于家庭的温馨融洽，也不利于社会的和谐稳定，创建和谐家庭、和谐社会，政府、家庭、学校三方都应各司其职，承担自身的责任，政府重在各项福利政策及公共设施的完善，家庭重在创建良好的沟通氛围，学校（幼儿园）重在搭建顺畅沟通的桥梁，三方联动，彼此合作，才能营造和谐社会。

第二节　亲子戏剧的特征

如前所述，幼儿园亲子戏剧活动产生于一般的儿童戏剧活动，又超越一般的儿童戏剧活动。因此，它既具有一般儿童戏剧的特点，又独具自身特色，具体如下：

一、儿童心性的特点

幼儿园亲子戏剧的创作特点首先取决于它的服务对象——幼儿，取决于由幼儿的生理条件、心理特点、认知程度以及家庭社会影响所形成的兴趣爱好与接受能力。我们在创作、改变幼儿亲子戏剧剧本时，首先要考虑的是这个剧本给谁演？他能懂吗？能接受吗？如果不尊重幼儿及小观众，再高明的教师也难以排演出受儿童欢迎的戏剧来。

第二章
亲子戏剧的特征与功能

幼儿园亲子戏剧活动选择的剧本简单明了,情节、内容符合儿童心性。如幼儿园亲子戏剧《笑翻天的农场》第一幕——戏的开端部分:晴朗的早晨,农场里的动物们开始各自的抱怨,猪要减肥,牛要停奶,鸡要电热毯;第二幕戏讲述的是母鸡和农场主之间的第一次比拼——写信较量,第一轮母鸡失败,他们决定罢工;第三幕戏讲述的是母鸡和农场主之间的第二次比拼——罢工较量,母鸡停蛋,奶牛停奶,猪停肉,然而农场主认为这是他们的天职,并不理会,第二轮比拼依然是以母鸡的失败而告终;第四幕戏讲述的是动物们和农场主之间的第三次较量——比武较量,他们比舞姿、比嗓门、比力气,最终结局是不相上下、互不让步;第五幕戏出现转机,母鸡们伪装成禽流感来袭的病怏怏状态,农场主终于惶恐不安,乖乖地交出母鸡们朝思暮想的电热毯。这样的情节设置,高潮迭起,冲突有序,深受幼儿的喜爱。

让幼儿能够理解剧本并表演出剧本内容,是不易做到的。剧情必须简洁,内容必须生动。如《笑翻天农场》通过"儿歌创编"环节,让幼儿轻松自如地理解故事、记忆台词、表达表演。

例一,母鸡出场儿歌,原稿:

鸡 1　最近我们都开始上网啦!

鸡 2　还能打字写信呢!

鸡 3　咔嗒咔嗒真好玩。

鸡 4　对呀对呀,一边下蛋一边玩电脑真开心呀!

修改后:

上网冲浪真有趣,打字聊天玩游戏,轻松好玩又神奇,每天下蛋笑嘻嘻。

例二,狗门卫出场儿歌,原稿:

【旁　白】　傍晚时候,农场主请他最忠实的狗门卫,去农场巡视。

修改后:

狗(齐说)　门卫工作真正好,农场安全我负责,母鸡奶牛和小猪,每天都要数一数。

例三,奶牛表达不满情绪的儿歌:

伤不起真的伤不起,我产奶产奶产到想要放弃,辛勤劳动现在出现了问题,人们竟然竟然竟然还要怪你。

二、儿童观众的特点

幼儿园亲子戏剧从选材到编排、展演,所有的过程都是为幼儿服务。由幼儿参加的戏剧活动不一定是我们所说的幼儿园亲子戏剧活动,幼儿园亲子戏剧活动的首要条件是为幼儿演出,为幼儿服务。它可以是以幼儿为主人公的,也可以是以成年人为主人公,甚至小白兔、老松树、历史名人、英雄人物……都可以成为亲子戏剧的主角。因此,坐在我们观众席里的是幼儿。认识到我们的观众是幼儿后,还要进一步了解我们观众的心理特点。他们幼稚、单纯、可塑性强;好奇、好问、求知欲盛;喜欢模仿、缺乏分辨能力;注意力容易转换、兴趣广泛;不同年龄段幼儿的心理状态与理解能力明显差异等,都是亲子戏剧剧作者必须要了解的。

高尔基说过:"儿童'生来就有一种追求光明的、不平凡事物的意向'。好奇与求知是孩子的天性。"几乎所有的孩子都喜欢问"这是什么""为什么这样"。他们带着好奇心和求知欲迈进剧场,你想让他们不说话、不提问题,实际上是办不到的。我们经常发现第一次看真人演戏的小观众,他们心中的疑问有几十个:为什么舞台要比观众席高?为什么要关大幕?剧里的叔叔头发是怎么变成黄色的?那位阿姨怎么变成男孩了?等等。因为他们来到这个世界太短,不懂的事情太多,你不满足他的好奇心、让他立即进入剧中的情境去是不可能的。第一步,你要征服他。如果大幕拉开后,呈现在面前的是他早已明白或天天在做的事,那么剧场中的无数个疑问马上就会成为小观众交头接耳的议题。他们不满足平淡无奇的生活,他们向往充满意外的、惊险奇特的、曲折迂回的命运遭遇;他们敬佩带有传奇色彩的、大智大勇的、九死一生的英雄人物。如果幼儿园亲子戏剧的结构风格采用欧美曾经崇尚的"生活流"手法,像"生活流"的代表作《老姑娘》中那样,写一个老姑娘到海滨去度假七天,于是把二十一顿饭怎么吃都拍摄下来,这种十分逼真的"生活流"作品,孩子是不会看的。①

---

① 程式如.儿童剧散论[M].北京:中国戏剧出版社,1994:23.

三、亲子演员的特点

常见的幼儿戏剧活动要么是幼儿演给幼儿看，要么是成人演给幼儿看，要么是幼儿与成人合作演给幼儿看。幼儿园亲子戏剧活动，是家长和幼儿合作演给幼儿看。演员由亲子双方构成，由亲子双方共同面对剧本、商讨情节、揣摩人物、表演角色。之所以以"亲子"这样的独特视角开展幼儿园戏剧教育活动，是因为《幼儿园教育指导纲要（试行）》中指出："家庭是幼儿园重要的合作伙伴，应本着尊重、平等、合作的原则，争取家长的理解、支持和主动参与，并积极支持、帮助家长提高教育能力。"另外，当前社会处于转型期，新文化、新媒体不断涌现，亲子关系出现一定的问题，需要学校、家庭、社会齐心协力共同面对、解决。此外，家长的参与，有效激发孩子的成就动机，参与性更强，家长本身也能够身心愉悦，与孩子同进步、共成长。因此，幼儿园亲子戏剧活动从戏剧准备、戏剧创编、戏剧排演、戏剧展演、戏剧批评乃至戏剧延伸，家长全程参与、融入，构成学前教育领域家园合作新范式的一道亮丽风景线。

四、情感鲜明的特点

一切戏剧都是塑造人的艺术，幼儿园亲子戏剧也不例外。即使是童话剧中的乌鸦、狗尾巴草、喇叭花、大狗熊也都是拟人化的鸟、草、花、兽。写人的什么？写人的感情，写人的爱与恨，写人们为其所爱及其所恨如何积极地行动着……优秀的幼儿园亲子戏剧就是要通过剧中人的爱与恨去感染幼儿，告诉他们爱什么，恨什么，为什么爱，为什么恨。

自从人类和猿区分开来以后，逐渐形成了共同的与近似的审美观和约定俗成的道德观。一切专为低幼儿童表演、观看的剧目，常常是这些共同范畴内的主题，比如要讲卫生，不要挑食，不要欺负弱小者，要爱护动物，不要攀折花木等。日本的旨在进行礼貌教育的短剧《回声》，是各国儿童能接受的，我国的童话剧《马兰花》也在许多不同肤色的国家上演，成为儿童文学宝库中的经典之一。

我们绝不能、也不应该将有暴力倾向的、不适宜幼儿健康成长的成人的爱情生活塞到我们的戏剧中来,至于那些庸俗低级的垃圾文化更不可拿来玷辱幼儿纯真的心灵。但是,适当地表现父母之间相濡以沫的生活、童话中王子为解救被恶魔掠去的姑娘历尽千辛万苦以及英雄人物家庭的天伦之乐等高尚的情操,让幼儿明白爱不是占有,爱是付出、给予,爱是纯洁高尚、不是低级庸俗,是极其必要的美育教育。我们的舞台形象可以适当引导幼儿从爱父母兄弟扩大到爱同学、老师、班集体,扩大到爱民族、社会、国家。

例:幼儿园亲子戏剧《胖国王减肥记》

第三幕:国王生病了

【旁　白】　就这样一天一天过去了,国王每天吃那么那么多东西,终于国王的身体受不了了。

国　王　(伸懒腰)今天天气真不错,我要出去散散步。

【大臣陪同士兵抬着小门上场　国王走到门口,门小出不去,做使劲挣扎状

【加入背景音乐

小仙女　加油加油,加油加油,国王加油!

国　王　(好不容易出了门,手捂胸口直喘气)快拿我的宝座来。

国　王　(国王坐椅子,椅子破裂摔倒)哎哟!

大　臣　国王,您怎么啦,快传御医。

小仙女　胖国王嘿胖国王,走起路来气喘喘,开起会来要睡觉,常常生病好烦恼。

【御医同时小跑步上场

御　医　亲爱的国王陛下,我这就给您诊疗。

【帮助国王听诊,测脉象

御　医　哦,亲爱的国王陛下,您吃垃圾食品太多了,身体都不健康了,我想个办法帮您减肥吧!(小仙女,御医一起到后排跳舞)

小仙女　(与御医齐说)怎么办,怎么办,怎么办。想办法,想办法,帮国王瘦下来!

国　王　我又饿了。

厨　　师　（端着餐盘小跑）好吃的来啰！

御　　医　国王生病了，都怪这些，快退下。

御　　医　亲爱的国王陛下，您要少吃垃圾食品，多运动，身体才会好。我给您制定了健康运动表，我们从明天开始运动吧！

　　从以上的对话中我们可以看出，胖国王由于喜欢各种美食，不节制饮食，且不爱运动，由此造成走起路来气喘喘，开起会来要睡觉，常常生病好烦恼，甚至将椅子坐裂的窘境。而这正是现实中很多幼儿存在的不良现象，很多的超胖儿童都是由于和胖国王一样不注意营养均衡、懒于运动而造成身体、心理各方面的不适，因此易引起幼儿类似的共鸣。同时，在欢声笑语中，达到教师、家长平时苦口婆心的说教所达不到的事半功倍之效。让幼儿通过胖国王具体的形象、动作变化，直观感受不挑食、爱运动、多吃水果蔬菜、保持营养均衡的重要性。

五、冲突单纯的特点

　　戏剧有冲突和危机两个本质。相对于成人戏剧中常见的尖锐复杂的矛盾冲突，幼儿园亲子戏剧的冲突表现得较为单纯，往往由善与恶、美与丑、真与假、勤快与懒惰等一对对主要矛盾构成。富有个性的人物形象的塑造，也是在戏剧冲突中展开并逐步完成的。例如《马兰花》中，大兰的性格塑造就是在争夺马兰花的冲突中完成的。剧本在大兰和小兰交给马郎的问题上两度形成冲突。第一次是大兰抢先从父亲手中抢到马郎，但一听马郎没有高楼和仆人，当即扔掉了马兰花；第二次，大兰看到小兰和马郎过上了幸福生活，羡慕嫉妒妹妹，于是陷入了老猫和大家争夺马兰花的冲突中。两番冲突，展示了大兰嫌贫爱富、贪图享乐、贪婪懒惰的性格。她不念手足之情，和老猫一起合谋，为得到马兰花而害死妹妹的恶行，只有在矛盾冲突中才能得到充分的表现。在以幼儿为观赏对象的幼儿园亲子戏剧活动中，不需要表现太过对立或是一些大善大恶的事情，可以将冲突定为"不安定的情绪"和"平衡的破坏"。① 例如，从不生气的老师，突然变得生气，造成原本平衡的破

---

① 方先义. 儿童戏剧创编与表演［M］. 西安：陕西师范大学出版总社有限公司，2014：4.

坏;另如,一个高大又并不凶恶的恐龙的出现,让舞台在音乐声中呈现一种不安定的情绪。这都是儿童熟悉又不会太过惊扰的冲突设计,符合儿童的心理承受能力。

例:幼儿园亲子戏剧《老鼠嫁女》

第三幕:比武招亲

【鼠王一家坐在宝座上观看,太阳等依次入场】

太　阳　我是太阳。听说鼠王选女婿,我的资格数第一,光芒万丈全球照。天下无双,我神气。

老　鼠　对,天下无双你最神气,最神气。

乌　云　我是乌云。我心里装着及时雨,天下任我来游历。只要我出现在哪里,太阳他躲得远远的。今天公主来选婿,我特地前来比一比,太阳说他最神气,我心里实在是不服气。

老　鼠　对,不服气,不服气。

太　阳　乌云在我面前站,我立刻穿了隐形衣。所有光芒全被挡,有时他比我更神气。

乌　云　哼哼哼,算你识趣。

风　　　我是大风。我来无影,去无踪,想去哪里就去哪里。乌云说他最神气,我就给他显威力。(音乐风声)

墙　　　我是墙。是谁在这里胡闹啊?肯定就是你,我最正直,最无私。只要我出现在哪儿,岂容你发脾气。你吹,你吹呀!(音乐风声)

墙　　　尊敬的国王、王后,结果你们都看见了,乘龙快婿我来做。这下,你们可满意?

鼠　王　选来选去,选了个你。这个结果不咋地。

鼠　后　我们老鼠会打洞,专门对付你,我怎能放心把女儿嫁给你这个没出息。

众老鼠　太阳怕乌云,乌云怕大风,大风怕围墙,围墙怕老鼠。还是我们老鼠最神气。三个鼠女婿:选来选去我注定,定让公主幸福去。

通过以上剧情,我可以看出,该幕"比武招亲"戏达到整部戏的高潮点,最终的结论是"还是我们老鼠最神气"。产生螺旋式的冲突结构:太阳怕乌云,乌云怕大风,大风怕围墙,围墙怕老鼠四对逻辑关系。但只每两项组成一对主要矛盾,只是冲突高潮在此基础上螺旋上升,这就是幼儿戏剧活动冲突结构单纯的特点。它由一对对的善与恶、真与假、美与丑等构成,切合儿童的理解能力与接受能力。

六、儿童语言的特点

戏剧语言包括独白、旁白、对白、舞台提示。幼儿园亲子戏剧活动剧本来源虽然途径各异,但儿童文学经典是其主要来源。儿童戏剧文学主要通过角色对话塑造戏剧形象、演绎情节、表达主题,因为服务对象是幼儿,必须切合幼儿的身心发展特点。因此,幼儿园亲子戏剧角色之间的对话要浅显易懂、富有儿童情趣和动作性,要符合幼儿口语习惯。作为教师、家长,要擅长写或者改编儿童听得懂、看得懂的语言,不需要过度美化。幼儿思维形象、具体,对事物的感知以经验为主。语言往往要求朴实、浅显、口语化、生活化,同时要求生动活泼、动作感强、充满童趣。通过产生视觉感受的动作语言使得人物与人物之间的矛盾冲突有形化。因此,在幼儿园亲子戏剧剧本中,不应该有大段抒情性或叙事性的内心独白,更不应该有大段的纯理性对白。例如,柯岩的童话剧《小熊拔牙》中,熊妈妈和小熊有这样一段对话:

妈　妈　我是狗熊妈妈。

小　熊　我是狗熊娃娃。

妈　妈　我长得又胖又大。

小　熊　我就像我妈妈。

妈　妈　妈妈要去上班。

小　熊　小熊在家玩耍。

妈　妈　不对,你要先洗脸。

小　熊　嗯嗯……好吧,洗一下。

妈　妈　不对,你还要刷牙。

小　　熊　嗯嗯,好吧,刷一下。

妈　　妈　不对,要好好刷。还有……

小　　熊　还有,还有……什么也没有啦!

妈　　妈　不对,想想吧!……不自己拿饼干,不自己拿……

小　　熊　好啦,好啦,都知道了!不许拿饼干,不许吃甜瓜,不许抓糖球,还不许打架……①

这段文字中我们可以看出,熊妈妈和小熊的对话全是生活化、儿童化了的语言。"妈""娃""大""耍""下""牙""啦""架""拿"等是押"a"韵,朗朗上口、富于节奏。而且,人物台词句式简短、表达浅白。

例:幼儿园亲子戏剧《果蔬一家亲》

第一幕

【出场人物】　果蔬村的居民(大白菜、西红柿、蘑菇、西瓜、葡萄、大梨)。

【果蔬英雄】　青椒、红萝卜、洋葱。

【场　　景】　果蔬村。

【背景音乐《卡农》响起】

【旁　　白】　有一个美丽的地方,空气清新,瓜果飘香。这个地方叫果蔬村,里面住了很多蔬菜和水果,果蔬村的居民个个善良可爱。

幼　　儿　果蔬村村民真漂亮,穿红戴绿俏模样,太阳公公勤看望,风儿姑娘来问好,红黄蓝绿真好看,果蔬村里好风光!

【音乐《不不兔》】

大 白 菜　大白菜,真是棒,维生素,含量高,冬天吃,错不了!

西 红 柿　西红柿,红又圆,营养全,味道好,要美容,不可少!

蘑　　菇　蘑菇蘑菇就是我,小小雨伞头上戴,病菌通通都打败,健康宝贝人人爱!

---

① 方先义.儿童戏剧创编与表演[M].西安:陕西师范大学出版总社有限公司,2014:4.

西　瓜	西瓜大,西瓜圆,咬一口,甜又甜,红瓤黑籽在里边,消暑降温我最行。
葡　萄	紫葡萄,绿葡萄,葡萄藤上挂铜铃,一挂一挂又一挂,一闪一闪水灵灵。
大　梨	姑娘生来面皮黄,褐色斑点脸上长,秋天时节请你尝,请你尝,你们猜我是谁?
齐	大梨。
大　梨	哎呀,都知道!
西　瓜	咱们来做游戏吧。
齐	好呀好呀!

基本上每个角色的台词都简短、押韵,并且用儿歌形式演绎角色的不同特征,如"西红柿,红又圆,营养全,味道好,要美容,不可少!"对话中,一个个活泼可爱、富有水果特征的画面人物形象就呈现在小观众面前了。

第三节　亲子戏剧的功能

幼儿园亲子戏剧的功能是多方面的。剧中生动的形象,优美的语言,丰富多彩的布景、服装、道具、音乐,可以激发亲子的审美欲望,培养幼儿的审美情趣;亲子戏剧对社会生活广泛真实的反映,可以使幼儿从中获得大量的与外部世界联系的经验和信息,对幼儿知识的积累、思想境界的陶冶、性格品质的形成、完美人性的塑造具有积极的作用;戏剧的各种对白、睿智的语言,还可以培养幼儿的思维方法,启迪智慧;亲子戏剧的娱乐功能还能帮助人们缓解压力,促进身心健康。此外,亲子戏剧对于改善亲子关系、增进亲子感情、创造和谐家园关系、社会关系的增益作用更是广大幼儿戏剧工作者独辟蹊径、孜孜以求引进亲子戏剧的落足点与原始动力。

一、解放身心功能

幼儿园亲子戏剧表演的演员既有幼儿,也有家长。因此,幼儿园亲子戏剧活动解放身心功能受益的不仅是幼儿,还有家长。主要在于:

其一,现代社会,尤其是城市生活节奏日益加快,人们生存压力与日俱增。广大家长因生活所迫,更因试图为幼儿创造更美好、更舒适的成长环境所需,终年累月忙于生活、事业,疲于奔波,身心也需要合适的放松点。参加幼儿园亲子戏剧活动,不仅能让特长、能力各异的家长获得展示的舞台、寻求成功的愉悦感和游戏的快乐感,还能让家长再次体验童年的情感,有效释放平时积累的压抑与烦恼,家长心情好,和幼儿沟通更耐心,家庭氛围更融洽,为亲子良性沟通做好第一步。

其二,儿童具有戏剧天性,他们天生爱装扮。彼得·斯莱德说过,"凡是有儿童游戏的地方,就有戏剧"。早期儿童在他们游戏的、艺术的生活中,尤其在他们语言表达不够丰富和流畅的情况下,"身体假装"是他们最擅长的"语言":他们会在不睡觉的情况下,把脸蛋枕在妈妈怀里假装睡觉;他们会在不喝水的情况下,拿着空杯子做出喝水的动作;他们会在不梳头的情况下,用梳子做出梳头的动作,表达已有经验并创造新经验。儿童的"身体假装"是自发的、快乐的、自由的,没有谁来教他们怎么做。① 因此,儿童具有戏剧天性,儿童需要戏剧的滋养、戏剧教育的激发。儿童乐于装扮成他人和动物,在头脑中幻想他人和动物的动作、言语和情感,用身体像他人和动物一样的行动,感受周围世界的奇特和美妙,这正是一种戏剧的学习方式。戏剧教育,恰恰能给予儿童形体思维和抽象思维相结合的时空和领域,让儿童更加自由、畅快地在感悟和创造的生态中学习。

二、综合教育功能

(一)拓宽认知功能

对一般戏剧而言,戏剧概括、集中、提炼了生活,是特定历史社会生活的摹本。

---

① 张金梅. 表达·创作·表演:幼儿园戏剧教育课程[M]. 南京:南京师范大学出版社,2014:1.

剧本的读者和观众通过戏剧能够观察和集中感受作品所展现的社会生活，对各种人物和人物关系所反映出来的社会生活获得鲜明而突出的印象。在此意义上，戏剧演出是直观的、形象的"历史、生活的教科书"。

对幼儿园亲子戏剧而言，戏剧主要来源于文学作品、日常生活故事及社会热点话题。我们根据这些作品、故事、话题设计一些合乎情理却又意料之外的情节，通过对故事的深层挖掘和人物的塑造来满足幼儿对人、对事物、对社会变化发展的认识和理解的需求。亲子戏剧是幼儿学习各种文化知识以及认识社会环境的重要工具，剧本承载的各种知识，如表现的现实生活、记载的历史传统、叙写的神话传说和童话、展现未来的科学幻想等，都给幼儿提供了一个平台，使幼儿从中学习知识，从而增加幼儿的各种生活阅历，进一步增强社会适应能力。

（二）言语表达功能

虽然学龄前的幼儿已初步掌握了言语交际的能力，但不善于独立地按照一定逻辑顺序进行连贯性地表述，他们词汇贫乏、言语不完整、未完全掌握书面语言等，这些都有待于培养和发展。而幼儿园亲子戏剧，是以生动直观与语言描绘相结合的手段，创设典型的场景，激起幼儿热烈的学习情绪，从而促其主动参与幼儿园亲子戏剧表演与互动过程的一种艺术表达方式。这种艺术表达方式更加符合幼儿语言发展模式，容易使幼儿投入到亲子戏剧的情境中来，并通过亲子戏剧促进其言语能力的发展。运用亲子戏剧的情境模式发展幼儿的语言，巧妙地把幼儿的认知活动与情感活动结合起来，可以获得意想不到的结果。亲子戏剧对幼儿言语发展功能注重"语言的实践性"，幼儿在表演或者观看中，甚至在戏剧表演结束以后，都会根据剧情和表演者的语言、动作，用自己的语言去互动、感受，幼儿园亲子戏剧为幼儿言语的材料、方向、程序提供了一系列有利条件，有效地激发了幼儿运用语言的动机和情绪，从而形成表达欲望。

（三）肢体表现功能

戏剧的舞台形象是靠演员塑造的，他是立体的、有生命的、具体的、行动着的，而演员的表演作为鲜活生命的艺术创造、角色的生命呈现以及肢体对空间和时间的占有，都需要一个最基本的条件，即动作。舞台行为和语言对话都是舞台动作的构成。斯坦尼斯拉夫斯基认为,"没有动作就没有表演艺术""在舞台上需要动作。动作、活动——这就是戏剧艺术、演员艺术的基础"。因此,要完成戏剧舞台形象的塑造,演员须有一定的舞蹈基础或者灵活动作表达基础。所以,幼儿在参与亲子戏剧活动的完整过程中,为了能够更好地诠释角色特征,必须有丰富的肢体表达能力,通过对身体造型、装扮及道具使用等扮演特定情境中各种虚拟的角色,对其身份、外形以及动态的行动、语言或声音等进行揣摩,以此完成对人物的塑造,增强其肢体表现能力。

(四) 创造想象功能

美国著名心理学专家和精神病学教授 B.贝特海姆在其著名的儿童文学理论著作《永恒的魅力:童话世界与童心世界》中提出:"有时要花几年时间使不少存在心理问题的青少年来相信魔力,以补偿他们在童年时期由于过早接受僵硬现实而被剥夺的魔力幻想。没有经历一个相信魔力的阶段,儿童长大后难以经受成年生活的疑难和困苦。童话故事是向儿童提供魔力幻想的最好资源。"[①]幼儿对现实生活和自然界总是充满想象和幻想,对于他们不懂、不理解的事物,常常按照自己的幻想和想象去解释、理解。儿童的生活时空与幻想时空是连续的,尽管他们的理想也会在现实生活中受到阻碍,但是他们极少理性地分析理想与现实的距离,而往往在幻想的情境中完成一种心理上的满足。幼儿这种心理特征使他们的幻想彻底摆脱了现实生活的束缚,在自己的时空中自由翱翔。而亲子戏剧要求幼儿参与创编活动,从戏剧活动准备环节便已满足并且尊重他们想象、幻想的心理需求。

(五) 社会性发展功能

从幼儿期社会性目标来看,主要有愿意与人交往;能与同伴友好相处;具有自尊、自主、自信的表现;关心尊重他人;喜欢并适应群体生活;遵守基本的行为规范;具有初步的归属感。

再看幼儿园亲子戏剧活动过程,一出戏剧就是一个集体生活的反映,在这样的

---

① 陈晴.浅论中国当代儿童戏剧发展及策略——以 1990—2011 年中国福利会儿童艺术剧院为例[D].上海:上海师范大学,2013:11.

暂时性的小集体中,各位演员要扮演好自己的角色,让故事、情节流畅表达,在此过程中,必须与人交往,必须友好地交往,才能完成戏剧情节演绎。再有,无论是班级内的戏剧小舞台还是剧场内的大舞台,都需要参与者有较强的表现能力,而这表现能力离不开演员对把握好角色的信心。既然戏剧演出是反映集体生活的故事,幼儿在此过程中,必然得学会适应集体的生活,并且认识到自己在群体中所起的作用并应遵守的基本行为规范。何时上、何时下,演什么、怎么演,都要有清晰的认识。由此可见,幼儿社会性培养贯穿于整个亲子戏剧活动中。

(六) 情绪情感发展功能

戏剧对幼儿情绪的管控能力发展起到重要的作用,特别是对于易冲动的幼儿来说。维果斯基认为,戏剧是学习自控力的最好舞台,因为这是一种在规定的条件下,可以有自我发挥的活动。此外,戏剧也可以作为一种舒缓情绪的方法,它使幼儿在安全的环境中,表演恐怖或突发的伤害事件。在表演中,幼儿能根据自己的意愿,改变故事的结局,还可以运用戏剧作为一种交流工具走出困境。例如,他们利用戏剧表达平时难以用语言表达的事,做一些平时自己觉得不方便做的事,或是抒发一些在通常情况下表达会被责怪的情感。

三、审美娱乐功能

幼儿园亲子戏剧可以直接给幼儿以娱乐和美的享受,丰富他们的精神世界,增添他们的生活乐趣。如布景、服装、道具、灯光、肢体动作、音乐等,能使文学故事从平面走向立体化、生活化。戏剧情节的夸张设计、夸张的表演艺术、唯美的表现手法,带领幼儿进入艺术的殿堂。其次,剧中各种鲜明生动的形象和蕴含的思想,可以引导幼儿分辨是非,潜移默化地培养起高尚的品格与情操。亲子戏剧还可以使家长暂时从日常生活的琐碎和庸俗中解脱出来,从而认识到艺术的高贵和生命的自由,使人找到生活的本真。

四、和谐家庭功能

家长的参与,能有效激发孩子的成就动机,他们热情、积极、主动参与;他们乐于表现、勇于思考、敢于创造；他们的潜能得以最大化，个性得以充分释放，活动效率高、效果好。另外，家长在参与表演的过程中，他们的能力也得以展示，童年的情感也得到再次体验，对于平日忙于工作的家长，也将是一次难忘的自我提升与体验。最后，亲子需共同表演，在此过程中，他们需要共同研讨剧本、琢磨角色、制作道具、面对导演并与其他"演员"沟通、表达、合作、友好……在这样的面对面过程中，需要在理解的基础上反复、耐心、良性、和谐地表达双方的思考，亲子关系更加亲密，亲子感情得到升华，亲子关系和谐，家庭、社会关系自然也相应和谐了。

五、和谐家园功能

通过亲子戏剧活动的开展，家长能够走进、融入幼儿园教学活动中来，贴近幼儿生活，了解幼儿教师工作的智慧、能力及品质、修养，理解幼儿教师工作的艰辛与不易，同时对幼儿园研究戏剧教育活动的主旨有更为深刻的认识，深层次地理解幼儿园戏剧教育对幼儿表达、创作、社会性及表现、审美等综合能力培育的长远功效。只有亲力亲为，亲身感受，家长才能认同幼儿园的工作理念；只有认同幼儿园的工作理念，才能积极主动支持幼儿园的工作；只有支持幼儿园的工作，才能鼓舞教师、激励园所更全身心地、专一地投入到幼儿的综合能力与习惯养成教育中。这样的良性循环对于顺畅家园沟通、交流也起到巨大的实际意义。构建好和谐的家园关系、家庭关系才能构建和谐社会，实现新时期的中国梦。

六、和谐社会功能

幼儿园亲子戏剧活动不仅要依靠家庭的力量，还要借助社区资源，巩固、扩大教育成果。社区中的自然资源和人文资源都能成为幼儿园亲子戏剧活动的教育资源。比如社区的文化活动中心可以为我们亲子戏剧活动开展提供排演场地，社区里相关职业背景的家长可以成为我们的"助教"，社区节日的舞台可以为我们亲子戏剧展演提供表现的舞台。但不可否认的是，我国社区建设刚起步，公共设施建设相对滞后，尤其是一些传统社区教育资源严重不足，加之社区工作人员素质和精力有限，导致社区在与幼儿园互动方面显得被动。因此，需要作为专业教育机构的幼儿园更具社会责任感和使命感,要发挥主动作用,积极向社区拓展自身的教育资源,扩大优质幼儿园的教育辐射力,同时邀请社区代表参与幼儿园亲子戏剧活动展演的筹备活动,并积极支持和参与社区的各项活动,与社区结成紧密的合作伙伴关系,真正实现幼儿园、家庭、社会三者的和谐关系。

第三章

亲子戏剧的实践环节

第三章 亲子戏剧的实践环节

幼儿园亲子戏剧是应时代需要而产生的幼儿园与家庭合作共育的新型模式。亲子戏剧顺从幼儿的戏剧天性,遵循幼儿创作戏剧的规律,历经亲子戏剧准备、亲子戏剧创编、亲子戏剧排演、亲子戏剧展演、亲子戏剧批评、亲子戏剧延伸六个系统、完整的实践环节。

建议各园根据实际,合理安排戏剧游戏时间,做到少而精,融入一日生活,让幼儿在自由、自发、自主的游戏中表达自我,实现全面发展。每学期各年龄班安排2~3个戏剧主题,每个主题实施一个月。每个主题分为戏剧准备、戏剧创编、戏剧排演、戏剧展演、戏剧批评、戏剧延伸六个环节。原则上,小班一般设置8~9个戏剧教学活动,中班设置9~10个戏剧教学活动,大班设置10~11个戏剧教学活动,辅之以戏剧素质游戏,给予幼儿充分的创作、游戏空间。在实践中也可根据戏剧幕数(故事长短)做相应的教学活动调整。其中,戏剧准备及戏剧创编集中在2周内完成,随后为2周的戏剧排演、戏剧展演活动,全部完成后,围绕亲子戏剧开展的各环节进行戏剧批评活动,戏剧延伸以多种形式(区域、家庭、社区……)贯穿整个戏剧活动的始终。具体建构模型见下图:

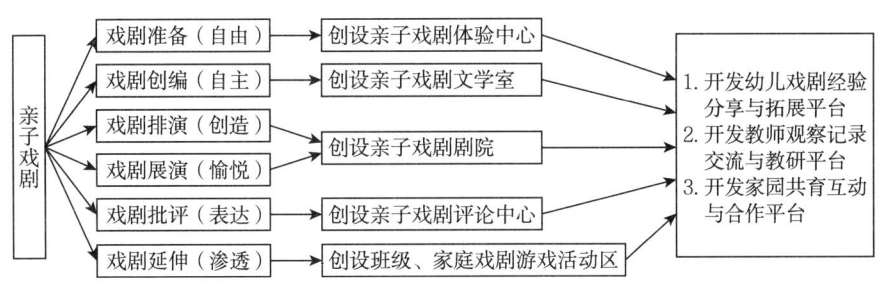

图3-1 幼儿园亲子戏剧主题建模图

戏剧是一门综合艺术的特性造就了幼儿园开展亲子戏剧必将是系统的涉及多方面教育资源开发的工程。如图3-1,亲子戏剧流程相应分为准备、创编、排演、展演、批评、延伸六个环节,每一环节有相应的教育实施关键词,如戏剧准备环节,将选择剧本的权利交给家长和幼儿,给予幼儿充分自由的选择决定权;如戏剧创编环节,引导幼儿自主想象、自由表达,生成有趣的故事情节;如戏剧排演环节,注重幼儿的想象和创造,鼓励幼儿在理解角色特征的基础上创造出符合人物身心特征的言语及动作;再如戏剧展演环节,强调幼儿参与活动的主动性、积极性,保持心情的愉悦。戏剧批评环节,创造宽松、自由的语言交流氛围,鼓励幼儿大胆表达对所开展的戏剧活动持有的观点与看法。最后,戏剧延伸由始至终渗透在整个戏剧经验建构的活动、幼儿的一日生活中。

为保障戏剧活动顺利实施,设置相应的物化环境也尤为必要,如图 3-1 中的戏剧体验中心、戏剧文学室、戏剧剧院、评论中心、丰富的活动区等,这部分内容在随后的"亲子戏剧准备"环节有详尽的阐述,在此不作讨论。另外,为更好地分享、启发和拓展幼儿的戏剧经验,提升与培训教师的戏剧理解与组织能力,家园共建游戏资源与幼儿发展沟通,可以通过建设"互动共享平台",为幼儿戏剧经验和学习方式的分享与拓展提供新的来源,为研究幼儿与戏剧游戏提供丰富的研究素材和分享渠道,为充分发挥家长资源作用提供新的路径与样式。

1. 幼儿戏剧经验分享与拓展平台。软件方面,建立"亲子戏剧活动资源库",主要收集两类内容:一是教师在日常观察中捕捉到的本园幼儿的精彩活动;二是古今中外经典的儿童剧。通过图片与视频的方式在必要时展示呈现。硬件方面,配备液晶电视等多媒体设备,接入亲子戏剧活动资源库。适时滚动播放,既是场景再现,又是课程实施展示,幼儿在身临其境的观摩中体验,从他人的实践智慧中拓展学习的视域,获取更为广阔的资源,从而建构新的亲子戏剧经验。

2. 教师观察记录交流与教研平台。创建一个基于亲子戏剧课程发展的教研新平台,使其能够满足教师之间各类研究交流需要。软件方面,开发在线教研系统、幼儿戏剧发展评价系统等,满足教师在线信息分享与教研交流、幼儿发展信息录入与查询等。硬件方面,需要为班级教师配备照相机,以满足教师用照片、视频记录幼儿精彩活动的工作之需,为教师观察、解读幼儿,调整活动内容和优化自身教育行为的研究与分享提供直观的信息资源。

3. 家园共育互动与合作平台。建设以"合作+引领"为基调的家园互动共享平台,运用网络媒介与家长进行及时、动态、深入沟通。沟通的内容主要指向两个方面:一是把幼儿在园经历的戏剧活动精彩瞬间和家长及时分享,交流孩子玩的需要和玩的收获;二是广泛汲取家长中的有效信息,不断充实亲子戏剧课程资源,并就课程组织与实施中遇到的问题或者需要家园联动的工作点进行探讨(如特殊幼儿、幼儿某一阶段的特殊行为等),谋求合作资源和策略。

第一节　亲子戏剧准备

作为一项融合文学、音乐、美术、舞蹈、建筑、雕刻等多门类艺术的综合艺术形式,幼儿园亲子戏剧的开展涉及多部门的配合,涉及多项工作的融会贯通。因此,为确保幼儿园亲子戏剧活动有效运转,充足的准备工作是前提。首先,要获得家长的认可,才有进一步行动的可能;其次,要选择适合各年龄段幼儿心理特征的剧本;另外,还要做好环创、区角设置等辅助性工作;最后,要将选定好的戏剧主题融入当前正在开展的幼儿园主题课程,以体现"渗透式"幼儿园亲子戏剧活动精神——幼儿一日生活皆课程,皆蕴含戏剧教育契机。

一、教师应该做什么

(一)选择剧本,提供戏剧活动内容

在一出戏中,剧本是重要的、基础的、决定性的因素。有了好剧本,不一定能排出好的戏剧作品,但没有好剧本,就一定排不出好的戏剧作品。选择剧本内容是幼儿园亲子戏剧活动开展的前提,剧本内容的来源可以是经典的艺术作品,可以是常见的自然现象,可以是贴近幼儿生活的社会事件,也可以是幼儿关心的、感兴趣的话题。总而言之,只要能激发幼儿创作戏剧的欲望、兴趣和冲动的一切资源都可以成为剧本的来源。

幼儿园亲子戏剧剧本的选择以教师为主导,秉持以幼儿的参与为原则,以幼儿各方面发展为诉求,既要符合幼儿的心理特点,又要尊重幼儿的选择权,以及不容忽视的家长参与权。具体来说,幼儿园亲子戏剧剧本的形成主要有以下几种:一是师幼、幼幼间,或者亲子间合作产生剧本;二是从偶发的生活事件中产生孩子感兴

趣的话题,继而构建剧本;三是改编优秀绘本成为剧本;四是结合主题活动构建剧本;五是选用优秀的现成的剧本。

1. 选择剧本的基本流程。

(1) 幼儿、家长自由组合,成立亲子戏剧小组,讨论戏剧主题。

戏剧小组成立后,再由这些自由组合的戏剧小组成员投票选举组长,组长负责领导本小组成员选择戏剧主题、建立和谐的组员关系、汇集小组成员讨论成果、代表小组在班级研讨会上发言……此外,根据幼儿戏剧小组的成员,家长与之对应,加入相应戏剧小组,成立班级亲子戏剧小组。在家庭活动中,亲子通过阅读故事、欣赏绘本、观看影视作品等,选择意向剧本,由亲子戏剧小组组长分别汇总组员班内讨论结果、组员家庭内讨论结果(小班幼儿戏剧小组组长可由家长代为履职)。

(2) 班级集体讨论,公开投票每戏剧小组拟选的戏剧剧本。

只有幼儿真正参与选择、改编和创作的故事,才能真实地反映他们对生活的体验和理解。每戏剧小组组长将本组讨论的结果汇总至老师处,由老师组织全班幼儿讨论,在选择剧本的时候,班里往往会出现激烈的争论。这时,教师需要给孩子们一定的指导意见。比如,什么样的语言和动作更适合表演,什么样的剧情故事更能吸引观众,什么样的角色安排能够最大化地使班级内的幼儿表现自己,等等。教师在提出指导意见时应注意以下几点:第一,剧本应只有一个中心思想,主题要积极、健康,避免颓废、报复和绝望等负面情绪;第二,剧情应符合"三一律",即一幕戏的安排只有一个时间、一个事件和一个场景;第三,人物的个性和故事的矛盾冲突要单纯、鲜明、有趣;第四,人物的语言、动作要真实、自然;第五,要体现群体参与,每个人都有角色的原则。[1]

(3) 家园合作、共同探讨、确定剧本。

就幼儿园亲子戏剧活动来说,家长对此心理反应不一,有支持,有畏难,有不解,甚至还有反对。如何把来自家长的压力变成动力?邀请家长全程体验戏剧活动,在参与体验中感受戏剧的价值和魅力,是赢得其认可与支持的最好方式。所以,教师在选择剧本时,要将选择权归还给幼儿、家长,仅在关键时起组织、协调、引

---

[1] 许卓娅.创意戏剧教育中的剧本创作[EB/OL]. http://www.yejs.com.cn/yjll/article/id/37630.htm.

领的作用,尊重家长,理解家长,建立和谐的家园关系,为后续的戏剧工作奠定良好的沟通基础。最后,再由教师根据投票结果,综合考虑多方意见并联系本班实际,选出最适合表演的剧本。

2. 选择剧本的注意事项。

幼儿园亲子戏剧不同于其他戏剧,它的演员是家长和幼儿,它的观众是幼儿,它的组织者是教师。因此,既然家长要参与,那他要能理解剧本,幼儿要表演,那就要符合幼儿的心理。此外,它虽不以舞台表演为目的,但也要适合舞台表演。因此,在选择剧本时,要注意以下几点。

(1) 剧本要来源于幼儿生活。

幼儿园亲子戏剧的主题和题材不同于成人戏剧,它没有大的社会背景,没有深刻的主题思想,更没有错综复杂的人物关系;它选取的题材大多来自于幼儿生活,而不是成人生活。幼儿园亲子戏剧作品有的反映幼儿真实的日常生活,有的用拟人、夸张的手法,反映幼儿幻想的生活。在幼儿幻想的世界里,小动物们会说话,会淘气,也会打架;植物有神力,可以变出很多漂亮的玩具;高楼大厦会长出翅膀飞来飞去;小朋友们可以和月亮姐姐对话……这些内容都具有幼儿年龄特征,都在间接地反映幼儿的生活和心理,帮助幼儿在欣赏、表演过程中感受真、善、美,学会沟通和交流,学会礼貌待人,学会讲究卫生,学会保护环境,学会爱自然、爱祖国、爱妈妈。

(2) 剧本要符合幼儿心理特点。

贴近幼儿生活,角色丰富多样,情节有趣,符合幼儿思维能力、语言发展和心理特征的作品,更适合改编成幼儿园亲子戏剧。例如《你会笑了吗》,情节活动性大,语言简单,个性鲜明,主题明确,"乐于助人""爱笑才会赢得友谊"很符合幼儿的心理特征,且过程既紧张又有趣。同时,小老虎们在镜子前左照照、右照照的样子很容易在舞台上表现,集体学微笑的表演,简单且有动感。再如《果蔬一家亲》,角色多且外观特征及营养功能各异,寓意明确,洋葱、青椒、红萝卜虽然气味怪异,但却具有抑菌杀毒的作用,最终他们以自己的力量,打败了想偷吃蔬菜的害虫,赢得了一开始"以貌取人"的蔬菜家族伙伴们的一致喜欢,蔬菜家族又恢复了往日的热闹祥和、勃勃生机。

(3) 剧本要适合舞台表演。

幼儿园亲子戏剧属于综合艺术,除了戏剧剧本要吸引幼儿之外,在表演形式上同样要抓住幼儿的心。要选择适合于舞台表演、能够创设出良好的舞台表现效果，即在音乐、舞蹈、美术、语言、灯光、服装、声效和表现形式上有发挥和创造的空间，且具备可行性、易操作性的作品进行改编。例如《果蔬一家亲》，不仅寓意深刻，且角色形象鲜明生动，幼儿和家长表演时较容易模仿。剧中的各类蔬果形象通过舞台设计加工，能够呈现出五彩斑斓、绚丽耀眼的舞台效果，从而给幼儿以视觉上的冲击和享受；同时，多数角色是蔬果，发生的故事在快乐的果蔬村，所以在表演的艺术处理上，又可以合理地加入大量的音乐、歌舞，创设出美丽的菜园、阳光、果树林等布景。如此这般更能够吸引幼儿，使幼儿得到全方位的艺术熏陶，真正做到寓教于乐。

（二）主题渗透，设计戏剧活动

幼儿园亲子戏剧教育活动不是孤立的，它可以与幼儿园主题课程相互融入、彼此渗透、相得益彰。将亲子戏剧融入主题课程，可以称为"渗透性戏剧教学法"，是指把戏剧作为一种辅助性教学方式渗透于幼儿当前进行的主题活动中，与五大领域有机统整，使其同时达到戏剧与学科的教育目标。具体来说，就是教师围绕某一戏剧主题，结合正在开展的主题教育活动，有目的地将两者整合、架构，形成结构性阶段教学策略，并借助设计的系列戏剧教学、游戏活动，让幼儿在潜移默化、不知不觉中，以游戏的方式快乐地了解学科知识、发展学科所预期的能力时，还能收获戏剧教育的价值。如在主题活动"我喜爱的食物"逐步展开的过程中，以"果蔬一家亲"为主题的剧本创作也同时展开。教师很自然地引导幼儿讨论出了剧本的主线：种类纷繁的蔬菜和水果、我们为什么要多吃蔬菜和水果、哪些水果好吃又好看、哪些蔬菜好吃不好看、哪些水果不好吃但营养丰富、好看的和不好看的遇见了会发生什么故事……由此，设计出"果蔬村的故事""蔬菜的秘密""买水果""食物的旅行""蔬菜拓印画""水果沙拉"等与主题相关的系列戏剧教学活动。

（三）创设戏剧游戏区，体验戏剧情境

教师应该精心布置戏剧游戏区，并为幼儿提供各种体验，一个有效的戏剧游戏区具备以下几大特点：

- ◆ 一个规划好的区域，如教室的一角。一些专家建议戏剧游戏区应该有个特殊

第三章
亲子戏剧的实践环节

的入口。例如，在区域前设置一个拱门，以此与班里的其他区域分开（Pardee，2005）。还需考虑天花板的高度。研究表明，低矮的天花板，更容易激发儿童参与到更多的合作表演中（Read, Sugawara, & Brandt, 1999）。一些教师运用垂挂的布帘降低天花板的高度，并进一步改进区域。

◆ 有大到至少能容纳4~6名儿童的区域空间。

◆ 是否处在积木区的旁边，使儿童能更轻松地在两个区域之间建立联系。例如，在"光明开端"幼儿园，作为交通工具主题的一部分，教师带着幼儿绕着"城镇"转了一圈。教师在戏剧游戏区里，投放了公交司机的服装和帽子。幼儿穿上服装、戴上帽子后，发现他们还需要一辆公交车。于是，他们用大型的积木搭建了一个公交车模型，然后进行角色扮演游戏。

◆ 有儿童熟悉的，并能供他们表达经验的事物。例如，在瑞吉欧教育中心，儿童从家里带来陶器和餐具。戏剧游戏区摆放了可以在真实的厨房中找到的食物（如干豆、各种形状的意大利面）（Gandini, 1984），还有供儿童"做饭"的工具。提供这些工具，能促进戏剧游戏的发展。在"伯奇"中心的一个婴儿教室里，教师将沙盒放在戏剧中心。他们还提供了橡皮泥。在提供了这些物品之后，儿童进行了更多的交流，更深入长久地进行戏剧游戏。之前不喜欢在该区域游戏的儿童，也开始参与其中。

◆ 有能满足班里所有儿童需求的材料——有特殊需求的儿童、来自各种家庭背景的儿童、来自不同种族和文化背景的儿童，以及能满足由性别差异引起的不同需求的材料。

◆ 包括可以展示多种文化的材料（包括班里没有的文化）。一个收集各种文化材料的方法是，委托家长们提供一些他们平常不用的物品。例如，一位家长带来了蒸笼和中国的茶具。展现各种文化很重要。"如果教师不在戏剧游戏区提供多元文化的材料和道具，就会无意识地强化儿童形成单一的文化观念，导致他们在游戏中忽略工作和家庭环境的多元文化性"（Boutte, Scoy, & Hendley, 1996）。

◆ 具有美感。许多家庭都在努力创造可以反映个人风格的家庭环境。许多早教课程会通过运用多彩的事物，创设富有美感的戏剧游戏中心（如铜壶和锅、花瓶、植物、桌布、地毯、布帘、靠垫）。

◆ 提供各种布料，让儿童制作自己的游戏服装。服装有助于儿童"更好地进入角色"（Bafile，2004）。

- 设有大镜子，可供儿童看到自己。
- 为各种戏剧游戏提供道具支持。道具通常有助于体现活动主题。例如，医生的听诊器会鼓励儿童去查看其他人的心跳。不太真实的玩具或道具可以更广泛地运用到戏剧游戏中（Pellegrini，1985）。真实的物品一般会更结实，并且价格较低，同时能使戏剧游戏更好地开展（Bafile，2004）。例如，当儿童使用真正的听诊器，而不是玩具听诊器时，他们可以真实地听到其他人的心跳。
- 提供两个以上相同的道具，使儿童进行平行游戏（如购物卡、小推车）。对于年龄较小的儿童来说，这一点特别重要。
- 提供真实的数学道具。例如，在娃娃家，你可能需要提供日历、手表、钟、收据本、计算器、手机和分类放在橱柜中的食物。
- 提供真实且合适的读写道具。例如，如果将戏剧游戏区设置成娃娃家，你可以在厨房摆放菜谱；在电话旁摆放便笺、笔和电话簿；在沙发旁边摆放杂志；放置有图片和文字的收据，以及可供儿童书写的空白收据；还有购物单、优惠券、空白的支票本等。
- 提供可供儿童自行创造的材料（Brokering，1989）。例如，地毯样品、毯子、盒子、卡片或者狗屋。布料可以用作披肩、围巾、围裙、头巾、给娃娃的毯子、背带或者桌布等。
- 有规整服装和道具的方法。例如，给服装提供挂衣架，有标注的帽子篮，挂游戏包的架子，放首饰的首饰盒。儿童的服装和道具可以放在抽屉里，并且标注上文字和图片。用卡纸做的简易说明可以贴在橱柜外面，让儿童知道盘子、水壶和锅应该放的位置。你还可以把塑料水果放在有标注的篮子里，当儿童把这些玩具都整理好时，不仅教室可以变得更整洁，儿童也可以练习——对应和分类。
- 包含所需的设备（如木质架子、烤炉、冰箱、水槽、橱柜、桌子和椅子）。虽然木质的设备比较昂贵，但是经久耐用。这些设备都要适合儿童的年龄。
- 是否是动态的。即可以根据戏剧游戏的不同主题更换布置或添加道具。[1]

---

[1] ［美］朱莉·布拉德.0—8岁儿童学习环境创设[M].陈妃燕，彭楚芸，译.南京：南京师范大学出版社，2014：252.

表3-1 可创设的戏剧游戏区①

商店	农场
宠物商店	马场
集市	**医疗服务**
面包店	医院
花店	牙医
超市	验光师
鞋店	兽医
音乐商店	**交通工具**
饭店	飞机场
比萨店	公交车站和火车站
服装店	**活动**
社区服务	滑雪
银行	露营
邮局	钓鱼露营
理发店	健身中心
修理店	舞蹈教室
汽修店	滑冰场
加油站	沙滩（在深水池旁设置小的浅水池）
办公室	划船
学校	**幼儿想象的主题**
消防局	龙的洞穴
图书馆	住在火星上
电影院	

（四）创设戏剧环境，营造戏剧氛围

环境,对儿童的学习和发展起着特别重要的作用,这不仅因为儿童的经历受制于他们周围的环境,环境对他们大脑的发展有至关重要的影响,还因为早期教育环境反映出教师的儿童教育理念、价值观以及有关儿童学习的信念。意大利教育家蒙台梭利曾经说过:"教育对儿童的巨大影响,是以环境作为工具,让儿童受到环境的浸染,从环境中获得一切,并将其化为己有。"蒙台梭利主张的环境目标:"尽量使成长中的儿童从成人那里独立出来。这指的是,要为儿童提供一个能让他们自我服务——自己生活——没有成人及时帮助的环境。"(Standing,1957)在这样的环境中,儿童变得"更加积极主动,教师越发处于辅助地位。在这里,儿童越来越自主地

---

① [美]朱莉·布拉德.0—8岁儿童学习环境创设[M].陈妃燕,彭楚芸,译.南京:南京师范大学出版社,2014:257.

生活。通过自主生活，他们开始意识到自己的力量。儿童一旦依赖成人，他们就难以朝着应该发展的方向成长"(Standing,1957)。

我国的《3—6岁儿童学习与发展指南》中也指出：应为幼儿创设一个想说、敢说、喜欢说的语言环境；为幼儿创设富有审美情感色彩的一日生活环境。亲子戏剧与幼儿园主题课程在环境布置方面的要求一致，戏剧活动也需要展示区和各类区域的布置，既为幼儿营造戏剧艺术的氛围，提供展示的平台，也为幼儿提供继续进行戏剧艺术探索与创造的空间、时间和材料等。在亲子戏剧的创作过程中，应本着"一个好的环境就应该是一本立体的、多彩的、富有吸引力的无声教科书"，创设幼儿园亲子戏剧环境，满足幼儿表达与创造的需要，进行戏剧主题的环境创设，让幼儿与环境对话，与环境互动，参与环境创设。比如，将班与班的公共走廊，命名为"戏剧走廊"，鼓励幼儿进行"互通式戏剧区域游戏"。教师把正在开展的戏剧主题情境淋漓尽致地展现在走廊上，如将"老鼠嫁女"设置的"吱吱红喜铺"和"果蔬一家亲"设置的"农家乐"，搬到戏剧走廊，让幼儿体验社会交往，进行角色游戏；在"青蛙卖泥塘"戏剧主题走廊设置"青蛙竞技场"和"青蛙工场"，进行体育锻炼和搭建活动；并在两个班级的走廊延伸段设置"动物大比拼"和"智力闯关"，激发幼儿静心思考、勇于挑战。

表3-2 环境评估：戏剧游戏区①

- ❖ 是否是一个分隔清晰的独立区域？例如，教室的一角或是户外的"洞穴"里、船上、小屋里和剧场里？
- ❖ 是否提供了足以容纳4~6名幼儿的空间？
- ❖ 如果是室内区域，是否在积木区旁，以便儿童建立区域联系，如交换和移动区域材料？
- ❖ 是否有儿童熟悉的材料，供他们表演自己相关的经历？
- ❖ 是否包括可以代表全班儿童的材料，如文化材料、辅助设备、不同的家庭组合？
- ❖ 是否包括可以代表全班儿童文化背景的材料（这些材料代表各种文化和家庭背景，包括班级没有的文化背景）？
- ❖ 区域布置是否具有美感？
- ❖ 是否有可供儿童制作自己衣服的布料和编织品？
- ❖ 是否有全身镜？
- ❖ 是否有支持戏剧游戏的各种道具？
- ❖ 是否有多个同种道具，供儿童进行平行游戏？

---

① [美]朱莉·布拉德.0—8岁儿童学习环境创设[M].陈妃燕，彭楚芸，译.南京：南京师范大学出版社，2014：268.

续表

- ❖ 是否有真实的数学道具?
- ❖ 是否有逼真且合适的发展读写能力的道具?
- ❖ 是否有可拆卸的道具,供儿童组装自己想要的道具?
- ❖ 是否提供了制作服装和道具的系统性的方法?
- ❖ 是否包括一些必需的设备,例如娃娃家中的玩具壁炉?
- ❖ 是否经常调整和变化,根据儿童需求提丰富的游戏机会?

(五)开展适宜的戏剧游戏,提高戏剧素质

戏剧游戏使幼儿成为"自己经历的展示者",为他们提供了想象性创造的表演机会(Brown, Sutterby, & Thornton, 2001)。戏剧游戏促使幼儿实践生活中学到的知识,消化吸收信息,并理解其中含义(Brown et al., 2001)。它还能促进幼儿的语言水平、自控力、认知力、社会性、情感和创造力的发展。在参与成熟的戏剧游戏中,幼儿创设想象的环境、运用语言来模拟剧情、设定角色和规则以及为长时间的表演创编剧本。因此,他们各方面的能力都得到发展。

表3-3 可开展的戏剧游戏(积累素质)

戏剧虽是一种综合性的艺术,但是人物形象的创造毕竟还是以演员为主。幼儿的生活经历有限,生活经验不足,生活知识不丰富,因此教师引导幼儿开展力所能及的、喜闻乐见的戏剧素质游戏,以此提升幼儿现有的戏剧观察力、注意力、感受力、适应力、表现力、思考力、想象力等。现选编部分适合幼儿年龄特征的、以不同方式、从不同侧面增强幼儿戏剧素质的游戏,以供教学参考			
序号	游戏名称	游戏内容	游戏目的
1	人类的镜子	幼儿以两人为一组,一人模仿另一人的动作	增强模仿能力
2	大喊活动	幼儿站成两列,向对面的伙伴喊一个句子,同时听伙伴喊出的句子	表达能力与倾听能力的培养
3	走路的方式	幼儿尽可能模仿不同人的走路方式,如模仿小孩、警察、小偷等	丰富活跃的想象力,惟妙惟肖的形体表现力
4	表达感情	幼儿自由说一个句子——开始没有感情,然后用不同的感情去诠释它,如快乐、悲伤、生气等	增强语言感受力

续表

5	观察同学	开始做这个游戏时,让两个幼儿一组。教师不提任何要求,只让一个幼儿观察另一个幼儿两分钟。两分钟之后,教师可以向观察的幼儿提问:"在这两分钟里,你是不是一直在看他?他今天穿了什么颜色的衣服?他今天的发型是什么样的?"	敏锐细致的观察力 积极稳定的注意力
6	青蛙跳池塘	游戏开始时可以两个幼儿一组,都假设自己是一只青蛙。有一个幼儿向前跳了一下,另一个幼儿在对方双脚落地时,想象着由于池塘里的水被跳下来的青蛙震动了,受到这种影响,自己也跳开一步。当两个幼儿做了一段时间后,也可以多人来做这个游戏。大家都想象自己是池塘中的青蛙,只要有一个人跳动,其他人都会受到影响而跳动起来。假如你跳动后,发现别人也跳动了,你必须立即感觉到别人的跳动对你的影响,接着跳起来回避。因此,每个幼儿都要注意其他的人。既可以主动地跳动去影响别人,也要注意由于别人的跳动及时地产生出应有的反应	体验感受力
7	故事接龙	幼儿围坐成一个圆圈。讲故事前,教师提出要求:第一个讲故事的幼儿,可以完全按照自己的想象开始讲,其他的幼儿一定要非常专注地听,并且在第一个幼儿讲故事时,尽可能在他的讲述中展开自己的想象。当第一个幼儿讲了一段时间后,教师拍一下手,第一个幼儿就停下来,在他身边的第二个幼儿接着讲。第二个幼儿讲时,一定要在第一个幼儿讲的故事的基础上去发展,不能自己另起炉灶。但在他继续讲述的过程中,必然会按照自己的想象而有所发展,有所变化。当他讲到一个段落时,教师又可以拍手让他停下来,再由第三个幼儿接着讲下去。如果大家都讲得不错,可以这样一直讲下去,最后形成一个完整的故事	丰富想象力

续表

8	由小变大	游戏开始前教师和幼儿一起讨论,想象一个最小的东西和一个最大的东西(动物、植物均可)。例如,最小的是蚂蚁,最大的是恐龙。然后要求幼儿自然站立,两臂下垂,双目闭合,开始想象自己慢慢地变成一只蚂蚁。在此同时,引导幼儿,从面部开始,感觉自己的肌肉也收缩起来,自己身体上所有的肌肉和关节都逐渐紧缩起来,最后蜷曲成一团,而且越小越好。这时,教师再引导幼儿,变成一只小蚂蚁后,没有人注意到你,人们走过来会踩死你,淘气的小男孩会捏死你,于是你就想要变大,变成一个大得没有人敢欺侮你的动物,于是你就想象自己逐渐地变成一只恐龙。这时,引导幼儿,全身关节和肌肉都在逐渐地膨胀,越来越大,直到站立起来,变成了一只大恐龙,睁大眼睛,模仿恐龙的声音,以最强者的眼光去看待周围的世界	丰富想象力 身体控制力
9	传递鬼脸	教师和幼儿一起围坐成一个圆圈,由教师先做一个鬼脸,然后面向他身旁(左侧或右侧均可)的幼儿,要求这个幼儿注意观察教师做的鬼脸的样子和感觉,并模仿下来。在他(她)觉得自己已经模仿下来以后,就可以根据自己的想法改变成为另一个样子的鬼脸,然后再面向自己身旁的幼儿,让他(她)来模仿,下一个幼儿先模仿下来,然后再变成自己的,传递给另一个幼儿。这样,一个接一个地传递下去,直到教师觉得可以停下来时为止	模仿能力
10	盲人与哑巴	幼儿每两人结成一对。一人闭目,想象自己是一个盲人;另一人扮演"哑巴",用双手扶着"盲人"的手和胳膊,牵着他(她)行走。扮演"哑巴"的幼儿全程不许发出声音,"盲人"要完全信任牵着他(她)的幼儿,并且排除不必要的紧张,使自己尽可能地松弛下来。牵人的幼儿应要对"盲人"绝对负责,保证他(她)的安全,牵人的幼儿在行走中可以不断地改变速度、节奏和方向。教师也可以在他们的行走区域里设置一些障碍物,但要求牵人的幼儿一定要负责不使"盲人"碰撞在障碍物上。作为"盲人"的幼儿,必须在教师说游戏结束时才可以睁开眼睛	信任合作

续表

11	吹牛皮	在做这个游戏之前,教师先向幼儿提出要求:每个同学都可以上台,用一到两分钟的时间向其他同学做一个自我介绍,但介绍的内容并不是自己的实际情况,而是想象、编出来的。例如,可以说自己是森林之王大老虎,刚刚打败一头野狼,或者说自己是一名大英雄,刚刚指挥完一场战争;也可以说自己是一个警察,抓住了正在偷东西的小偷。总之,要求幼儿在自我介绍的同时还要展开想象,其他幼儿作为听众可以在听他(她)的介绍时鼓掌或者提问,当然也可能是发笑。而自我介绍的幼儿则应该自始至终保持自信	表达能力 想象能力
12	你追我赶	先在幼儿当中选出一个追赶者。游戏开始时要求追赶者必须追上一个同学并拍打到身体的某个部位,而被追赶的同学们要尽量设法躲开这个追赶者,不让他(她)拍打到自己。在练习中,如果有幼儿被追上并被拍打到了,这时他(她)就成了追赶者去追赶别人,其他幼儿则必须躲避这个新的追赶者。这个游戏可以反复多次,在反复做此游戏时还可以发展为由追赶者一面追赶一面唱歌,或者是一面追赶一面讲故事,直到他(她)拍打到了另一个幼儿,而这时被拍打的同学不仅要去追赶别人,还要接着把歌唱下去,或者是把故事接着讲下去,直到他(她)又拍打到另一个同学为止。这样歌声或者是故事就在变换了的追赶者中延续了下去	身体控制
13	慢镜头	首先,请小朋友们在正常状态下以正常的速度行走,教师可以击打出行走的节奏来,然后要求幼儿在教师放慢击打节奏时,行走的速度也要放慢,但仍然是匀速行走,一直到把速度放到非常缓慢,幼儿行走仍然保持匀速	身体控制
14	呼吸游戏	幼儿可围成圆圈站立,但人数不可过多,相互之间用臂部搂着身旁同学的腰部,手放在身旁同学的侧腰处。在做这个游戏时,双目闭合,只是用手去感觉对方的呼吸状态,而且设法使自己的呼吸节奏与身旁的同学保持一致。在吸气时,大家的身体都向上;呼气时,身体都放松向下。如果呼吸的节奏放慢,动作也要慢下来;如果呼吸的节奏加快,动作也要加快,身体上下起伏的幅度也可以大起来,甚至可能出现一起跳跃起来的动作	身体控制

续表

15	寻物游戏	游戏前,将物品如一袋糖果、一支圆珠笔等,让幼儿先闭上眼睛,由教师把它藏在教室中的某个地方,然后再让幼儿去找,谁找到就归谁所有。等幼儿找到之后,让幼儿自己总结寻找的经验,然后向幼儿提出在表演中应该真正地去注意和认真地去行动	丰富想象力 提高注意力
16	观察游戏	教师可以带一些小物品(细部越多越好),如小工艺品、几个人合影的照片等,分发给幼儿,每人一件,让他们在三分钟的时间里仔细地观察。时间到了以后就把物品收回,请幼儿们叙述看过的物品的形状、样式、细部等特点,如照片上有几个人,几男几女,每个人的服装、相貌、发式等	培养观察力 提高注意力
17	倾听游戏	全班幼儿参加,教师引导幼儿真正去听教室里有什么声音,然后听教室外面有什么声音,再听更远的地方有些什么声音。最后让幼儿告诉老师,他们都听到了什么声音,此外在听到这些声音时引起了什么样的联想	丰富想象力 增强倾听能力
18	打电话游戏	两个幼儿各在教室一端,一个幼儿给另一个幼儿打电话,告诉他(她)一个重要的消息,或者是约他(她)在某个地方见面。打电话的幼儿声音不要太大,其他幼儿可以说笑,对接电话的幼儿造成干扰,也可以由教师用录音机放一段喧嚣的音乐来干扰,接电话的幼儿必须听清对方告诉他(她)的消息或约会地点	增强倾听能力 同伴交往能力
19	干扰阅读游戏	教师事先选好一本书,请一位幼儿坐在前面阅读,同时要求其他幼儿在他身旁说笑话,尽量想办法把阅读者逗笑,阅读者要集中注意力去阅读。如果在没有读完文章前被逗笑了,就算失败;如果阅读完了还没有被逗笑,并且能够复述出文章的内容,就算胜利了。活动中,幼儿可以逐个作为阅读者,其他幼儿来干扰他,但是,在做游戏时,其他幼儿只能说话,而不可以接触阅读者的身体	集中注意力

续表

20	照镜子游戏	两个幼儿一组，面对面站立。开始时，A幼儿想象自己是一面镜子，B幼儿是照镜子的人。教师引导B幼儿做一些与照镜子有关的动作，如梳头、抹香香等。A幼儿则必须认真地模仿B幼儿的动作，尽可能做到与B幼儿同步。当A、B幼儿在游戏时出现密切的配合状态之后，游戏就可以结束了。这时A、B幼儿相互调换位置，A照镜子，B模仿，重新开始游戏，目的达到后即可停止	同伴合作能力 模仿表演能力
21	大西瓜、小西瓜游戏	幼儿围成圆圈站立，可以由教师先开始，教师任意说"大西瓜"或是"小西瓜"，但如果说"大西瓜"，两手必须做一个小西瓜的姿势。按顺时针方向，下一个同学如果听到教师说的是"大西瓜"，他就必须说"小西瓜"，同时两手做出大西瓜的姿势。接下来的幼儿又要说"大西瓜"，并做出小西瓜的姿势。按这样顺序做下去，如果有谁错了，则要表演一个小节目，然后游戏继续	集中注意力
22	端球竞走游戏	将幼儿分成两组，人数相等。游戏开始前，在教室内设置两条有障碍的跑道。每组先由一人开始，手执一乒乓球拍，拍上放一个乒乓球，端着球绕障碍竞走。在竞走时，尽量不要使拍上的球掉下来；如果球掉下来了，则把球拾起来后，从球掉落的地方重新开始。等第一人回到出发点时，把拍子和球交给第二个同学，继续竞走。最后以哪一组同学先走完，以及掉在地上的次数多少来评分，看哪一组是胜利者。在竞走的过程中，幼儿可以随意为场上的运动员呼喊"加油"或鼓掌	平衡能力 集中注意力 同伴合作能力
23	猜领袖游戏	参加游戏的人数不限。幼儿可以围成圆圈，席地而坐。由一个幼儿猜领袖，他（她）先离开教室。教室内的幼儿选出一个做领袖，并由他（她）领头做各种动作，其他幼儿模仿领袖的动作。领袖的动作改变时，其他幼儿的动作也要随之改变。大家明确了游戏的要求之后，在领袖的带领下幼儿也跟着做起动作来，然后请猜领袖的幼儿进入教室，由他（她）找出谁是领袖。大家要保护选出的领袖，尽可能使他（她）不被找出来。如果领袖被找出	同伴合作能力 观察能力 集中注意力 模仿能力

续表

		来了,即由做领袖的幼儿走出教室,其他幼儿另选领袖,游戏继续进行。如果猜领袖者三次都未猜中谁是领袖,就请他表演一个小节目,然后另选猜领袖者和领袖,继续进行游戏。在做此游戏时,要注意根据教室的大小安排参加游戏的人数,并且注意保护幼儿不要在追逐中受到伤害	
24	神话故事游戏	活动前,教师先加以说明,指出这个游戏是大家一起来边讲边演一个神话故事。故事先由教师或者幼儿开头,他讲故事的时候,幼儿要注意倾听,并尽可能地把他所讲的内容演出来。例如,讲故事的人说"在很久很久以前,在一个蛮荒的大森林里",这时,其他的幼儿就可以展开想象,有的想象自己是一棵大树,有的想象自己是一块岩石,有的想象自己是森林中的野兽,等等,并且尽可能非常形象地表演起来。讲故事的人接着说"有一天,有一个猎人来到这个森林里",这时,就可以有一个幼儿走出来扮演这个猎人,他(她)可以扛着枪,也可以拿弓和箭,在幼儿们扮演的树林中穿行。故事就这样延续下去,直到结束	语言表达能力 想象模仿能力 合作表演能力
25	看电视游戏	每名幼儿找到一个适当的位置,面向教师而坐,每个人可以选择自己前面的一个空间当成是电视机屏幕,教师要求同学们静下心来看"电视节目",教师也可以根据同学们在看"电视"时的状况提问,如"你看的是什么节目?""现在是什么场面?"等。提问的目的在于引导幼儿展开想象,并尽可能产生具体的内心视像	丰富想象力 语言表达能力
26	听音响游戏	教师事先准备好录有各种声音的录音带,如哭声、风声、雨声、枪炮声、锣鼓声、鞭炮声、鸡叫、犬吠、鸟鸣等。活动中,教师可以先放录音,让幼儿认真地听,真正地感受这些声音在心中引起的反应和出现的联想。然后重新放这些声音时,鼓励幼儿根据这种声音动作起来。例如,听见婴儿的哭声,你可以想象他饿了,赶快给他热牛奶去;听见锣鼓声,你可以想象有人结婚了,你可以和别人合作抬花轿等	锻炼倾听能力 丰富想象能力 语言表达能力

续表

27	品尝美食游戏	游戏可集体参加。幼儿围坐成半圆形,然后按顺序或不按顺序地传递"食物"。首先可以由教师递给幼儿一个想象中的"食物",并说:"给你一个苹果!"这个幼儿接过"苹果"以后,就可以按照生活中吃苹果的动作去"品尝"它。等他吃了两口、"品尝"出"味道"后,他就可以递给下一个幼儿一种"食物",如冰棍。这样,每个幼儿在"品尝"过别人给自己的"食物"后,又可以递给另一个幼儿一种新的"食物",直到每个幼儿都反复做了几次"品尝"之后为止	丰富想象力 同伴合作能力 动作模仿能力
28	野餐游戏	游戏可以集体参加。教师在游戏开始前提示:"现在大家一起去郊游,每个人都带来了好吃的东西。已经是中午了,大家聚在一起,每个人把自己带来的'食品'拿出来,一起野餐。"这时,就可以让每个幼儿报出自己带来的菜肴的名称,水果的品种,饮料的种类,等等。然后,大家一起来"品尝",而且可以议论	丰富想象力 同伴合作能力 动作模仿能力
29	送鲜花游戏	幼儿围成圆圈,席地而坐,按照顺序由一位幼儿赠给另一位幼儿一束"鲜花"。接受"鲜花"的同学要闻闻花的香气,利用生活中的感觉记忆,具体地感觉送花的同学所说的花的特有香味,并尝试说出是什么花香	丰富想象力 同伴合作能力 动作模仿能力
30	行走中的感觉游戏	幼儿可以围成一圈,然后向左或向右转,并自然地行走(最好是光着脚走)。在幼儿走动起来后,教师先让幼儿真正地感觉是走在什么样的地面上。然后,教师引导幼儿想象与感觉不同的地面,如走在地板上、泥泞的地面上、雪地上、晒得很烫的地面上、洒满玻璃渣子的地面上、草地上,等等	增强感受力 丰富想象力
31	推掌游戏	两个幼儿为一组,相互面对面,两脚并拢站立,两臂垂直,手掌上翘,两人的手掌刚刚能够触及即可。这时,双方既可以用力推对方的手掌,也可以在对方推自己时将手掌闪开。总之,要设法使对方身体失去平衡,双脚移动,谁的脚移动了,谁就失败了	增强感受力

续表

32	问候游戏	游戏时,幼儿任意走动,当与另一幼儿相逢时,就要互相问候,可以先向对方说:"你好!"也可以在对方问候了你之后再回问对方:"你好!"然后分开。接着在走动中遇到另一个幼儿时再相互问一声"你好!"又分开。这样,幼儿们就可以在走动中不断地与其他同学相互问候。教师可以提醒幼儿认真地从眼神、语气、握手中感觉对方流露出来的态度,并与之相适应地给予回答	社会性交往能力 语言表达能力
33	模仿动物游戏	这个游戏以二至三人为宜。幼儿须在观察的基础上进行这个游戏。幼儿可以模仿不同的动物,但要抓住这些动物的特征,并展开想象,想象这些动物之间可能会有什么样的关系。例如:狼和羊,猫和鼠,猴子和大象,孔雀和乌鸦,狗和兔,蛇和虎,等等。开始可以根据幼儿观察的不同动物自由组合,即兴地做练习,要求幼儿在练习中建立起可信任的相互关系,并活动起来。如果在游戏中还能够出现小小的情节变化就更好,但也不要做硬性规定。在此基础上,要求幼儿简单地商量出一个小小的矛盾,发生一个小小的事件即兴地把他们所设想的表演出来。例如:两只羊机智地对付一只想欺负他们的狼,一只机敏的小老鼠戏弄一只又懒又馋的傻猫,等等。这种游戏一方面要求幼儿必须在观察的基础上真正地抓住所模仿的动物的特征,另一方面要充分地展开想象,做到既合情合理,又具体生动。为了使幼儿的想象能够活跃起来,可以鼓励幼儿从一些语言故事和动画片里去找到相应的素材,但更好的是幼儿自己通过观察而发现的动物的有趣生活	观察模仿能力
34	大人物与小人物游戏	大人物与小人物的游戏,可以集体参加。每个幼儿把自己想象为一个"大人物",这个"大人物"可以是皇帝、大力士、贵夫人、大明星,也可以是很凶猛的动物,或者是在家中一切都说了算的人,还可以是独霸一方的土匪,等等。总之,在幼儿从想象中产生了这个"大人物"的形象,并且运用自己的身体给"他"塑了型以后,就可以通过一些行走与活动,把这个"大人物"形象的感觉固定下来。当幼儿对这个"大人物"在想象中已经活跃了起来,在形	表现力的拓展

续表

		体与姿态有了感觉之后,就可以用同样的过程去寻找一个"小人物"的形象,如皇帝的侍臣、害怕老师的学生、受气的小丫鬟、手无缚鸡之力的小矮人、乞丐等。同样,最终引导幼儿在想象中使这个"小人物"活跃起来,在形体与姿态上也产生相应的感觉。这时候,教师可以进一步提出要求:幼儿去想象这个"大人物"和"小人物"之间可能产生的矛盾或者是他们之间发生的事情并表演出来。例如,皇帝的侍臣小心翼翼地侍候他,皇帝百般挑剔,侍臣胆战心惊地辩解,皇帝发怒,命人将侍臣打倒在地。总之,幼儿可以充分地展开想象,并用哑剧的方式,交替地扮演这两个"人物"	

(六) 搜集文献,编撰戏剧常识

教师在幼儿园亲子戏剧中处于灵魂地位,相当于"导演",因此,活动前,教师要查阅相关资料,读透、读懂戏剧常识及戏剧教育意义,清楚幼儿园戏剧活动的开展过程,树立正确的幼儿戏剧教育理念,尤其是当家长参与进来后,怎么去引导家长认识到戏剧教育的价值和魅力?家长在每一环节应承担的任务与配合事项是什么?如何设计教学活动、游戏活动?以此引领幼儿、启发幼儿,将戏剧教育功能最大化。首先,戏剧准备阶段,应通过环境创设、活动区活动等途径,启发幼儿渐入式地了解、掌握戏剧常识,对戏剧活动产生兴趣,想要表演、愿意表演。

而对于家长来说,我们虽鼓励家长自主学习,如活动前,了解西方国家的中小学及幼儿园戏剧教育状况,以及我国港台地区蓬勃发展的戏剧教育,活动中,紧密联系教师,了解剧本中阐述的故事内容、戏剧冲突、角色特征、场景设置、人物台词等,熟悉自己和孩子所要扮演的角色,观察幼儿学习掌握的情况及情绪变化,鼓励幼儿不畏困难,积极参与,勇于表现,但教师仍然应起主导作用。因此,为协助家长更积极有效地参与,教师可以通过文献检索、影像展示等多途径汇编成"戏剧基本知识和艺术特性"PPT,以家长会的形式或直接通过网络发送给家长,向家长普及戏剧知识。例如,戏剧的基本构成要素;戏剧的动作性、冲突性、集中性等特点;戏剧的种类(音乐剧、话剧、歌剧、哑剧等);戏剧名家名作欣赏等。这些内容的补充有

第三章
亲子戏剧的实践环节

助于开拓家长视野,激发家长参与的兴趣,使家长在正式参与亲子戏剧活动之前对戏剧作为舞台艺术有一个较全面的认识,为编好、演好亲子戏剧奠定良好的基础。

二、家长可以做什么

如果说教师是幼儿园亲子戏剧的引领者、组织者,那么家长便是幼儿园亲子戏剧的支持者、合作者、参与者,因此,获得家长认可,赢得家长信任,显得尤为重要。家长既要了解国内外戏剧教育动态,了解戏剧教育历史和现状,认识到戏剧这一教育形式的独特价值与功能,还要树立正确的戏剧教育理念,更要明确自身在亲子戏剧活动中的阶段任务,从而为接下来亲子戏剧各环节的有效开展奠定基础。

(一) 了解国内外戏剧教育动态

首先,让家长了解西方发达国家学校戏剧教育的历史和现状。

戏剧教育在西方有着悠久的历史,古希腊时期就被看作是公民教育的重要组成部分。英国女王伊丽莎白时期,更是大力提倡校园戏剧,把戏剧与学校教育结合起来,目前在英国,一些大学在戏剧学院成立应用戏剧系,其教育目的在于使戏剧可以为任何人服务,所以课程设计内容有"TIE""DIE"、戏剧治疗、戏剧为特殊人服务(如唐氏综合征、监狱服刑者)、政治剧场与社区剧场等。"TIE"是"Theatre in Education"的简称,中译名称有"教育剧场""教习剧场",始于1965年,当时有一个剧团的四位演员进入学校,尝试把戏剧运用于学校教育。有两个主要目的:其一,将戏剧演出带进校园,并将戏剧可以启发人的想象力,可以探索人的心理状态,可以在虚拟与真实之间分析各种人、情、事的可能性等技巧带到学校课堂里。其二,这些演员教师们在学校针对教师进行在职的种子戏剧教师训练,让那些有兴趣的学校教师能够了解何谓教育性的戏剧,其教育目标和方法是什么,让教师们有机会开始推动执行自己的戏剧教学计划。"DIE"是"Drama in Education"的简称,中译名称有"教育戏剧""戏剧教学活动"。它是将戏剧的元素当成教学的媒介,使戏剧成为一种教学与学习的工具,可以运用于任何学科的教学。国际上的这种教育戏剧思潮发起于第二次世界大战后,蓬勃发展于20世纪60年代,尤其在英国、美国等发达国家最为流行。美国有"戏剧与教育联盟",就着重从事戏剧与教育相结合的研究和实践。在美国,戏剧课程被以立法的形式确定下来,也就是确定了戏剧在国家教育体系中的地位。美国的《2000年目标:美国教育法案》规定:舞蹈、音乐、戏剧、美术(视觉艺术)是全美中小学生的必修课程。美国国家艺术教育联席会议还主持制定《国家艺术教育标准》,戏剧是其中的重要部分,并从一至十二年级,制定了初、中、高三档,每档又分四级,各档各级都规定了具体的教学内容,应该了解和掌握的戏剧知识及能力的详细标准。在这些法律、法规的推动下,目前美国的大中小学一般都设有戏剧课程,且戏剧知识已被纳入新一代合格公民必须具备的基本素质。据说,现在全美有一千多所大学设有戏剧系,毕业学生大部分是到中小学从事戏剧教育,且到戏剧系听课的学生,绝大多数是其他专业的选修生。美国所谓的"通才教育"就包括了从幼儿园到大学各层次课程中的戏剧教育。

其次,引领家长了解我国戏剧教育的传统和港台的戏剧教育实践。

中国上古时代学校教育中有"六艺",其中的"乐",就包含了诗、歌、舞三要素,可以说是中国最早的"戏剧教育"。在中国近现代教育史上,教育家如蔡元培、陶行知、张伯苓、晏阳初、卢作孚等也都看到戏剧的教育功能,积极倡导推行过戏剧教育。蔡元培先生在西方戏剧观念和国内民主教育思潮的影响下,认识到了戏剧在面向民众的通俗教育中的优势,把戏剧视为最重要的一种社会教育的工具。在他看来,戏剧语言通俗易晓,人物扮演合世人情趣、心理,有深厚的群众基础,传布甚易。因而他在1902年担任民国第一任教育部长期间,积极主张于普通、专门二司外设立"社会教育司",并把戏剧作为进行普及教育的一种有力有效的方式,纳入到行政制度中,由此戏剧在教育行政上被列为一种教育方式。他还曾明确指出,戏剧是美育的一种方式,因为"演剧是各种美术的集合"。南开中学校长张伯苓,认为戏剧舞台与社会舞台是相通的,学生演戏可以练习演讲、学习做人、为进入社会做准备。早在20世纪初期,他就把戏剧原理与教育原理相贯通,在我国首创了把校园戏剧纳入整个教育体制这样一种现代教育方式。中国平民教育运动创始人晏阳初,也曾实践以平民戏剧的形式向农民传授知识,还请来戏剧教育家熊佛西作指导,以农民为对象,让农民自己演自己的事,达到教育的目的。

在我国港台地区,也盛行教育剧场、教育戏剧。香港提倡教育戏剧,始于20世纪80年代初。2001年,香港艺术发展局的《三年计划书》中,"艺术教育"是一项重要的内容,而"编制戏剧教育课程计划"为戏剧小组委员会拟进行的主导型计划之

第三章
亲子戏剧的实践环节

一。由于香港的西方北方及与英美等国家交流广泛而深入,校园戏剧演出非常之盛,且有许多学校都自觉地运用戏剧这种教育方式。如浸信会吕明才中学,2001年以前戏剧还仅作为课外活动,2001年开始戏剧是选修科目,2002年以后戏剧成为学生的必修科目。香港的许多演艺学院,都打出"教育戏剧"的牌子,给愿意从事戏剧教育的教师提供业余培训。戏剧教育专业在香港是热门专业,不少人甚至不惜到英美留学专攻该专业,成为戏剧教育的从业人员。像陈恒辉、陈瑞如两位毕业于香港演艺学院戏剧学院的教师,在当了几年的导演、演员后,毅然赴英国进修戏剧教育,回来后投身学校戏剧教育,他们总结多年的教育实践,先后合著出版了《戏剧教育——让儿童在戏剧中学习和成长》《戏剧教室——高小戏剧教育指南》等书。在台湾,戏剧教育课程从2000年开始,纳入一般艺术课程"艺术与人文"的范围之内,成为国民义务教育学生的必修课目。"艺术与人文"为七大学习领域之一,包含表演艺术、音乐及视觉艺术。戏剧教学在小学三年级至中学三年级之"艺术与人文"课程中实施,而小学一、二年级则置于《生活》课内,合并社会、自然与科技课程实施。

了解国内外戏剧教育动态,于家长来说,是为了增强其参与幼儿园亲子戏剧活动的信心,于幼儿教师来说,也是开阔眼界,吸取别人的成功经验,增强搞好亲子戏剧活动的决心与信心。

(二) 树立正确的戏剧教育理念

1. 戏剧教育的终极目标是人格教育,而非才艺培养。

由于戏剧是综合艺术,幼儿参加戏剧活动确实能锻炼多方面的艺术才能,但与专业戏剧以培养专业戏剧从业人员为主不同,幼儿园戏剧教育是非专业戏剧教育,是面向全体幼儿的艺术教育,它的终极目标应该是人格教育,而非才艺培养。

20世纪初期张伯苓把戏剧活动视为教育的媒介和手段而引入学校教育领域,就是因为他看中的不是戏剧能给学生以才艺方面的锻炼机会,而是戏剧活动在学生人格养成、公共意识、合作能力、团队精神等方面的培育功能,以求将来更好地服务社会。他的戏剧教育理念并不注重学生的才艺培养,而是致力于人性的发展和完善、能力的培养和锻炼。在他看来,戏剧教育的根本目的并不在于造就戏剧人才,而是通过戏剧教育培养学生的完善人格和创造能力,以利于学生在未来的社会中学会生存、学会艺术地生活。他相信,戏剧活动能达到造就具有"完全人格"、能"改造旧中国、创造新中国"的新人才的教育目的。张伯苓对戏剧教育在学生人格培养和处事能力锻炼方面的功能和价值的阐述,给我们留下了诸多有形的参照和可贵的经验,对我们当代的戏剧教育,尤其是处于启蒙阶段的幼儿园亲子戏剧教育,提供了很好的启示与借鉴。戏剧教育是人格教育,这种理念在现在的一些教育工作者的戏剧教育活动中得到了一致的响应、贯彻。香港、台湾倡导戏剧教育,以及我国包括戏剧在内的综合艺术课程,都以人格教育为目标,并不在于培养专门的戏剧理论和创作人才,而是培养一个健全的国民,使其具备作为一个国民应有的一般性基本条件。教育教学及排演活动中虽然也有角色扮演、动作的规范等,但强调的是幼儿的人格发展及创意的表现,而不是一味追求技能技巧的训练。

2. 戏剧教育是实施人文素质教育的重要载体。

加强人文素质教育,促进学生全面发展,提高创新能力和社会适应性,是20世纪80年代开始掀起的世界教育改革浪潮中的一种大趋势。何谓"人文素质"?各有各的解释,但是最基本的内容应该包括对人的关怀和理解、对完美个性的追求、群体意识、想象和审美能力等。是否具备人文素质不仅是大学生、成年人的事,人文素质也应该是中小学生的一种基本素质。但由于中国长期以来应试教育之风屡禁不止,"高考""中考"两座大山压得中小学生喘不过气来,每天忙于各种考试的中小学生,其人文素质的失落已经到了堪忧的程度。

有中国学者断言:"在所有的艺术门类里,戏剧是离人最近的艺术,戏剧教育是最便捷、最适当的人文素质教育。"确实,与音乐、舞蹈、美术、书法等艺术相比,戏剧由于有故事、有冲突、有人物性格塑造,包涵着更多的人文内容;其悲剧、戏剧、正剧作品及各种小品,都是社会历史的缩影和人生内容的翻版,因而戏剧离人最近,所谓"人生如戏""戏即人生",即是对戏剧与人生、戏剧与人文关系之密切的形象注解,较之作为影像艺术的影视,戏剧也以其形式简单、随时能参与而体现出它的便捷性。戏剧教育是把戏剧的结构化解为一个个要素,融入教育的过程中,强调戏剧在实施教育过程中的特殊功能。它不以戏剧知识和表演技能的学习为目的,而是注重通过戏剧方式对学生进行一些认识社会、思考人生、选择生活及增强自身素质修养的培训,重视的是参与者的交际、表达、情感、想象力、集体意识等素质的养成和能力的提高,因而戏剧教育是最适当的人文素质教育方式之一,是实施人文素质教育的重要载体。

3. 开展戏剧教育是为了造就全面发展的人。

戏剧教育是使人回归本性的教育,是实现素质教育的有效途径之一。素质教育的核心,是促进人的全面发展,而戏剧教育的目的是立人,就是培养全面发展的人。当然,我们不是说美术、舞蹈等艺术不能提高人的素质,而是说在培养适合21世纪社会的现代化复合型人才方面,作为本身就综合了文学、音乐、舞蹈、美术、雕刻、建筑等艺术门类的戏剧,在锻炼人、培养人方面要比音乐、美术、舞蹈等单科艺术教育具有更多的优势和潜能。故戏剧教育是综和艺术教育最好的载体,符合"生态式艺术教育"的理念,倡导戏剧教育,就是为了更好地实现素质教育的目标。戏剧教育更是一种普适性教育,它面向全体学生,对青少年的智力开发、人格形成、个性发展及综合素质和能力的全面提高具有重要作用。学生可以通过阅读、编演、观赏等多种方式参与,使学养和能力在创作、表达、合作等不同的层面上得到锻炼和提高。在时代呼唤复合型人才、建设和谐社会的今天,我们更应该全面地认识戏剧教育在学校教育中的地位和作用,有效地发挥戏剧教育的功能,走出以前艺术教育单一化、技能化、模式化的误区。

此外,为了让家长深刻认识到自身参与幼儿戏剧教育活动的重要性,教师还可以通过家长会、网络平台等向家长表述当前亲子关系的现状及亲子的不良沟通而造成的悲欢离合,在家长了解戏剧教育意义的基础上更进一步认识到亲子戏剧教育的功能与价值。

(三) 明确戏剧教育中的具体任务

即便家长了解了国内外戏剧教育动态,高度认可幼儿园戏剧教育的理念与价值,也因自身专业背景、生活经历、家庭环境各不相同,而并不清楚自身在亲子戏剧活动中应完成的主要任务、应承担的职责、应注意到的事项。因此,为保持家长参与的积极性,提升活动开展的效率,在亲子戏剧活动进程中的每一环节开始前、结束后,教师都应布置明确清晰的任务,让家长知道戏剧开展的进度、内容、概况以及他们需要从哪些方面进行配合,又有哪些注意事项等。如亲子戏剧在开展前,可以发动家长协助教师,与幼儿一起在艺术作品、自然现象、社会事件等戏剧主题来源中,共同选择、确定戏剧主题。确定戏剧主题后,进入戏剧准备环节,家长又要准备什么？家长如何进一步配合幼儿园的工作？家长自身要承担什么角色？诸如此类，我们建议用书信形式向家长告知当前活动开展的进度及后继学习的计划、任务及需要家长配合的事项等。

（四）家庭内开展亲子互动游戏

如前所述，教师、幼儿、家长共同选择剧本后，教师通过环境创设、区角设置、系列活动的设计，让幼儿体验、感受故事的背景、内容、人物、情节、语言等，但囿于当前两教一保，幼儿班额多数超出的现状下，一个教师至少要面对十几名言语理解水平、知识掌握能力各异的幼儿，显然难以一一顾及，难以全方位地让每一位幼儿都透彻理解。因此，家庭教育的延伸功能显得尤为必要。因此，家庭内，可以开展亲子阅读活动，一起熟悉剧本，共同理解剧本的大致情节、角色安排、角色特征以及角色语言等。在亲子阅读的时光里，家长能更好地知晓幼儿的现有理解水平，有目的、有方向地引导幼儿全面地理解故事内容和人物语言等。幼儿在家庭的轻松氛围下，也会更投入、专注地倾听和思考，进一步巩固在园学习的知识。家长也可以和幼儿分角色扮演剧中人物，让幼儿扮演其喜爱的角色，鼓励幼儿表演，引导幼儿用各种夸张、形象的身体动作表达角色的言语、表情、心理特征。家长还可以根据老师的要求，和孩子一起动手制作剧中所需要的道具，在画、折、剪、贴的动手过程中，不仅锻炼幼儿的专注力、协调力、色彩感受力、动手能力，还有助于亲子的良性沟通、亲子感情的升华、良好家庭氛围的营造。

三、幼儿需要做什么

（一）了解基本的戏剧常识

根据幼儿年龄特点，在活动正式开启前，让幼儿了解一些基本的戏剧常识。如小班幼儿知道戏剧是有角色的，知道戏剧是有故事情节的，知道戏剧是在一定的场景发生的，知道能用各种各样的材料进行装扮。中班在此基础上，知道戏剧中的角色可以是多个的，知道戏剧的情节有开端、发展和结局，知道不同场景的空间位置，知道可以用服装、道具等进行简单的装扮，知道戏剧表演需要剧本，知道剧场是有表演区和观众区的，知道剧场有一定的规则和礼仪，初步了解上下场的位置。大班幼儿理解能力进一步提升,相比小、中班幼儿,知道多种角色及其关联,知道戏剧的情节有开端、发展、高潮和结局,高潮是围绕戏剧冲突展开的,理解故事发生的多个场景,知道不同场景的空间位置及内容,知道使用服装、道具可以使自己的形象更生动,并选择合适的材料进行创造性的打扮,知道戏剧表演需要剧本,剧本由若干幕组成,知道剧场有表演区、后台和观众区,知道剧场规则和礼仪制定的缘由,了解舞台的不同位置。

(二) 参观剧场,亲身体验

剧场对幼儿园亲子戏剧表演来说并不是必需的。只要幼儿愿意表演,教室、家庭、广场等任何一个地方都可能成为幼儿的"剧场"。但真实的剧场是多种艺术结合起来以产生奇妙效果的地方。让幼儿了解剧场,知道剧场主要由舞台和观众席构成,另外还有一些附属空间,如化妆室、票房、前厅、休息室等,不仅有利于其对戏剧完整经验的建构,还有助于幼儿在班级模拟剧场时的知识经验积累,何况幼儿已有了初步的"剧场意识"。如有学者指出:"儿童剧场意识的出现同人类戏剧发展史中剧场出现的规律是一致的。当儿童不满足于只是同伴之间演着玩的时候,当儿童有强烈的观众意识的时候,当儿童对舞台提出一定的要求的时候,儿童的剧场就会应运而生。所以说,儿童的剧场正是从表演中分化出来的。儿童对剧场的理解虽然还是初步的,但是他们在一种游戏性的工作中逐步丰富扩展,包容了剧场创设、管理和宣传等多项剧场工作。"[①]因此,有条件的地区,可以组织幼儿参观剧场,实际体验,条件不足的地区,可以组织幼儿观看与剧场相关的影视、图片等资料,丰富其感性认识,为开展戏剧活动、模拟剧场奠定认知基础。

(三) 发挥主体作用,参与剧本的选择

幼儿天生是演员、剧作家和导演的集合体。他们总是乐此不疲地在戏剧游戏中创造性地演绎成人世界里的故事,并在"假装"扮演的过程中体验愉悦的情绪。因此,"将游戏归还给幼儿""将选择权放手给幼儿",给予幼儿充分的尊重与自由,贯穿幼儿园亲子戏剧始终。尤其是第一步,剧本的选择,因为只有幼儿自己选择喜

---

① 张金梅.幼儿园戏剧综合课程研究[M].南京:江苏教育出版社,2005:177.

爱并能理解的剧本，才能激发其参与的兴趣、创编的动力、表演的激情。剧本的选择可以是教师引导性的，也可以是幼儿自发的、自由的、随意的、漫无目标的创造与想象。

如前所述，自由成立班级亲子戏剧小组，让幼儿、家长自主选择剧本，在实际开展中，要注意的是：由于幼儿发展的不平衡和个性的差异性，造成幼儿有"强势"和"弱势"之分，每个班级中，都有强势幼儿群体和弱势幼儿群体。由于是自由组合，这些戏剧小组分成了"强强组合""弱弱组合"和"强弱组合"三种类型，教师要根据这三种不同类型的组合有针对性地进行指导和帮助。比如，"强强组合"的幼儿势均力敌，容易起冲突，教师就要适时指导幼儿遇事要协商解决；"弱弱组合"的幼儿有了更多表现、被肯定的体验，但在游戏成果方面需要教师更细致的指导；"强弱组合"幼儿个性互补，但存在诸多隐性矛盾，需要教师深入具体的观察和及时有效的介入。

（四）了解选定戏剧主题的相关知识

为了保证戏剧活动目标的顺利实现，在戏剧主题选定后，活动正式开始前，家长、教师要营造环境、提供材料，引导幼儿做好相应的知识经验准备。如亲子戏剧《果蔬一家亲》，在正式的创编活动开始前，家长可以带领幼儿去超市观察蔬菜和水果的种类，了解它们的特征，知道它们的营养价值。条件允许的话，还可以带领幼儿亲近大自然，观察蔬菜和水果的生长环境、生长状态。园内，教师可以组织幼儿观察厨房师傅是如何将各种各样的蔬菜制作成美味的营养餐的，组织幼儿讨论自己喜爱的蔬菜和水果，以此引导幼儿逐步深入地了解果蔬的相关知识。比如，认识不同蔬菜和水果的不同营养价值，按外观分类，按味道分类，它们的吃法。进而在此基础上，创编不同味道、外观的蔬菜和水果相遇时可能会发生的故事。

（五）角色竞争，选择喜爱的角色

亚里士多德曾经说过戏剧有六个成分：情节、性格、言语、思想、戏景、唱段。在这六个成分中，他认为最重要的是情节，而情节是由"人"和"事"构成的。在剧中，什么人做了一件什么事，这就是一段情节，而这里的"人"即是"角色"。由此可见，

"角色"在一部戏中的重要地位。古往今来的戏剧舞台上,角色都有主角与配角、主唱与帮腔之分。虽然,人们都认同"红花须得绿叶配""一花独放不是春,万紫千红春满园"的观念,但从家长的角度,还是希望自己的孩子能够出演主角或者比较重要的、台词丰富的角色,包括孩子,可能都想演"英雄""国王""花仙子"之类的或充满豪情,或美丽温柔的角色,而并不关注默默无闻的小角色、反面角色,因此教师要注意引导家长和幼儿树立"角色没有大小之分,只有演得好与不好之分"的正确观念。

同时,为了避免引起部分家长不必要的负面情绪,体现公平、公正、公开的原则,建议通过"角色竞争"的方式来确定人物角色的分配。首先,让幼儿挑选自己喜欢演的角色;其次,让选择该角色的幼儿经充分准备后在家长、同伴面前公开演出;最后,幼儿、家长根据其表演水平,投票给自己理想的小演员。家长角色确立的过程亦是如此。当然,在此基础上,教师须从宏观把握、整体考虑,考察该演员的外形和个性气质是否确实与角色接近,尽量让演员都能本色出演,使得演出更容易成功。

需要说明的是,角色竞争在剧本选定后,便可按上述流程进行。但在整个的戏剧经验建构活动中,角色不是固定的,在正式演出前,角色竞争贯穿整个戏剧流程中,教师要给予幼儿充分的选择余地和空间,幼儿最初喜爱的角色或许经实践后发现自身并不合适,教师在正面引导、克服畏难情绪后,发现幼儿确实不适合,可适时调整。再者,由于最初选定的剧本只是初设的框架,在随后的创编、排演中,或许会生成更多受幼儿青睐的角色,此时,鼓励幼儿、允许幼儿同样以竞争的方式体验不同的角色,不断丰富和发展新经验。尤为注意的是,这里的"竞争"是趣味的、融洽的、民主的,形式是亲子共同参与的快乐游戏,切不可搞成"选拔式""竞赛式",让幼儿产生畏难、恐惧、抵触心理。因为幼儿园亲子戏剧活动始终要秉承的观念是"不是在选拔小演员,不以获得戏剧表演专业技能为目的,而是亲子在快乐游戏中,始终贯穿让幼儿自由、自主、创造、愉悦的游戏精神,培养幼儿人际交往、社会适应、大胆想象、勇于表现、敢于创造,并建立和谐、良性的亲子关系"。这才是幼儿园亲子戏剧活动的初衷和使命。

第二节 亲子戏剧创编

5岁的天天和几个同伴一起玩"娶新娘"游戏。他把自己打扮成一个"王子",将兰兰打扮成一个"公主",另外的几个同伴成了迎亲队伍成员,在天天的导演下,他们分别给自己进行了装扮,"抬着"花轿(两根竹竿),吹打着音乐(哼着音乐,敲着凳子),"浩浩荡荡"的队伍显得格外开心。因为这是他们在玩游戏,这是他们自己的"作品",题材、道具、服饰、音乐、动作等均是他们自己创作,这能不说是一件非常优秀的戏剧作品吗?①

这是一个典型的戏剧性游戏,它显示出丰富的儿童自发性戏剧形态:天天不仅是演员,还是剧作家,整个情节基本都是他创作的;他还是导演,负责分配角色,维护表演规则;他也是道具、化妆师,他寻找纱巾等代替性道具,把自己打扮成了"王子"的模样,他集演员、剧作家、导演、舞台美工于一身,一身兼数职,忙得不亦乐乎!

但现有的幼儿园戏剧教育现状,一般是由教师组织个别表演能力强的幼儿在舞台上进行戏剧演出,剧本一般是剧作家已经创作好的作品。从题材来看有历史剧、童话剧、现代剧等,从表现形式来看有话剧、歌舞剧、戏曲、木偶剧、皮影戏、哑剧等。这种戏剧演出很注重演出的效果,一般是由教师选择演员,然后帮助幼儿背诵台词,或将台词录音后,再反复进行严格的舞台演出排练,直至最后的公演。至于演员的服装、道具及舞台背景等都是教师制作的,幼儿只要做好演员和观众就行了。家长也只是为幼儿的演出买单。这样的戏剧演出类似于成人演员的表演排练,压抑了幼儿主动创造戏剧的愿望,限制了幼儿戏剧能力的发展,缺乏幼儿主动性的体现,家长因不了解戏剧教育的过程,自然无法理解、发现戏剧教育的意义以及孩子的成长变化,某种程度上产生"学校怎么又收这么多钱?演来演去又不学习有意义吗?"等负面情绪。因此,我们提倡的幼儿园亲子戏剧强调幼儿的戏剧主体

---

① 郑薏苡.儿童戏剧与学前教育[M].杭州:浙江工商大学出版社,2012:51.

地位及家长的戏剧合作者、参与者地位,给予他们一定的戏剧创作空间,营造属于幼儿的戏剧教育氛围,让能力各异的幼儿在戏剧创编、排演、展演等过程中更加自信、收获成功。

一、创编原则

英国戏剧教育学者布莱恩·威(Brain Way,1967)提倡把"参与者已有的经验"作为戏剧创作的基础,比如音乐、历史事件、日常生活事件等都可以成为刺激戏剧创作的主要来源,个人经验的回顾与解决问题的方法的想象成为戏剧活动的主要方式。① 幼儿园亲子戏剧主题的来源可以是文学、影视等艺术作品,也可以是自然现象、社会现象热点话题,还可以是幼儿周围生活发生的奇闻趣事。总之,教师要善于从广泛的生活中搜集适合幼儿园亲子戏剧活动开展的一切素材,经过合理改编,适合幼儿园亲子戏剧活动的来源。但幼儿园亲子戏剧的改编不是"拿来主义",不是天马行空的毫无原则地去想象、捏造,而是要建立在一定的理论基础上,符合幼儿园亲子戏剧创编原则。

(一) 亲子戏剧创编要符合幼儿年龄特征

幼儿园亲子戏剧文本创编要符合幼儿年龄特征。幼儿园亲子戏剧的剧本,具有演出脚本的戏剧性和作为幼儿阅读欣赏对象的文学性。剧本作为一剧之本,没有剧本,排练和演出往往没有依据。幼儿园亲子戏剧的创编,除了对戏剧本身的认识外,最重要的是要对幼儿的了解,要符合幼儿的年龄特征。语言儿童化、口语化;矛盾冲突单纯、不宜过多;主题鲜明、浅显;戏剧内容富于游戏性和童趣等。

(二) 亲子戏剧创编要符合幼儿文学创作规律

幼儿园亲子戏剧的改编不可为了哗众取宠而违背幼儿文学的创作规律。一味地搞笑,主题低俗、语言浅薄、线索混乱。如改编《西游记》片段时,有意地把情节与

---

① 张金梅.表达·创作·表演:幼儿园戏剧教育课程(小班)[M].南京:南京师范大学出版社,2014:67.

香港影星周星驰的电影《大话西游》和东北笑星小沈阳表演的作品《大话西游》结合,扭曲了主人公在幼儿心中的形象,破坏了原作应有的创作目的,成人能接受并且认为很有笑点的创作和表演并非适用于幼儿。

(三) 亲子戏剧创编要体现幼儿的主体地位

在学前教育领域,有广泛流传、众人皆知的"十大信条",它们是:每一个孩子都是可爱的、聪明的;每一个孩子都渴望得到欣赏和鼓励;每一个孩子都对大自然有无比的向往和亲切感;每一个孩子都渴望被尊重;每一个孩子都渴望快乐和友谊;每一个孩子都渴望自己的事情自己做;每一个孩子在自己的世界里,他们都是大人;每一个孩子都能获得成功;每一个孩子在良好的教育环境里都能获得好的成长;每一个孩子都有潜力造就未来。这是每一位幼儿教师应深刻领会的幼儿教育理念,我们要时刻关注幼儿,尊重幼儿,理解幼儿,重视幼儿,处处体现幼儿的主体地位。亲子戏剧活动中,我们鼓励幼儿自主选择、自我创造、自我表现。选择孩子喜欢的绘本;创造孩子喜欢的角色;改编孩子喜欢的语言;编排孩子喜欢的动作;创设孩子喜欢的情境;制作孩子喜欢的道具。总之,亲子戏剧活动开展的立足点和落脚点始终是幼儿活动过程中感知的丰富、能力的提升、情感的体验及亲子关系的亲密,充分尊重幼儿的决定权、参与权、评价权。

二、创编要点

(一) 系列教学活动的设计与剧本预设框架线索一致

戏剧主题教学活动的走向要能够体现剧本预设的故事框架。比如"果蔬一家亲"从活动1到活动14与剧本的第一幕到第五幕,故事主线一致,并且每一个教学活动内容紧扣剧本故事情节,能够反映剧本的情节发展方向,引领幼儿、家长逐步熟悉故事内容,深刻体验、领会角色特征。比如"果蔬一家亲"中的一节教学活动"好朋友",如果仅仅从社会领域,从身边的故事教育幼儿要友爱待人,和善良的人交朋友,是不符合戏剧活动特征的。我们必须引领幼儿在剧本矛盾的故事情境中,去学习、感知、收获。如青椒、洋葱、红萝卜因为自身的怪异的味道而不被大家接纳,却因勇敢善良保护居民而最终被大家接纳,在引领幼儿熟悉该剧情的基础上,再联系现实生活,将剧本中的情感自然迁移到生活中,我们要友爱待人,不能以貌取人。

(二) 每一教学活动的设计与幼儿戏剧经验建构紧密相连

幼儿园亲子戏剧尤为提倡幼儿的主体地位,给予幼儿充分的言语表达、肢体表现、创造想象、交流合作的空间与机会。比如"果蔬一家亲"中的一节教学活动"美味的水果沙拉",按照常规的教学活动,我们只要让幼儿懂得水果沙拉的制作过程,并亲自尝试动手去制作,去交流、分享,应该说,教学目标就达成了。但是,我们把它放在戏剧教育的活动背景里,以让幼儿建立完整的戏剧经验为目的,显然这样的教学活动设计是不够的。比如说,在让幼儿有实物操作之前,我们要引导幼儿拓宽想象,增加幼儿用肢体去模仿洗水果、切水果、搅拌沙拉酱的环节,教师可以适当入戏,总而言之,每一节戏剧教育活动从始至终贯穿着幼儿的想象,幼儿的模仿,幼儿的体验。

(三) 如何理解情节预设与剧本生成的关系

原则上,以"游戏"为契机的幼儿园亲子戏剧主题活动的实施是由教师预设框架,每一戏剧主题中的主要角色、故事线索、矛盾冲突的大致内容由教师仔细构思,但在实施的过程中,注重幼儿的想象、生成。如每一幕戏的角色多少、角色形象、角色间的关系、场景的创作、冲突的产生与解决等,则是家长、幼儿和教师在实际的活动过程中共同创作的。在创编矛盾冲突产生及矛盾冲突解决的过程时,教师不应急于将自己的想法告知幼儿,而应积极引导幼儿去想象、思考,倾听幼儿的各种想法,尊重幼儿的创作意愿,肯定幼儿的创作成果,经民主协商后共同敲定具体内容,允许幼儿在预设框架内自由想象、发现与表达。师幼、亲子共同在预设框架内不断生成新的思维成果,不断丰富和完善剧本。如"果蔬一家亲"中,青椒、洋葱、红萝卜因为自身的怪异味道不被群体接纳,仍旧不甘就此放弃,于是他们想象出了各种各样改变身上味道的方法,在此,我们教师设计问题:小朋友已经知道青椒、洋葱、红萝卜被拒绝参与果蔬村的聚会,它们很伤心,但同时也很不甘心,它们决心通过外在的方式去改变身体里的味道,我们大家一起想想,可以通过什么方法帮助他们变得香香的?从上可知,教师注重的是引领幼儿用想象的方式去寻找解决问题的方法,而不是教师直接传授告知幼儿故事的发展情节。

三、结构创编

古希腊亚里士多德眼中的戏剧包含六个成分：情节、性格、言语、思想、戏景和唱段。在这六个成分中，他认为最重要的是情节。后人把情节构成与铺展的方式称作"结构"。情节与结构是戏剧的"肉体"，是戏剧存在之可感知的物质外壳。如果说那看不见的戏剧之精神内涵（思想、哲理、精神的追求）是戏剧之"灵魂"的话，那么，灵魂就寄寓在这"肉体"——情节、结构中。这里所说的"情节"就是叙事作品中的"故事"，这里所说的"结构"，又称布局，不是指剧本精神内涵的深层结构，而是指剧本的外部构成，即戏剧情节构成与铺展的方式，简言之，就是一出戏是怎样开头、怎样展开、怎样结束的。

对于布局的重要性，狄德罗在《论戏剧诗》中曾有过论述。他认为戏剧家"特别要对自己立下戒律，绝对不在布局尚未确定以前就把任何一个枝节的想法落笔"；"照例应该先写布局再写各场"，如果相反，"先写各场，然后迁就它们去布局"，就会导致"剧情的发展甚至对话都是勉强的，许多劳动和时间都白费了，工地上只是一大堆木片刨花。这是何等的悲哀"！由此可见，狄德罗对戏剧各部分的构成比例和关系的重视，他认为，戏剧创作活动的开端首先应该是布局，这一点与我国戏剧家李渔的"结构第一"观点相当接近。

（一）戏剧结构的"分段说"

两千多年前，理论家们在论述舞台演出时，就注意到了其结构本身的完整性。中国古代《乐记》认为，一场"乐"（歌舞）的演出，由"始""再""终"三部分构成，是为了符合它所表现的"事"。亚里士多德讲戏剧结构之美第一来自"体积"，第二来自"顺序"——"各部分的排列要适当"。中国明代戏剧家王骥德把结构一部剧本比作"造宫室"，清代戏剧家李渔则把编剧喻为"缝衣"，其基本精神均与亚里士多德一致，即强调戏剧的"各部分"如何有序、合理地组成一个"完整划一"的整体。

戏剧结构从规模来说，有独幕剧与多幕剧之分。独幕剧结构比较简单——它的"体积"不够大，因此，认识戏剧的结构，主要从多幕剧入手。一个相对完整统一

第三章
亲子戏剧的实践环节

的戏剧情节(行动),其发展变化的阶段性在西方以"幕"(act)表示,在中国古典戏剧以"折""出"表示,中国现代话剧也从西方引进了西方分幕法。不管"幕"有多少(一般有三幕剧、四幕剧、五幕剧),也不管"折""出"有多少,这一完整统一的戏剧行动总是分成几个互有联系、前后呼应的段落。分起始、中段、结尾,这就是三段法。有些三幕剧,第一幕交代矛盾关系,介绍人物出场,提出冲突的核心问题,这就是"起始"。第二幕沿着第一幕提出的问题线索,继续把矛盾推向激化,人物进一步施展自己的本领(行动),充分表现自己的性格,表明自己在冲突中的位置。至第三幕,戏剧冲突达到高潮,这就是"中段"。接着,在第三幕后部,一切"问题"大白于天下,各种人物均得到应有的结局,这就是"结尾"。

所谓四段法,就是将剧情分为开端、发展、高潮、结局四大段落,这正与中国古代作诗文的"起、承、转、合"相吻合。它与三段法没有什么根本的差别,只是把三段法的"中段"分成了"发展"与"高潮"而已。

五段法是德国戏剧理论家古斯塔夫·弗莱塔克(Gustav Freytag,1816—1895)提出来的。他将戏剧情节的构成分为开端(又译介绍、导入)、上升、高潮(又译顶点)、下落或反复(包括动作的开始和最后的悬念)、结局五个部分,这就是著名的"金字塔公式":

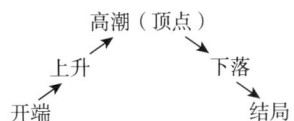

图3-2 弗莱塔克"金字塔"五段式结构

需要注意的是,我们讲四段法、五段法,是为了分析剧本情节构成的特点,绝不是为了机械地照此去分割剧本。有许多剧本是四幕,但并不意味着每一幕都对应四段法中的一段。如《11只小猫去旅行》,第一幕是开端,第二、三幕都属于剧情的发展,第四幕才是高潮和结局,如果机械地把第三幕当成高潮,就完全弄错了。这一幕戏是11只小猫们由于没有遵守场所的文明礼仪守则,比如不可以摘花、不可以爬树、不可以钻洞等,而被怪物抓住的情境,虽然他们的境遇已经到了很危险的境地,落入怪物的魔掌,因自己的一意孤行而铸就了不可挽回的身心伤害,但终究还仅仅是高潮前的一幕。该剧高潮出现在第四幕,虽然前一幕怪物出场、小猫们被抓,但直到第四幕,机智的小猫们先是骗取怪物的信任,吸引怪物加入游戏,趁此机会偷偷溜走,继而吸取它们自身因好奇而失去自由的经验,骗取怪物喝下了它们的"酒"而晕倒,小猫们顺利逃脱。本剧意在教育幼儿要遵守公共场所的行为规范,不要因为自己的一时好奇和鲁莽而使自己陷入危险的境地。

(二) 戏剧结构创编流程

首先:确立主旨。主旨是一出戏要讨论的中心话题。戏剧界人士,会用各种词汇来指称同一对象:主题、主旨、论题、基本思想、中心思想、目标、对象、驱动力、话题、基本情感等。一部好的戏剧都必须有一个精心构思的主旨,此外,好的想法和情境必须依赖于一个形态清晰的主旨。如"果蔬一家亲"贯穿其中的主题思想是生活中我们不能歧视外观并不那么美丽的人。外观形象不好的人,只要他们心地善良,利用他们具备的闪光点、特异功能,也能保护我们所有人,因此,我们要平等对待每一个心地善良的人,快乐、和平、友好地生活在一起。

其次:确立提纲。提纲大概分为:出现矛盾、矛盾双方的相互博弈、矛盾被解决。矛盾产生于主人公需要达到的某种目的,而各种力量阻止他达成这个目的。先确定几个主要人物,有了人物以后,下一步便是将人安排在一些似乎是无法解决的难题与逆境中,他们必须面临同他们相对的人或事(情节的安排),也就是说必须有矛盾冲突的情节。总的来说,幼儿园亲子戏剧结构创编要做好以下几个方面:

1. 情节创编。

作为教师,结构创编的第一步,应该是引导幼儿和家长共同为本戏剧建立一个情节结构大纲,也就是大致故事发生的背景是什么? 开始是什么? 接着又发生什么? 结局怎样? 比如"果蔬一家亲",在前期的戏剧准备环节后,幼儿已大致理解了各类常见蔬菜及水果的特征、味道、吃法等。这时候教师可以通过语言活动引导幼儿展开联想、共同活跃思维、大胆表达,创编故事情节。比如:

师:今天天气真好,果蔬村的小伙伴们都在草地上晒太阳、做游戏呢,你们猜猜会有哪些水果和蔬菜呢?

幼:……

师:小朋友们刚才说了好多蔬菜宝贝、水果宝贝,请你们分别谈谈它们的形状、

第三章
亲子戏剧的实践环节

颜色和味道……

幼：……

师：假如，这个时候来了三个味道很特别的伙伴，你们想想，会发生什么？

【出现矛盾、这三人将被安排在一些似乎是无法解决的难题与逆境中，他们不被群体接受，因此就有了矛盾冲突】

幼：……

师：刚才有的小朋友说，大家会和它们做好朋友，有的说，大家会嫌它们味道不好闻，不想和它们一起玩，那请你们想想，被拒绝的青椒、红萝卜、洋葱会怎么做呢？

幼：……

师：哦，它们会想办法改变身上的味道，它们会有什么办法呢？

【矛盾双方的相互博弈，矛盾出现之后，就是矛盾双方斗智斗勇的过程，这个过程博弈的越激烈，那么故事的张力就越强】

幼：……

师：你们真聪明，想了这么多办法，可这么多办法有效果吗？

幼：……

师：对，这是它们与生俱来的本领，是无法改变的，那你们想想，这些本领可以用来做什么呢？

【矛盾被解决，几番回合之后，要有解决的方式，此方式要合情合理，不矫揉造作，不故弄玄虚】

幼：……

经过教师后续的故事情节提炼、语言组织、人物修饰，一篇经由教师、幼儿共同创造的故事就活灵活现了，有了自己的"骨架"，还愁"肉体"和"血液"吗？当然情节的创编不是一次教学活动就能够成功的，实践中，教师可以在区角、家庭延伸活动中引导幼儿继续探讨、完善。如幼儿园亲子戏剧《果蔬一家亲》第一幕——戏的开端部分，定在欢乐祥和的果蔬村里，营养丰富、外观漂亮、口感颇佳的果蔬宝贝们在阳光下快乐地嬉戏。第二幕戏讲述的是洋葱、红萝卜、青椒虽然营养丰富但由于自身的特殊气味而不被小伙伴们接受，被拒之于游戏之外。第三幕、第四幕则是围绕"如何去除自身的怪味"而展开情节铺陈，三人急于改善自身味道，得以被群体接受,却反而屡次弄巧成拙,给戏剧制造不少笑点。高潮第五幕讲述的是因为怪异气味被人歧视、改善怪异气味却终未能如愿的红萝卜、青椒、洋葱勇敢地打败了前来果蔬村侵害的害虫们,保护了歧视他们的大白菜、西红柿等外观美丽、味道甜美的果蔬们,可谓是戏剧性的结局。

2. 高潮创编。

在戏剧冲突的发展中,高潮是一个最重要的阶段。阿契尔《剧作法》中的"激辩",大致也是高潮之意。从剧本结构来看,高潮是戏剧性最突出、矛盾冲突最激烈的那一刻,是水到沸点化为气、物至极热放白光的时候,戏在这时最震撼人心。戏剧的结构是否完整、情节是否有统一性,或者说,它的结构是否有机——像有生命一般,对此,高潮就是一个考验。如果高潮只是表面热闹、喧嚣,并无深度的紧张和意味,如果高潮中的矛盾冲突不是全剧矛盾冲突的合情合理的发展,就说明全剧剧情缺乏有机的统一性。所以有人提出"从高潮看统一性"的命题,认为高潮"是决定戏剧性运动能否获得统一的关键点"。① 同时,高潮也是戏剧精神内涵最闪光的地方,是揭示主题最有力量的场面。剧作者如果对剧中反映的生活没有吃透,对自己所要表现的意义没有明确的把握,那么他(她)就不可能恰当地写出一出戏的高潮来。

如《果蔬一家亲》第五幕讲述的是因为怪异气味被人歧视、改善怪异气味却终未能如愿的红萝卜、青椒、洋葱勇敢地打败了前来果蔬村侵害的害虫们,保护了歧视他们的大白菜、西红柿等外观美丽、味道甜美的果蔬们,可谓是戏剧性的结局。从快乐的一家人、想融入却被拒之门外的三人、努力改变期待获得认可而弄巧成拙的三人、直到团结一致、抵御外侵、发挥自身具备的特异功能保护大家的三人,这样的情节设置环环紧扣,直至高潮涌现,在给幼儿呈现欢乐有趣的戏剧情节的同时,教育幼儿:生活中我们不能歧视外观并不那么美丽的人。外观形象不好的人,只要他们心地善良,利用他们具备的闪光点、特异功能,也能保护我们所有人,因此,我们要平等对待每一个心地善良的人,快乐、和平、友好地生活在一起。

---

① [美]约翰·霍华德·劳逊.戏剧与电影的剧作理论与技巧[M].邵牧君,齐宙,译.北京:中国电影出版社,1961.

一出戏的高潮有主、次、大、小之别。在充满迂回曲折的情节线上,除了最后、最大的高潮之外,在开端、发展的阶段中都有一系列的小高潮,正是这一个个的小高潮酿成了最后、最大的高潮。如《笑翻天的农场》第一幕是戏的开端,引出故事发生的时间、地点以及人物。第二幕是动物们和农场主的写信较量,冲突产生;第三幕是人物间的罢工较量,冲突升级;第三幕是人物间的比武较量,冲突白热化;第五幕是戏的下落阶段,动物们最终智得电热毯。

第二幕：农场主和母鸡写信较量

【农场主舞蹈入场(农场主劳动舞蹈)】

主 1 （众农场主做仔细听声音状）听,什么声音,咔嗒咔嗒……
主 2 会不会是母鸡在下蛋啊？（众农场主正疑惑时,狗门卫送信过来了）
狗 1 主人,主人（狗喘）您的信。

【主人慢条斯理的打开信,惊呆,难以置信的样子】

狗 2 主人,什么事,念给我们听听。
主 2 （念信）亲爱的农场主,鸡舍一到晚上就像冰窖,我们实在太冷了,给我们送几条电热毯吧,您的母鸡。
主 2 什么？母鸡还要睡电热毯？
主 3 前阵子刚拿走了仓库的旧电脑,这会儿又要电热毯。
主 4 不行不行,这么多母鸡,太费电了。
主 2 狗狗,我忠实的朋友,回去告诉那些鸡,想要电热毯,那是不可能的！
狗   是,主人。（狗拿信下场）
主 4 好了好了,我们回去吧,没什么大事儿。（众农场主边摇头议论边下场）
鸡 1 你们说说,只是要几条电热毯,这都不行,唉！
鸡 2 我们每天这么辛苦地下蛋,居然忍心让我们冻着,气死了。
鸡 3 好吧,好吧,不给电热毯,我们就罢工。
众 鸡 对,我们罢工！罢工！罢工！罢工！（音效）

第三幕

【旁　白】第二天早上,农场主和往常一样,去鸡舍取蛋,走到门口却发现了不可思议的事情。

主 1　　快看快看,"抱歉,今日停蛋!"

主 2　　母鸡还能停蛋?没有蛋我们吃什么呀!

主 3　　别着急,母鸡屁股憋着蛋,怎有不下之理,我们等着瞧!

群 主　　对,我们等着瞧。(农场主们哼哼唧唧地走了)

【母鸡们(气愤地)上场】

鸡 1　　哼,看来农场主根本不在乎我们,牛姐姐,猪弟弟你们快来呀!

【奶牛,小猪出场(音效)】

【旁　白】农场主没有答应母鸡们的要求,母鸡们找来奶牛,小猪帮助,她们在一起商量,想办法……终于他们决定统一战线,集体罢工!用实际行动保护自己。

【动物们围成两个圈在一起商量,最后在每个动物家门口都挂上"停牌"】

【母鸡,奶牛,猪(得意地)下场】

【旁　白】傍晚时候,农场主请他的最忠实的狗门卫,去农场巡视。

狗 1　　什么?我真的不敢相信自己的眼睛。

狗 2　　今日停蛋,今日停奶,今日停肉。(三只狗分别走上前,逐一介绍)

众 狗　　啊,这是怎么回事?

狗 3　　出事了,出大事啦,赶紧报告主人。狗下场。(音效)

主 1　　怎么还会有这样的事,受不了!母鸡们在打字,奶牛在罢工,猪在减肥,谁听过这样的事。

主 2　　我们的农场没蛋,没奶,没肉,还能做什么!

主 3　　真是不像话,居然串通一气来威胁我。狗门卫,把我的电脑拿来。

【一农场主打字写信,众人边围着看边读"亲爱的母鸡,我不会给你们送电热毯,你们是母鸡,奶牛和猪,理所应当产蛋,产奶,产肉。"农场主

主 3　　拿去,给那群异想天开的鸡,看她们能耍出什么花样来。

第四幕

【旁　白】农场主还是不答应母鸡们的小小的要求,母鸡带领农场的动物们开了个紧急会议,他们给农场主写了封信。

狗　　　主人,主人,您的信。

主 1　　亲爱的农场主,农场的动物们都知道,您力大无穷、舞姿优美、歌声嘹亮,大家都想和您比一比,请您忠实的狗门卫当裁判,谁赢了就要答应对方的条件。您的母鸡、奶牛、猪。

主 2　　比就比,我们怎么会输给那群愚蠢的家伙,哼,走着瞧!

主 3　　亲爱的狗狗们,出发!

【农场主和动物相遇(在忐忑音乐声中动物们随乐说词)】

群 主　　来呀来呀来呀来呀,本事拿出来。

众　　　怎样怎样怎样怎样,没什么了不起。

群 主　　来呀来呀来呀来呀,谁的本领大。

众　　　怎样怎样怎样怎样,我们不怕你。

群 猪　　我的力气比你大。

群 主　　我的力气比你更大。

群奶牛　我的舞姿比你美。

群 主　　我的舞姿比你更美。

群 鸡　　我的嗓门比你大。

群 主　　我的嗓门比你更大。(双方大喊大叫比嗓门)

狗　　　(大声喊)停——吵死了!(双方谁也不服输,抱胸扭头不看对方)

3. 亲子编戏。

亲子戏剧活动的每一环节都离不开家长的支持与配合,为了提高家长参与的效率,每一环节结束后,教师都应布置明确清晰的任务,最好以家长会或书面告知的形式,让家长知道戏剧开展的进度、内容、他们需要从哪些方面进行配合等。如亲子戏剧《果蔬一家亲》在前期"亲子阅读"共同感知后,进入戏剧创编环节,家长需要进一步做什么?我们用书面形式向家长汇报学习进度及后继学习计划、任务。

亲爱的家长:

您好!

经过前期的精心准备,以及您的积极配合,孩子们已经知道了各种各样蔬菜和水果的颜色、形状、味道以及营养价值等知识。目前,经过全体师生的共同探讨、想象、创造,我们已经大致创编出本戏剧的结构框架,他们是:第一幕——戏的开端部分,定在欢乐祥和的果蔬村里,营养丰富、外观漂亮、口感颇佳的果蔬宝贝们在阳光下快乐地嬉戏。第二幕戏讲述的是洋葱、红萝卜、青椒闻讯赶来,它们三人虽然营养丰富但由于自身特殊气味而不被小伙伴们接受,被拒之于游戏之外。第三幕、第四幕则是围绕"三人如何费尽心思去除自身的怪味"而展开情节铺陈,他们急于改善自身味道,渴望被群体接受,却反而屡次弄巧成拙,制造不少笑点。高潮第五幕讲述的是因与生俱来的怪异气味被人歧视、努力改善怪异气味却终未能如愿的红萝卜、青椒、洋葱勇敢地打败了前来果蔬村侵害的害虫们,保护了歧视他们的大白菜、西红柿等外观美丽、味道香甜的果蔬们。从快乐游戏的一家人、想融入却被拒之门外的三人、努力改变期待获得认可而弄巧成拙的三人,直到团结一致、抵御外侵、发挥自身具备的特异功能保护大家的三人,这样的情节设置环环紧扣,直至高潮涌现,在给小朋友们呈现欢乐有趣的戏剧情节同时,教育小朋友:生活中我们不能歧视外观并不那么美丽的人。外观形象不好的人,只要他们心地善良,利用他们具备的闪光点、特异功能,也能保护我们所有人,因此,我们要平等对待每一个心地善良的人,快乐、和平、友好地生活在一起。

以上是我们戏剧开展的教学进度,为了让您进一步了解您孩子学习的心得及掌握效果,以便《果蔬一家亲》亲子戏剧工作有条不紊地继续开展,特布置以下亲子学习任务,请您及时向班级老师反馈学习情况。谢谢!

1. 请您利用闲暇时间,和幼儿一起讨论、想象、创编每一幕具体发生的故事(人物、时间、地点、语言、情节等)。

2. 和幼儿一起利用家里废旧物品制作果蔬头饰、服饰等装饰物以及剧中可能需要的道具。

再次谢谢您对我园工作的支持与配合,谢谢!

××幼儿园××班
×年×月

四、文本创编

幼儿园亲子戏剧创编并非把选好的备改作品的格式、字句、情节、角色名称简单加工整理一下,而是根据幼儿的心理特征及语言表达能力,经过合理的艺术再创作,而最终形成的适合舞台表演的艺术作品。因此,创编者们既要严格按照幼儿文学作品的创作规律进行加工,又要深入幼儿生活,感受幼儿各种语言表演艺术形式的表现手法,使剧本更容易被幼儿表演者欣赏、喜爱、驾驭。

(一) 剧情创编

幼儿园亲子戏剧活动任何环节都要体现幼儿"主体性"的指导思想,尊重幼儿,引导幼儿,充分发挥幼儿的想象力。如创编亲子戏剧《笑翻天的农场》第五幕:母鸡智得电热毯。探讨问题前教师提问:如果你是农场主你会怎么做呢?如果农场主坚持不给电热毯,母鸡会怎么做呢?

幼1:他们背着包包离家出走了。

幼2:他们坚持不生蛋,跟农场主对抗到底。

幼3:他们会感冒发烧的,生病了都被送到医院去。

【场　景】　母鸡们围成一团商量

鸡　1　有了!

群　鸡　立刻变得萎靡不振,扶头、咳嗽、戴口罩。

鸡　1　亲爱的农场主,我们肯定是感冒了,咳咳咳!

鸡　2　好像有点发热,咳咳咳!

鸡　3　鸡舍如果再没有电热毯的话……咳咳咳!

【农场主吓得直往后退,边退边说

主　1　不会得禽流感吧？

主　2　狗！狗！快、快拿电热毯。（农场主下，众狗抬电热毯上场）

狗　1　给你，主人只有一个要求，用你们的旧电脑换电热毯。

鸡　3　耶，我们终于拿到电热毯啦！（动物们高高兴兴地拿着电热毯回去了）

狗　2　这就是那个能打字的玩意儿？我们也来试试。

狗　3　咔嗒咔嗒，真好玩！（狗狗跳起鸡的打字舞，下场）

（二）人物创编

为使剧情丰满，在前期主要人物基础上，可以根据需要及情节发展，增加角色，满足更多幼儿的表演需要。如创编亲子戏剧《笑翻天的农场》第一幕"咕噜咕噜农场"时，从没有"猪"增加6只小猪，并且增加小猪想要减肥的情节，引导小朋友认识到肥胖会产生很多健康问题以及生活上的不便；从没有奶牛到增加6只奶牛，增加奶牛讨论奶粉问题的情节，意在紧扣当前社会热点敏感话题，奶源安全问题；从只有1只狗增加4只狗，并增加狗热爱门卫工作的情节，引导幼儿认识到狗的职能与特征，狗的敬业与忠诚。

以下是《笑翻天农场》的第一幕"咕噜咕噜农场"，来看看增加的角色形象。

【场　景】　清新的早晨，金灿灿的阳光洒满了咕噜咕噜农场，新的一天开始了，农场的动物们又跟往常一样热闹起来。

【猪出场(小猪舞)】

猪　1　哎哟，我这肚子，什么时候才能瘦下来啊。

猪　2　每天我们吃完睡，睡完吃，身材都变形了。

猪　3　就是就是，真难看，我们要减肥！

群　猪　嗯嗯，我们都要减肥！（边做运动边下场）

【奶牛出场(亲子奶牛舞)】

牛　1　喂，表姐呀，什么？荷兰奶粉涨价啦！

群　牛　发生什么事了？

牛　2　荷兰农场的奶牛忙得喘不过气来了，说是我们中国奶粉惹的祸，唉！

牛　3　就是啊，爸爸妈妈都不敢买奶粉，就怕小朋友受伤害。

第三章
亲子戏剧的实践环节

牛 4 　我们每天辛苦产出的奶,却变成这样,伤不起啊!

群 牛 　伤不起,真的伤不起,我产奶产奶产到想要放弃;辛勤劳动,现在出了问题,人们竟然竟然竟然竟然还要怪你!(群牛唱歌)唉!(边叹气摇头边下场)

【母鸡出场(母鸡们抱着键盘跳起了打字舞)

【旁　白　农场里的母鸡们呢?听说她们最近成了网虫,迷上了打字,看,她们来了。

群 鸡 　上网冲浪真有趣,打字聊天玩游戏,轻松好玩又神奇,每天下蛋笑嘻嘻。

鸡 1 　阿嚏,有点感冒了。

鸡 2 　是啊,鸡舍又湿又冷,有张电热毯就好了。

鸡 3 　对呀,去跟农场主说说吧。

群 鸡 　好啊好啊,我们一起去。(边说边下场)

(三)语言创编

人物在具体的场景中活动,展开故事情节,每人说自己的话,表现自己的性格。剧本要适合舞台表演,动作性强,给演员留有充分的表演空间。一部剧本主要由两部分组成:人物的台词和剧作家的舞台提示(一般分别用宋体和楷体表示)。在舞台演出时,剧本中人物的台词,由演员辅以表情、动作直接讲给观众听(采用代言体)。剧本中的舞台提示是以剧作家的口气来写的叙述性文字说明,一般包括:

(1)对剧情发生的时间、地点的交代;

(2)对剧中人物的形象特征、形体动作及内心活动的描述;

(3)对人物活动环境的提示,如对场景、气氛的说明,对布景、灯光、音响效果等方面的要求。

剧本塑造人物主要依靠角色台词,改编时除了原作中必要的对话语言外,还要尽量发挥作者的想象力,结合生活实际,把大量的叙述语言或空白之处丰富化、生动化,转变成适合口语表达的角色语言。有些因为时空的变化,或情节转变跳跃极大的环节,可以用"画外音"(即解说或是舞台提示)来表现。

如儿童故事《小红帽》开头这样写道:

从前有个可爱的小姑娘，谁见了都喜欢，但她最喜欢的是她的奶奶，简直是她要什么她奶奶就给她什么。有一次，奶奶送给小姑娘一顶用丝绒做的小红帽，戴在她的头上正好合适。从此，小姑娘再也不愿意戴任何帽子，于是大家便叫她"小红帽"。

一天，妈妈对"小红帽"说："来，'小红帽'，这里有一块蛋糕和一瓶葡萄酒，快给奶奶送去，奶奶生病了，身子很虚弱，吃了这些就会好一些的。趁着现在天还没有热，赶紧动身吧。在路上要好好走，不要跑，也不要离开大路，否则你会摔跤的，那样奶奶就什么也吃不上了。到奶奶家的时候，别忘了说'早上好'，也不要一进屋就东瞧西瞅。"

……

这段文字中第一段是典型的叙述语言，在剧本中就要把它变成开场的舞台提示语言，或者加入适当的情节或角色来进行丰富化的处理，间接地交代"小红帽"的由来。

如这样改编：

【开　场　清晨，阳光明媚，空气清新，到处是鸟鸣声，旋律悠扬，到处是蛋糕和葡萄酒的香味，勤快温柔的妈妈正在厨房做蛋糕，一边做一边喊着。

妈　妈　小红帽！小红帽！快来呀！看妈妈做了什么！

【小红帽扶着自己的小红帽，抻着自己的花裙子，边唱边跳地上场

小红帽　妈妈！妈妈！我来了！你知道吗？大森林里的小伙伴都夸我的红帽子漂亮呢！

妈　妈　是呀，真漂亮！真漂亮！

小红帽　（闻到了香味，兴奋地凑到妈妈面前）

　　　　妈妈！妈妈！你在做什么呀，这么香？

妈　妈　是蛋糕和葡萄酒，听说你奶奶病了，身子虚弱，我想蛋糕和葡萄酒能让她好起来，今天你把这些带去看看奶奶好不好？

小红帽　（兴奋地跳起来）

　　　　太好了！太好了！我好久没见到奶奶了！怪想她的呢！还有我要谢

谢奶奶送我的这顶小红帽,带上她,大家都很喜欢我,一直叫我"小红帽"呢!

妈　妈　(笑着说)哈哈,好,我可爱的"小红帽",那你趁着现在天还没有热,赶紧动身吧。在路上要好好走,不要跑,也不要离开大路,否则你会摔跤的,那样奶奶就什么也吃不上了。到奶奶家的时候,别忘了说"早上好",也不要一进屋就东瞧西瞅。①

……

为配合幼儿的欣赏心理和观赏趣味,作者在改编剧本时要充分考虑舞台表演效果的呈现。戏剧本身就是一门综合艺术,幼儿戏剧更是集语言、歌舞、音乐、美术等艺术元素于一身,尤其是语言的音乐化处理和歌舞的形象化编排更为重要。作者必须具有准确的判断力和敏锐的感受力,通过合理想象在适当环节加入适当的音乐和歌舞,并能使台词简练有趣、朗朗上口、节奏鲜明。这样幼儿戏剧表演就更具有艺术性,更能够吸引幼儿在欣赏之余积极参与戏剧表演,从而受到更多的艺术熏陶。

以下是《笑翻天农场》的第一幕"咕噜咕噜农场",其中有创编的儿歌、音乐等。

【剧　情】　农场主遇到了大麻烦,他的母鸡们迷上了打字,而且还给他写字条——要电热毯,农场主没有答应母鸡们的要求,母鸡们就开始罢工了,农场的动物们把农场主折腾得气急败坏而又无计可施……

【人　物】　母鸡,农场主,奶牛,猪,狗。

【舞台说明】　鸡舍,栅栏,农场标牌。

第一幕:咕噜咕噜农场

【场　景】　清新的早晨,金灿灿的阳光洒满了咕噜咕噜农场,新的一天开始了,农场的动物们又跟往常一样热闹起来。

---

① 马晓嘉.幼儿戏剧表演与指导[M].天津:天津大学出版社,2014:68.

【猪出场（小猪舞）】

猪　1　哎哟，我这肚子，什么时候才能瘦下来啊。

猪　2　每天我们吃完睡，睡完吃，身材都变形了。

猪　3　就是就是，真难看，我们要减肥！

群　猪　嗯嗯，我们都要减肥！（边做运动边下场）

【奶牛出场（亲子奶牛舞）】

牛　1　喂，表姐呀，什么？荷兰奶粉涨价啦！

群　牛　发生什么事了？

牛　2　荷兰农场的奶牛忙得喘不过气来了，说是我们中国奶粉惹的祸，唉！

牛　3　就是啊，爸爸妈妈都不敢买奶粉，就怕小朋友受伤害。

牛　4　我们每天辛苦产出的奶，却变成这样，伤不起啊！

群　牛　伤不起，真的伤不起，我产奶产奶产到想要放弃；辛勤劳动，现在出了问题，人们竟然竟然竟然竟然还要怪你！（群牛唱歌）唉！（边叹气摇头边下场）

此处创编成简单易学的儿歌，并且旋律借鉴当前流行的网络歌曲，节奏明快，旋律熟悉，歌词易记，朗朗上口，不难想象，一群痛苦无奈却又极具喜感的奶牛形象活灵活现地呈现在幼儿面前。

尾　声　打字惹的祸……

【农场最最老实的狗门卫居然也迷上了打字，几天过去了，农场主又收到了一封信】

狗门卫　"亲爱的农场主：在农场看门真无聊，给我送一台电视机吧，您的狗。"

主　1　天哪，这些麻烦事，什么时候是个头啊！（手捂脑袋，痛苦无奈状）

（四）剧本书写

剧本的书写也就是文面，是指剧本呈现的样式，它是由语言符号组成的，与儿歌、故事、童话、诗歌等题材的语言组合全然不同。剧本改编后，有自己的书写要求，我们一定要按标准规范书写。

第三章
亲子戏剧的实践环节

具体要求有如下几点。

第一，标题：无特殊要求。

第二，舞台提示：包括人物提示、场景提示和角色提示。其中人物提示包括角色姓名、年龄、性别、身份、个性特点等，场景提示包括时间、地点、布景、角色上下场说明，放在括号内并用不同的字体表示，以便和人物对白加以区别。具体表现有如下几点。

一是人物说话的情绪基调提示，放在括号内紧跟着人物名称之后，人物对白内容之前。例如，钟声育苗园亲子戏剧《你会笑了吗》的舞台提示：

虎大哥(抓起小动物)：你哆嗦什么呀？小动物1(一边发抖一边指着虎大哥，两只小老虎爪立起站两边)：你你你太可怕！虎大哥(对着观众问，然后对着小动物做凶恶状，小动物倒地发抖)：我可怕？

二是较短的人物动作提示可用括号括起来放在对白中间，上下场的注记放在对白之后，较长的动作提示排版时可加以缩排。如钟声本部园亲子戏剧《老鼠嫁女》的舞台提示：

【音乐起，公主们听音乐上场，一边跑一边推挤，喊着"我先来的，我先来的"跑至王后身边一个左一个右一个在面前

公主甲　母后母后，你看我每天练字，练得脖子都僵了。

王　后　（摸摸公主的头）哦！

公主乙　（推开公主甲）我说我说，父王母后，你们看，我天天练刺绣，手都刺出茧了。

王　后　（拿起公主的手）哦，真是可怜！

公主丙　（推开公主乙）父王母后，听我说嘛，我天天练唱歌，嗓子都练疼了。

【王后摸摸公主甲又摸摸公主乙和公主丙

……

三是人物上下场、复杂的人物动作组合、灯光道具等的舞台提示，往往用单鱼尾号"【"标记之后空一行，以提示剧场工作者台上又是一个新的人物组合。例如，汪天云、刘培生的儿童剧《金色的大门向谁开》的舞台说明：

报幕员　同学们！未来的世界是美好的，可是要达到这个理想境界并不容易啊！只有德、智、体、美全面发展的人才能打开这金色的大门，不然就

会像他们一样。

【第一光区灯亮,小健机械地走动着

【第二光区灯亮,小智慧扛着大哑铃在喘气

【第一光区灯亮,小机灵趴在钟前,无可奈何地望着时钟前进

【报幕员转身对他们三人拍了三下手

【三个人一下都清醒过来了!他们亲亲热热地挽着手,走向台口

第三,对白:在戏剧中所有人物相互之间对话所说出的台词都叫对白,亦称"对话"。对白作为人类思想交流的媒介,它既有表意功能,又能创造出艺术美感。

第四,独白:戏剧中角色独自抒发情感或表达个人愿望的话,一般由演员独自念出,以表现此时此刻的心理、感情等。戏剧常常通过独白来揭示人物隐秘的内心世界,充分地展示人物的思想、性格,使观众更深刻地理解人物的思想感情和精神面貌。书写时在前用(独)表示。

第五,旁白:戏剧中人物在一旁评价对手言行、表述本人内心活动或直接说给观众听(假设不为同台其他人物听见)的台词。中国戏曲中称为"打背供"(通常平举一手,以衣袖从旁遮住脸部,面向观众进行表述,假设同台其他人物未曾听见)。通过旁白,可以传递更丰富的信息,表达特定的情感,启发观众思考。书写时在前用(旁)提示。

第六,角色称呼:角色称呼是角色的名字,书写时和台词之间用空格表示,台词不用加引号。

第七,全剧结束要注明"剧终"或"闭幕"字样。

戏剧剧本书写的格式是约定俗成的,可以灵活处理,但要注意清晰、醒目、美观,便于指导者帮助演员分析台词,把握舞台设计,分角色朗读剧本。

第三节 亲子戏剧排演

排演(亦可称为排练)是演员在导演的组织领导下,与舞台各部门一起合作,在经过剧本分析之后有了共同的认识的基础上,通过演员的创造,使参加演出的演

员都能较好地创作出真实、鲜明、生动的舞台人物形象,最终完成整个演出的总体构思的一个阶段。幼儿园亲子戏剧要求短小精悍,一般演出时间以15分钟以内为宜,不要求搞大戏,超出幼儿的能力范围。剧本创编后,接着要进入排演阶段,在排演阶段开始前要抓好以下几方面工作:

一、排演准备

(一) 剧本分析

幼儿园亲子戏剧演员(家长和幼儿)的创作任务是在教师、家长、幼儿所创作出来的文学形象的基础上,再创作出活生生的、有血有肉的舞台人物形象,因此演员在人物形象的创作过程中,不能离开剧本所描述的人物形象。因此在排演之前,教师、家长、幼儿必须再次共同研究剧本,尤其是家长,作为亲子戏剧的成人演员,必须在教师分析的基础上,或者是在与教师的共同研究中,通过自己的分析,真正认识与感觉到剧本内在的、深藏在文字之下的精神实质。

1. 抓住中心事件。

所谓中心事件,指的是全剧的核心内容,是支撑一个戏的骨架。剧本中的人物和行动都是围绕着全剧的中心事件展开的,剧本中的矛盾冲突与全剧的主题思想都是通过全剧的中心事件展示出来的。因此,只有找到和抓住剧本的中心事件,演员才有可能进一步深入地理解剧本和人物。如阅读剧本《果蔬一家亲》后,就会发现它的中心事件是:排斥、融合。三个遭遇同伴排斥的果蔬娃娃,想尽办法融入集体。《笑翻天的农场》的中心事件是"母鸡要取得主人的电热毯而与其展开四次较量"。

2. 把握主要矛盾。

戏剧中角色间的矛盾是冲突产生的来源,而"没有冲突就没有戏剧"。在戏剧中,戏剧情节的发展变化,实际上就是矛盾冲突的发展变化,就是矛盾冲突的发生、发展、引向高潮直到最终解决的过程。因此,一般来说,一个好的剧本总是充满激动人心的尖锐的矛盾冲突。从演员理解剧本的角度看,只有在把握住全剧的矛盾冲突及其发展的基础上,才能够真正地明确全剧的主题思想。从幼儿、家长理解角色的角度看,幼儿、家长只有在抓住了角色与角色之间的矛盾冲突的基础上,才有可能找到人物的行动与行动发展的线索。幼儿戏剧的冲突要有过渡,每一幕的冲突设计都应是自然的升级,切忌突兀地跳跃。如《笑翻天的农场》,动物们和农场主之间的矛盾冲突从"写信较量"、"罢工较量"升级为"比武较量",一次比一次激烈,高潮迭起,衔接自然。

3. 分析主题思想。

主题思想是一个剧本要向读者和观众表达的中心意图。分析主题思想,是为了准确地、深刻地理解剧本的思想意义,然后通过剧中各种角色的行动和说、唱、表演,让观众理解这个剧本的主题思想。分析主题思想主要采取三个步骤:第一步是根据剧中的情节和人物,了解剧本的故事梗概;第二步是理清全剧的主要矛盾冲突的线索;第三步是分析主题,掌握剧本的中心思想。

例一,亲子戏剧《果蔬一家亲》

故事梗概:味道香甜的果蔬宝宝们欢乐祥和地生活在果蔬村里。气味难闻的青椒、洋葱、红萝卜的到来打破了往日的宁静和谐,但它们受到了排斥,伤心的三人渴望加入群体,于是踏上了坚苦卓绝地改变气味之旅,谁知弄巧成拙,难达心愿,最后,黯然绝望之际,它们利用自身的特殊气味打败了侵略果蔬村的害虫们,终于,赢得果蔬村家族的接纳、欢迎。

主要冲突:形象不好的群体与形象美丽的群体之间的矛盾。

主题思想:告诉幼儿,即便外观不漂亮,但只要心地善良,并且愿意通过自己的努力和能力去帮助别人的人,都是值得我们尊重的,都可以成为我们的好朋友。

4. 分析剧本结构。

之所以要对剧本结构进行分析,就是为了在接下来的排演中,能将各个环节清楚地展现出来。结构分析有个很重要的任务就是将剧本分段。而分段的目的,是便于教师把握各个段落的中心。各个段落的中心明确以后,对于它们表达主题的作用才会心中有数。这样,教师在以后的排演中,哪段戏该着重处理,哪段戏该一般处理,就能得心应手。按照戏剧结构的一般规律,大多数戏剧采用四段法,即开端、发展、高潮、结局四个部分。如幼儿园亲子戏剧《果蔬一家亲》共有五幕戏。

第一幕:人物出场,交代矛盾一方的主要人物的性格特征。

第二幕:矛盾另一方出场,交代主要人物的性格特征,从而产生了矛盾。

以上这两幕戏为戏剧的"开端"部分。

第三幕:矛盾的另一方洗温泉澡,试图解决矛盾。

第四幕:矛盾的另一方借花香,试图解决矛盾。

以上这两段戏是戏剧的"发展"部分。

第五幕:战胜害虫。高潮以后,矛盾急转直下,青椒们在冲突中获胜。矛盾主体的一方——好吃又好看的蔬果宝宝们邀请矛盾主体的另一方青椒、洋葱、红萝卜共同游戏,戏剧结束。

(二) 角色分析

1. 确定角色。

当家长和幼儿对剧本有了全面的了解之后,进而就要对自己所扮演的角色进行一番分析,分析之前首先要确定自己所扮演的角色,角色怎么定？如前所述,角色的确定采取自主选择、自主决定、自主报名、公平竞争的方式。首先,幼儿挑选自己喜欢的角色;其次,选择该角色的幼儿经充分准备后在家长、同伴面前公开演出;最后,幼儿、家长根据其表演水平,给自己认为理想的小演员投票。家长角色确立的过程亦是如此。当然,在此基础上,教师须从宏观把握、整体考虑,考察该演员的外形和个性气质是否确实与角色接近,尽量让每个演员都能本色出演,这样演出更容易获得成功。

2. 分析角色。

（1）了解角色的基本情况及其在剧本中的地位和作用。

在角色确定之后,家长与幼儿一起分析所演角色在戏中的基本情况,比如称呼、与其他角色的关系、性格特征如何,在分析角色在戏中的地位和作用,一部戏里的每个角色,都在戏剧情节中的发展占有一定地位,起着一定的作用。都要认真出演,没有大小角色、只有演不好的角色。

（2）分析角色的任务和贯穿行动线。

每个剧本都给人物规定了具体的任务,担任角色的家长和幼儿,一定要通过熟读剧本,准确地找到这个角色的任务。任务不明确,行动起来就会盲目,失去目的性。贯穿行动线是指演员在戏剧情节发展中的一系列舞台行动。这一系列的舞台行动是根据主题思想和人物的具体任务以及行动的目的而确定的,它是由一系列有机的动作连贯起来的。这个贯穿行动体现在唱腔、台词、表情和动作中,也就是说,角色在舞台上的这个动作与下个动作,这句台词与下句台词,都是有机地连贯起来的,都是为了完成剧本为角色所规定的任务。

(3)分析角色的性格特征。

准确地把握人物性格,是家长和幼儿创造好角色、塑造好舞台人物形象的关键。人物的性格特征,包括气质、兴趣、情感、意志、习惯以及人物的内心世界、精神状态等等。角色性格是活泼可爱的、阴险狡诈的,还是忧郁内向的,我们可以从剧本中人物的语言、行为和动作中去寻找,也可以在矛盾冲突产生的时候进行分析。

(三)道具制作

道具是舞台剧演出或电影摄制时表演用的器物,通常可分为大道具(如桌、椅、屏风等)、小道具(如杯、壶、文具等)、装饰道具(如镜框、书画、古玩等)、随身道具(如眼镜、烟盒、房子等)。道具是为了适应演员各种各样的表演动作而设置的艺术元素,在整个戏剧表演中对剧中人物起到一个辅助作用。斯坦尼斯拉夫斯基说过:有些演员不仅在探索他所表演的人物—角色——的内心活动方面,而且在探索他所表演的人物的身体外形方面做过艰苦的努力。他们才能理解与这个生活在舞台上的人物有关的每个特征、细节和现象的意义。为了塑造这个人物形象而采用的服装和道具,对于扮演这个人物的演员来说,已经不单纯是物品,而是圣物。道具作为这种"圣物"的功能大致可分为三类:一喻人,即刻画人物性格,暗示人物身份;二喻情,即表现人物的情感变化;三喻境,即体现各种环境和意境。因此,教师要充分发挥自己、幼儿、家长三方的想象力和创造力,根据演出剧种和剧本确定道具设计制作的风格和形式,将道具设计成一件件精美的艺术品。总的来说,道具制作需注意以下几点:

第一,道具制作要严格地把握比例关系,掌握各种材料的性能并灵活运用,把握色彩的真实性。

第二,道具的构思和设计、应用和摆放,要与舞台上的布景、灯光相统一,与演员的服装相和谐,这些东西运用得好,处理得妙,也会使观众感同身受、如临其境。

第三,中意合手的道具,会使演员快速进入角色、投入表演;反之则会使演员心理别扭,难以入戏。

第四,制作简单有趣,可以替代,低耗高效,创意无限的道具。

二、分段排演

亲子戏剧排演阶段对于家长和幼儿来说是非常重要的。因为他将在教师总的构思的指导下,使自己的角色从"心像"转化为"形象"。也就是说,在这一阶段,家长、幼儿一方面要进一步加深对角色的分析,完善自己的构思,同时更为重要的是演员通过排演能够做到"化身成为角色",以便在舞台上面对观众时,能够真正地完成舞台人物形象的创造。

一出戏的排练大体经过初排、细排和合成阶段,才能逐步把各方面的创造活动组合成一个有机整体。初排的人物是走地位、搭架子,确定舞台形象的大致轮廓和基本格调。初排不一定从头排起,有时候选取一些容易使演员找到感觉的片断开排,往往能取得事半功倍的效果。细排则须对每个演出部分精雕细刻,引导演员进入情境,化身为角色,掌握演出节奏,协调各方面的关系。合成是把各个片断从头到尾连接起来,有时还加上部分布景、灯光、道具,因而就有了一出戏舞台形象的雏形。通过合成,既可以检验教师构思的效果,也可以检验家长、幼儿是否真正懂得了戏剧演出的要求。合成时化妆、布景、灯光、音响、效果一应俱全,所以又叫彩排。只有到了合成阶段,戏剧的整体效果,它的魅力和缺陷,才能真正显露出来。所以,彩排时,导演戏的人要坐到观众席上,以观众的眼光来看戏,发现问题,做出最后的修改。

(一)初排

学术界对初排有一些不同的说法和做法。有人说初排就是"搭架子",有人称之为"走行动线",有人则把初排作为"在行动中分析剧本与角色"的阶段。不管怎样,初排先要把一部戏完整的情节行动的轮廓建立起来,大家可以看到一部戏未来演出构思的总体轮廓,而不必过于细抠人物的动作与表情。对于演员来说,首先是要通过这种排演,在与同演者一起探索的基础上,开始建立起角色的心理——形体的行动线,这就是要把演员在分析剧本时从每段戏中所找到的"动词",在排演场里变为真正的行动,并且通过对整个戏剧角色行动的开掘,寻找到角色行动的贯串性,为角色的创造建立起一个雏形。初排时主要有以下几项工作:

1. 设计大地位。

初排主要任务是排好大地位,搭好一个戏的骨架。什么叫大地位呢?所谓大地位就是人物在舞台上走动的路线,即演员由区位到区位之间的地位变化。大地位设计,与舞台区位有关。所谓"舞台区位"指的是为排戏、演戏的方便,把舞台表演区分为若干个部位,舞台区位的一个重要特点,就是各个区位对观众的吸引力量有大小之分,如表3-4,"中下区"位置的演员就比右上区及其他区位引人注目。其次,台右的区位一般要比台左相类的区位显眼。

(1) 舞台区位的划分。

表 3-4 舞台区位划分图

右上	中上	左上
右中		左中
右下	中下	左下

以演员面朝观众为准区分台左台右,演员的表演区分为八个区位:中下、右下、左下、右中、左中、中上、右上、左上。红色字体区位(右中、左中、右下、中下和左下)所在范围为强区,其他区位为弱区。强区为主要演员的主要表演区,为重要人物所占;弱区则为次要人物所占。

图 3-2 舞台区位划分图

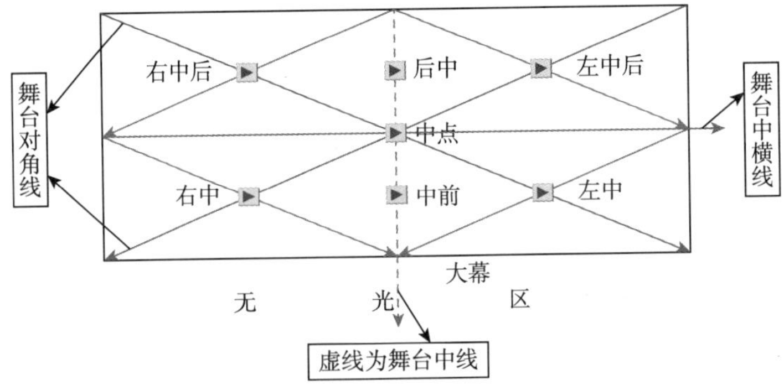

该图的划法是:以地毯中心为限,划出舞台中线,将舞台分成左右两半;同样以

地毯为限,划出舞台中横线,形成舞台"十字架";然后,划出两条舞台对角线,形成舞台"米字格",这样,得出一些交叉点;同样以演员面朝观众为准区分台左台右,这些交叉点分别为中点、中前、右中、左中、右中后、左中后、后中,共7个区位。其中中点、中前、右中、左中所在的区位范围为强区;其他区位都为弱区。

2. 对台词。

台词是话剧表演的重要手段。对戏曲、歌剧来说,除了唱词之外,台词(或叫念白)在表演艺术中也占有很重要的地位。台词,它能反映角色的思想感情和内心活动,能叙述剧本所反映的事件,能与其他演员进行交流,能直接为塑造人物的性格服务。演员必须懂得台词的作用,熟练地掌握和运用台词来表现角色,并要认真地掌握说好台词的技巧。台词包括对白、独白、旁白,还有舞台提示。好的台词要语音纯正,口齿清楚,声音响亮,清晰悦耳,准确生动,达意传情,闻其声如见其人。如何说好台词,应该掌握以下四个要素:

① 地点——这句话是在什么场合说的。

② 对象——这句话是和谁说的。

③ 状态——这句话是在什么情绪下说的。

④ 目的——这句话是为什么动机说的。

接下来就要脱稿记台词。值得注意的是,很多家长、幼儿在练习台词的时候像背书一样,不带任何情绪地死背,这样很容易忘记,尤其一到和对手对台词时要按照四要素来说台词,一下子不习惯了,于是就会出现忘词的现象,只好再按照人物情绪重新看台词,这就形成了"两次劳动"的毛病:就是平时练习的台词和现场说台词是两种状态。而正确的做法是用"广播剧"的说法,一步到位的:就是按照说台词的四要素,一开始就以角色的情绪说台词,而不是背台词。这样准备的台词,既记得快又记得牢,在现场不必要重新调整说话口气,已经很习惯了,即便要调整,也不会很陌生。这样说出来的台词,不仅生动准确,而且也很少会发生记不起来的情况。

3. 教师入戏。

教师入戏是教育戏剧中常用的一种方法。教师通过不断扮演各种角色融入幼儿的活动中,以进入角色的方式,开启思维并推展戏剧走向,使幼儿不自觉地处在一个信以为真的世界之中。若遇到幼儿有疑问,有必须予以说明的问题或规则时,就又立刻跳出角色,回到教师的身份。初排时,教师以角色的身份引导幼儿关注应注意的要点、发展的方向与解决问题的途径,不同的内容就运用不同的角色进入,以帮助幼儿更好的理解角色。比如,在《胖国王减肥记》初排时,简单的热身游戏后,教师拿出一张大画纸铺在地上,召集大家围着画纸席地而坐。然后教师开始声情并茂地讲述一个"胖国王"减肥的故事:从前有一个胖国王,他喜欢吃各种美食,但又特别讨厌运动。于是他很胖,大家都叫他胖国王。今天,早朝的时间又到了,我们的国王整装待发。瞧,他出场了。演大臣的小朋友开始说……你们想想国王出场时会是什么样子的呢,请用动作表情呈现,五四三二一,定型!接着,教师走到演国王的小朋友身边,小演员就要出列并用肢体语言表达自己的行为表现,其他小朋友提出意见。故事继续发展:王后也要上场了,你们想想王后上场时表情动作会是什么样……以此类推,按照戏剧的走向,让每一位小演员都能体会到角色的语言与表情相吻合。

4. 注意事项。

(1) 初排时,由于幼儿的心智发育不够成熟,对于初排的场面难以控制,所以教师需要耐心地引导、指挥,切忌对幼儿过于急躁,避免让幼儿在这个阶段就失去信心,产生烦躁、厌恶的心理。

(2) 初排时,为避免场面混乱,教师可以把任务分割开,用"过家家"的方式引导幼儿参与"游戏",充分调动幼儿参与配合教师行动的热情,既便于幼儿记忆台词,又有利于角色间的配合,使幼儿快速地融入角色扮演中。

(3) 初排时,重心应放在幼儿自我的创造性表现上,教师引导幼儿在此阶段就独立确定自己的表演风格和对角色的认知以及对自己台词的把握。也就是说,突出幼儿的主观能动性,把任务交由幼儿,让其自由发挥,突出亲子戏剧的游戏和娱乐色彩。

(二) 细排

细排是整个排练中最重要的一个环节。细排就是在初排的基础上,更深入更细致地理解剧本和角色,以便完成体现剧本思想和角色创造的任务。

有人对扮演角色作过这样的比喻:"首先要找到角色的树干,然后是主要的树枝,然后是细枝和叶子,然后是叶子上的叶脉。"(摘自何之安《导演基础知识讲话》

第三章
亲子戏剧的实践环节

第268页）这段话比较生动而又深刻地概括了排戏的全过程以及每一阶段的任务。如果说初排是竖起戏的树干及主要树枝,那么细排则是依树干及主干进而创造它的细枝、树叶和叶脉。从这个比喻中,可以认识初排和细排的任务。细排阶段要完成的主要任务：

1. 确定风格。

该亲子戏剧是歌舞为主、烘托气氛的幼儿歌舞剧,还是主题鲜明、有深刻教育意义的正剧；是如散文般美轮美奂的抒情剧,还是引人入胜令人捧腹的喜剧；是溢满童真童趣、满怀希冀的童话剧,还是异想天开充满好奇的科幻剧。对此,教师思想上要明确,作品的风格定位要准确。

2. 把握角色。

（1）关于角色的交流。

舞台上角色的交流,主要是角色与角色之间的交流。这包括情感上的交流,动作上的交流,台词和唱腔上的交流。好的交流,衔接自然,感情连贯,并能相互影响,相互刺激,推动着剧情向前发展；好的交流,演员双方可以达到默契。教师根据幼儿和家长的表现,帮助其进一步理解剧本和角色,看幼儿的台词与走位是否符合角色的感情,及时给予启发和帮助,对剧本中一些不顺口的台词,或听起来不易理解的句子,作一些必要的修改。

（2）关于角色的性格。

演戏就是演人,人物形象的塑造,主要通过性格来体现。在细排当中,除了内部动作要准确地表现性格外,角色的语言、角色的唱腔、角色的气质等等,都要紧紧扣住角色的性格,并且要这得细。演员从一出场开始,到整个戏结束,都要充分地体现角色的性格。性格的体现光靠理性分析是不行的,一定要在外部表现出来,也就是通过外部性格特征把角色看不见的内心状态描绘出来,并把这种状态传达给观众。因此,在细排时,幼儿和家长要在教师的指导下,认真地寻找和设计善于表现外部性格特征的动作和表情。如果某一个动作表现不了或不能准确表现这种性格,那就要重新寻找或设计。

3. 动作编排。

细排是在初排的基础上开始加入动作与表演。将戏剧分成若干个片段,每个片段的角色组成都不同,与不同的对象排练不同的情节。演员通过与对方的交流、配合,将故事情节自然而然地推进下去。细排时,要引导幼儿和家长既要有准确的外部动作,又要有准确的内部动作。"准确的外部动作"指演员做出来的动作要符合角色的性格、年龄、身份以及特定环境中角色的内心活动和思想感情。否则做出来的动作就毫无意义或让人费解。"准确的内部动作"是指内心感情的准确。细排时,演员要努力掌握好感情的分寸,不能过分,也不能不够。过分了,使人觉得做作,不真实,会失去感人的力量;感情不够,使人觉得很平淡,也会削弱感人的力量。要做到内心感情的准确,演员就既要有激情,又要有所控制。人物的动作表情要大致符合以下几点要求:

第一,要符合剧中所规定的具体情景;

第二,要符合当时人物的内心感情活动;

第三,要符合人物行动的目的;

第四,要切合人物的身份与性格特征。

总而言之,动作设计追求真实自然,鼓励幼儿充分表现自己对角色的独特理解,启发、引导幼儿,并尽量发挥幼儿的想象力与创造力,让幼儿和家长设身处地以角色的身份来做手势、动作和表情,然后,合理地加以肯定。可以启发幼儿:"如果你碰到这种情况会怎么样?"让他们尽情发挥自己的个性特点。也可以做些示范动作,或帮助他们找到形体动作,但不能一招一式去教,让他们机械模仿,而是启发他们理解意思,从生活出发,自然而然地去行动,这样表演起来才生动真实,切忌死背台词和乱动。

4. 节奏安排。

幼儿园亲子戏剧的戏剧效果是在矛盾冲突中发展和结束的。在剧情进展的全过程中,从矛盾冲突的变动、人物形象的形成、思想情绪的渲染,到每一个具体动作的设计、每一句台词的斟酌、每一个场面的衔接,都存在长与短、快与慢、紧与松、高与低、冷与热、浓与淡这样一些涉及节奏把握的问题。戏剧节奏处理的好坏,就在于对这些问题的把握是否适度,是否有利于全剧结构的统一完整与全剧精神内涵的成功表达。因此,教师要根据情节的发展,使之有快有慢,跌宕起伏,直至达到高潮。

5. 模拟剧场。

虽然抽象逻辑思维在幼儿期开始萌芽,但具体形象思维仍是幼儿思维的主要特征。幼儿在思考问题时,总是借助于具体事物或具体事物的表象,因此,模拟真实的情境有利于幼儿快速地融入故事情境。幼儿园亲子戏剧活动从戏剧准备阶段的戏剧体验馆到戏剧创编阶段的戏剧文学室,再到戏剧排演阶段的戏剧小舞台,皆意在为幼儿创设真实的情境,让其学习的动机在探究中得以激发,继而凭借情境,在角色扮演中丰富感受,再而,融入情境,通过体验陶冶情感。

因此,排演阶段,按真实剧场的各种要素与幼儿一起模拟剧场,创设"戏剧小舞台",让幼儿既有戏剧成果展示的舞台,又能体验剧场演出各项工作的合作过程。借由这个舞台,可以把整个亲子戏剧划分成若干片段(幕),根据人物的情绪和情节的安排,在不同的模拟表演区进行表演,以达到最理想的效果。幼儿园亲子戏剧不是诗歌朗诵,也不是讲故事活动,不能让演员站在一个固定的表演区域进行表演,它需要在整个舞台上进行流动表演,这其中有演员情绪宣泄时的走动,有演员之间对白时的位置移动,有剧情发展时的形体、步伐的流动。有时大段的对白会使舞台画面看起来单调乏味,教师这时需要有意识地进行舞台调度,使表演的情境更加合理,呈现的画面更加有生气,帮助亲子戏剧的戏剧冲突达到更加真实、好看的效果。特别要注意的是,既然是模拟真实的舞台情境,就应遵循真实的剧场进行创设,富含剧场元素。在这样的过程中,幼儿还能了解剧场的构成,比如知道剧场是演戏和看戏的地方,主要由舞台和观众席构成,另外还有一些附属空间,如化妆室、票房、前厅、休息室等。在平时的班级戏剧活动中,我们可以聘请幼儿做剧场的管理者,一起制定剧场规则,维护剧场秩序。幼儿凭借这个真实情境,完成剧场管理、戏剧宣传、售票、开演准备、正式公演等一系列完整的戏剧体验结构。

6. 注意事项。

(1)细排的过程或许比较乏味,经常会对某一个问题反复强调,多次加工。所以指导教师要继续平复自己的情绪,理解幼儿的疲倦和不耐。在排练一段时间后,注意让幼儿多休息、多补水,避免疲劳战术,使幼儿在没有压力的情况下,快乐地参与表演;并且注意不要在有限的时间内,总强调一个问题,使幼儿厌烦、排斥。

(2)细排时要注意纠正幼儿的发音、表情、形体等问题,借助这个机会纠正幼儿的不良站姿、坐姿等,使幼儿在表演娱乐之余,得到更多艺术熏陶和能力提高。

(3)抠动作时,要恰到好处,不能贪多,不能零碎,不要一句话就有两三个或三四个动作,这样会使观众眼花缭乱,分不清主次,分不清重点;但是太少也不行,太少了则表达不了感情。动作前,要让观众有心理上的准备;动作后,要保持相对静止,不能刚出手就收回来。

(三) 合成

合成阶段也称彩排,是把演出中的一切结构因素都结合在一起,把演员的表演和舞台各个艺术部门的创作融合在一个和谐的整体中,创造出一场完整的艺术作品演出,也即把一出戏之中许多片断、场景和各幕间衔接起来塑造成一场完整性的艺术演出。因此,它可以安排在剧场中进行。合成阶段的工作程序,开始是舞台工作者的装台、布光与对光,然后是演员进入剧场与舞台各部门的合成。在与舞台各部门的合成过程中,一方面是演员熟悉剧场与舞台的环境,如剧场的大小和音响设备的情况,要考虑自己说台词时的音量;另一方面还要让舞台各部门的创作与演员的表演紧密地结合在一起,如布景的迁换、灯光的变化、音响的起止、强弱等等,都要进行非常细致、准确的排练,以保证演出时各方面都能够配合得十分默契,并产生应有的艺术效果。

幼儿园亲子戏剧合成阶段要完成的任务主要:

1. 音乐合成。

幼儿园亲子戏剧离不开优美动听的音乐的烘托。比如开场时为了快速吸引观众的注意力,调动观众的感情投入而配上适当的音乐烘托气氛;中间的某个情节中,为了展示角色的喜怒哀乐等情绪,升华感情引起台上台下观众的共鸣而插入音乐;结尾为表现主题,让大家有意犹未尽之感而配上合适的音乐等。大致说来,幼儿园亲子戏剧中的音乐总体分为四类,具体如下:

(1) 主旋律音乐:如同电影、电视剧里的主题曲,其情感表达为戏剧主题服务。它可以在开头、结尾出现,也可以在中间以背景音乐的形式出现。

(2) 歌舞配乐:为剧情需要安排的歌舞表演的配乐,这部分的音乐与情节的起伏有关,它不一定要完整,但要符合上下情节的内在联系。

(3) 角色背景音乐:幼儿园亲子戏剧中为了夸张表现角色的个性,总会在特殊角色上场前和表演时加上背景音乐,以表现情节的发展、角色的特点。如《半夜鸡叫》中,财主上场时就会配上滑稽阴险的音乐,以突出这个人物的奸诈狡猾和可笑,从而烘托气氛,吸引幼儿的注意力。

(4)情节背景音乐:为了烘托情节的发展,加入适当的音乐,不仅可以烘托气氛,而且能达到比语言更有力的效果。如小猪的呼噜声、大灰狼的嗥声、天使姐姐挥动魔法棒的声音、表现雷雨交加的风声和雨声等等。

2. 录音合成。

声音的传播到位是戏剧演出最基本的要求。要营造出丰富多彩的节目氛围,就要创设优美透彻的音色、层次分明的音场、错落有致的声源布局、博大深远的听觉空间。因此,戏剧的述说语言、背景音乐、音响配合等,都要力求层次变化,传播清晰,保证每个声音细节准确地传达到观众耳中,错落而不混乱,交融而不嘈杂,使多种声音形成艺术的交响。因此,在戏剧录音之前,录音场地的准备工作必须先行。录音师(教师)要尽早熟悉场地的环境条件,了解各种设备的声学特性及运行状态,对话筒、调音台、录音工作站、扬声器、动态处理器等关键设备进行预先参数设置。同时,录音师(教师)要深刻理解所录节目的风格和特点,依据其表达需求设置不同的录音条件,协调演员的发声配合,控制场地的声音管理等。选择好各种素材,录制完毕后,还要把已经录好的戏剧表演过程根据前期设计进行效果修正,再次剪辑,重新组合,节奏搭配。录音师(教师)在录音制作节目中需要反复实践,不断总结经验,以便提高录音与制作水平。

3. 道具使用。

道具是为了适应演员各种各样的表演动作而设置的艺术元素,在整个戏剧表演中对剧中人物起到一个辅助作用。如前所述,戏剧排演前的准备工作之一便是道具制作,如果说戏剧初排和细排阶段的重点还是对台词的熟悉、对动作的把握,那么合成阶段,有道具的演员就必须每场都带着道具表演,哪怕只是临时道具,以便在实际演出时能娴熟运用。一般来说,戏剧中的道具有如下几种类型:

(1)画布式:把角色生活的主空间、主背景在画布上画出来。这种方式的优势在于视觉效果好,色彩艳丽,表现场面大,道具用过之后易存放且反复利用率较高。弊端在于其工程较大,画布的尺寸要根据舞台背景幕大小来定,而且悬挂起来比较费力。

(2)模具式:利用废旧材料或相应素材制作微型布景,如纸壳、布条、铁丝、皱纹纸等。常见的制作方法有:用布条和纸条改装成衣服做服饰;用纸壳、彩纸做花草树木、房屋;用塑胶板或旧包装纸壳做墙面;用薄纱做大海,用硬纸板做太阳、月亮、头饰等等。这类道具能使舞台效果具有立体感,如果颜色搭配合理,视觉效果会非常好,孩子们也非常喜欢,是目前最常用的一种布景制作方式。弊端在于,道具偏大且易折损,不好存放,如果制作不精致便会缺少质感,影响舞台效果。

(3)写实式:用真正的素材做布景,如沙发、衣服、茶几、自行车、座椅板凳、书包等等。这类道具准备方便,极具真实感和亲切感。弊端在于搬动费力,易损坏。且如果色彩、型号、新旧等因素不统一的话,会造成东拼西凑的感觉,缺少童话般的色彩和专业表现力和感染力。不但会影响视觉效果,而且很难让观众进入戏剧情境。因此,运用这类道具时要注意合理修饰,统一调配。

(4)人物式:利用人物做活背景,比如在把人物进行包装点缀后,摆好造型做大树,做太阳、月亮等。这类道具灵活多变,好操作好利用,且有舞台美感和趣味性。弊端在于如果表演者是幼儿,且只让某个幼儿做活道具,恐怕会伤害幼儿和家长的自尊心,所以,这里就需要指导教师具有专业的协调能力和沟通能力了。

(5)多媒体式:利用多媒体制作精美的动画背景。这是目前比较先进的背景模式,色彩绚丽,调换自如。但是它需要舞台硬件设施齐全,教师具有一定的设计和操作技能,灯光配合要默契,所以,这种布景方式造价比较高。

4. 亲子合戏。

戏剧准备阶段,家长需要配合的工作是充实自身的戏剧专业理论知识,了解国内外戏剧教育动态,了解戏剧教育的功能和价值,知晓自身参与幼儿戏剧活动的独特意义,并协助教师确定好剧本后,利用闲暇时间,与幼儿一起阅读故事、分析故事人物形象与故事情节、语言特色等;戏剧创编阶段,根据幼儿在园戏剧主题学习进度,在主要人物和大致情节已设定的框架内,与幼儿一起充分想象,进一步引领幼儿大胆创编每一幕剧里可能会出现的人物与可能会发生的故事情节,鼓励幼儿并与其共同利用肢体、声音、表情等模仿剧中人物心理动态与动作表达等,带领幼儿一起利用家里的废旧物品动手制作演出需要的道具;亲子排演阶段,在教师的协助下,选择适合自己出演的角色,我们建议家长尽量本色演出,或剧中幼儿能力难以驾驭的角色形象由家长引领,以起到画龙点睛的作用,比如《老鼠嫁女》中"媒婆"一角,幼儿由于缺乏相关生活经验,难以应对、把握人物的姿态、言语、心理等,便可选定一位奶奶出演该角色,这样,演员的选择更贴近角色的需要,实际上,此人物的创设确实为演出增色不少。

在合成过程中,最后就是化妆彩排。这是完全按照演出的要求所进行的排练,实际上已经是预演了。在化妆彩排时,演员就要在舞台各部门所创造出来的环境中,按照排演和合成时的要求,努力去完整地创造出自己的角色。这时,舞台各部门的配合,往往会使演员感受到一些在排演室所感受不到的地方,使自己在角色的创作中增添新的色彩,产生新的适应,使自己在角色的塑造上进入到一个新的阶段。但另一方面也许会发现自己在某些地方不能达到剧场与舞台环境的要求,特别是初次登台的演员,往往会发现自己在有些方面还不能达到大剧场和舞台的要求,如声音和语言问题,动作的表现力问题等等。这时演员就要在教师的指导下,尽快地调整自己的状态,解决存在的问题,更准确、鲜明、生动地把自己的舞台人物形象塑造出来。

5. 注意事项。

(1) 合成时,一定要安排好音乐播放人员,使音乐切换与角色表演同步。幼儿演员的随机性不强,舞台表演一旦在音乐或某个方面出现问题,幼儿便会方寸大乱,使表演局面难以控制。

(2) 合成彩排阶段,灯光、道具、音响设备等部门都应该先调试完毕,小演员和家长再进入表演区。由于舞台场地大小、环境、场下的气氛都与平时排练有所不同,所以,指导教师在这一阶段要更有耐心地帮助幼儿尽快适应新的环境,消除陌生感和恐惧感,让小演员和家长重新辨别方位,使行动路线和表演得以准确发挥。

(3) 合成时要把握每个阶段或每个环节的表演时间,注意幼儿的台词表达速度,指导教师要准确控制表演时间,使整个过程衔接紧凑、过渡自然,不拖泥带水。

三、排演误区

(一) 排演切忌以"才艺获得"为目标

由于戏剧是综合艺术,幼儿参加戏剧活动确实能锻炼多方面的艺术才能,但与专业戏剧教育以培养专业戏剧从业人员为主不同,幼儿园戏剧教育是非专业戏剧教育,是面向全体幼儿的艺术教育,它的终极目标应该是人格教育,而非才艺培养。

20世纪初期,张伯苓把戏剧活动视为教育的媒介和手段而引入学校教育领域,他看中的不是戏剧能给学生以才艺方面的锻炼机会,而是戏剧活动在学生人格养成、公共意识、合作能力、团队精神等方面的培育功能,以求将来更好地服务社会。他的戏剧教育理念并不注重学生的才艺培养,而是致力于人性的发展和完善,能力的培养和锻炼。在他看来,戏剧教育的根本目的并不在于造就戏剧人才,而是通过戏剧教育培养学生的完善人格和创造能力,以利于学生在未来的社会中学会生存、艺术地生活。他相信,戏剧活动能达到造就具有"完全人格"、能"改造旧中国、创造新中国"的新人才的教育目的。张伯苓对戏剧教育在学生人格培养和处事能力锻炼方面的功能和价值的阐述,给我们留下了诸多有形的参照和可贵的经验,对我们当代的戏剧教育,尤其是处于启蒙阶段的幼儿园亲子戏剧教育,提供了很好的启示与借鉴。戏剧教育是人格教育,这一理念在现在的一些教育工作者的戏剧教育活动中得到了一致的响应、贯彻。香港、台湾倡导教育戏剧,及我国包括戏剧在内的综合艺术课程,都以人格教育为目标,并不在于培养专门的戏剧理论和创作人才,而是培养一个健全的国民,使其具备作为一个国民应有的一般性基本条件。教育教学及排演活动中虽也有角色扮演、动作的规范等等,但强调的是幼儿的人格发展及创意的表现,而不是一味追求技能技巧的训练。

(二) 排演切忌动作"整齐划一"

自然界是因为物种的多样和丰富才维持平衡。生命也是因为种类繁多,才有产生新生命的可能。多样化、差异性才能拥有活力,生命越是单一,离死亡的状态就越近。单一性造就的是一种封闭的系统,而多样性、差异性才能造就生态的、开放的、不断创生的系统。以游戏精神存在的教育最为鼓励差异性,差异性使得教育成为一个生态系统。① 反观现实中的幼儿戏剧教育,它却使我们的幼儿变成了千篇一律。"小兔子只能是吃萝卜、竖着耳朵、蹦蹦跳、乖乖的样子,大灰狼清一色都是《喜羊羊与灰太狼》中受气包的模样。孙悟空只能是挠挠脸然后挠挠脑袋、跳着

---

① 黄进.游戏精神与幼儿教育[M].南京:江苏教育出版社,2006:73.

走路,猪八戒也都只是腆着大肚子,好吃懒做的样子……"不同的幼儿以及幼儿与教师之间对某一角色的感悟、体验的差异性正是幼儿丰富表达与交流的源泉,但经过排练后的整齐划一的表演抹杀了幼儿对角色的感悟和体验,缺乏生机,死气沉沉,同时也体现了教师对幼儿人格以及能力的一种不尊重。斯宾诺莎认为,"保持自我的存在,就是成为他们能够成为的人",卢梭说,"大自然造就了我,然后就把模子打碎了"。因此,幼儿园亲子戏剧排演不应追求"整齐划一",否则只能是抹杀了儿童已有的个性,打碎了儿童自由表现的空间。

(三)排演切忌教师"一手包办"

纵观平日里的"六一"排练等活动,我们可以看到:教师认为幼儿年龄小,需要在高强度的控制下才能够排演出令人满意的节目,才能呈现出华丽的舞台效果,就完全自己做主,排练时焦急地催促甚至训斥、咆哮。这种情况非常普遍,虽然随着幼儿年龄日益增长,能够理解教师的一番苦心,感谢教师的教导,但毕竟逝去的主动发展的机会再也无法换回。因此在幼儿园戏剧活动中,我们应始终秉持这样的理念:一是每个幼儿应该有机会自己决定是否参与、何时参与,即把参与选择权还给幼儿;二是每个幼儿应该有机会对演什么和怎样演发表意见,即把表演活动的建构权还给幼儿;三是随着幼儿日益成长,比如大班幼儿,教师应该把整个活动过程的规划、组织工作的权力逐步交还给幼儿;四是教师在这一过程中向幼儿和家长推荐各种优秀的作品,提供各种建议和具体帮助,但提供的方式和态度应该让幼儿感受到尊重,即尊重他们的喜好,尊重他们认可的完美标准,尊重他们的排练进度,以及尊重他们的努力和各阶段取得的实际进步。

第四节 亲子戏剧展演

戏剧的魅力在于舞台演出,它能将平面、呆板的文本,变为立体、生动的情境,使人物形象、故事情节血肉丰满地展现在观众面前,直接产生感染、教化作用。戏剧演出是一项综合性工程,必须考虑到调度、舞美、化妆、音效等方方面面的因素,这就需要教师、家长、幼儿发挥各自的专长,互相配合,齐心协力,共同演好一台戏。就演出而言,教师、家长与幼儿的作用同等重要。教师要有统筹全局的能力,既要考虑到剧本的创作要素,把握好人物塑造、意蕴开掘、动作设计等各个问题,又要做好人员管理与调度的工作,根据各人的意愿,并结合其特长,进行分工安排。演员是一出戏成败的关键,对幼儿和没有相关表演经验的家长来说,一般以本色出演为宜。因此,幼儿、家长应选择与自身性格、气质相吻合的角色。角色选定后,通过深入体会角色,借助想象与联想来理解人物性格、揣摩人物心理,并以恰当的言语、动作加以表现。此外,舞美、化妆等幕后工作也很重要,他们需要本着奉献精神,投入地完成。

幼儿园亲子戏剧展演前的排练需经数天乃至数周时间完成,最终以文艺汇演的形式展示成果。演出时,建议引入竞争机制,由评委们打分来确定最佳剧目、最佳演员等各个奖项,从而进一步激发家长、教师、幼儿的参与热情和增强其集体荣誉感。

一、舞台调度

所谓舞台调度,《辞海》中是这样解释的:"导演对戏剧场景中演员的活动与部位的处理,是导演的重要手段之一。"而场景(场面)就是指一幕戏或一场戏中由人物动作构成的呈现在舞台上的一幅幅具体的流动的生活画面,它是展现戏剧情节的基本构成单位。实践中,幼儿园亲子戏剧的舞台调度,主要处理如下事项,见表3-5:

表3-5 幼儿园亲子戏剧舞台调度处理事项

处理事项	处理方法
舞台调度的变化处理	一出戏的场景是变化的,人物在舞台上走动的路线以及位置的移动,叫作"区位到区位的变化"。例如,一个演员站在"右上区",这是一个很弱的区位,假如他从"右上区"走到"中下区"的话,那么,这个人物就进入了一场戏的中心,反过来,这个演员从"中下区"回到"右上区",那这个人物就自然而然地退出了一场戏的中心。教师要能够根据角色地位的变化安排角色区位的变化

续表

处理事项		处理方法
舞台调度的强调处理	区位强调	区位强调就是充分利用强区,把主要人物安排在强区进行表演。但要注意两点:1.不要不分轻重地把所有人物都安排在舞台中心;2.在场的其他人物要与主要人物相互联系、相互照应,避免场面上的杂乱
	姿态表现	姿态表现主要是指演员身体站立的角度,而这个角度又与演员面部的方向有关。演员的身体面向观众,则与观众的感情接触面积大,那这个演员就能得到强调。反之,如果演员的身体慢慢转过去,半个面孔与观众接触,那么这个演员与观众的感情交流就会受到影响,其姿态的表现力显然就会降低。因此,在排练中,教师在非特殊的需要下(比如,全台有五个人面向观众,另外一个人却破例背向观众,那么观众往往由于好奇而注意这个人,专业术语叫"打破常规,突出意外"。),不要让幼儿和家长背朝观众说话与行动,或者不要无缘无故地在别人面前走过
	高低强调	地位站得高一些的角色往往比站得低一些的角色突出,习惯上叫作"以高压低"。但是,这种方法也同姿态表现一样,可以用"打破常规,突出意外"的手法进行处理
	空间强调	人物在舞台上所占空间的大小,可以强调人物的重要程度。这点从舞台地位的面积能够反映出来。例如,主要人物站立于"左中"位置(按舞台区位图二调度),一队士兵排列于舞台斜线稍后一侧,那么这个主要人物就占据了相当于大半个舞台的面积,利用空间强调的方法,需注意掌握舞台的均衡性
	焦点表现	简言之就是观众目光所集中的那个舞台人物。怎样才能使目光集中呢?这就需要教师加以强调处理,有意识地把观众的注意力引导到某一点上,形成舞台焦点的方法很多,例如,舞台上所有人的目光都集中于某一个人的身上,或所有人同时都指向某一个人,那么观众也就望着他
	出场强调	角色的第一次出场,特别是主要角色的第一次上场是十分重要的,教师处理方法得当,人物会给观众留下深刻的印象。如在片刻"静场"之后,一阵紧锣密鼓,造足气氛,然后人物上场"亮相";或出场前先闻汽车喇叭声、喜庆的唢呐声
舞台调度的均衡处理		教师在排地位时,要注意掌握平衡,舞台上不能有这一边轻那一边重的感觉。维持舞台平衡要注意两条:一是注意照顾以舞台中线为主轴的舞台两边的平衡。舞台中线是平分画面的轴,如果舞台两边在分量与感觉上势均力敌,便是平衡。二是注意掌握中心为主的平衡。例如,舞台的"中前"区位为舞台的中心,舞台的两边如同是跷跷板的两端,按照力学原理,重的单位应该离中心点近,轻的单位应该离中心点远,这样,平衡才能得以维持

续表

处理事项	处理方法
舞台调度的层次处理	教师处理舞台大地位,特别是处理演员场面比较多的大地位,最忌拥挤不堪,主次不分,前后不分,轻重不分。应合理运用舞台的上下左右以及前后空间,排地位时,既要注意场面要有个中心,彼此相互联系,相互照顾;又要注意场面的均衡,使舞台左右分布均匀;同时,还要注意场面的纵深处理。可凭借山坡、平台、舞台平面,采取站、靠、蹲、坐的姿势,将人物分组有序地加以组合。这样舞台基本上能形成一幅有前有后、分布均匀、层次清楚的画面

二、舞台美术

舞台美术是舞台上各种造型艺术的总称。舞美是为表现特定的戏剧内容服务的,基本功能是营造戏剧环境,为表演(动作)提供支点。舞台设计师在教师的指导下,先画草图,经反复切磋修改,画出效果图,并做成模型,最后放大,制成布景和道具,再根据需要打上各种灯光,一台戏的舞台美术就形成了。虽然舞台美术包含构图、形状、体积、色彩、光线等各种美术成分,但它毕竟不是绘画,也不是雕塑,更不是建筑,而是舞台艺术的一部分,属于戏剧范畴。其独特的艺术魅力是在与特定剧情、特定表演相结合时展现出来的。

幼儿园亲子戏剧的舞美创作要有想象力和创造力。作为幼儿园亲子戏剧演员主体的幼儿具有丰富的想象力,有着自己的乐趣,他们思维活跃,对形象、色彩、行为、语言等较为敏感,能够凭借自己的直觉,对自己喜欢的东西做出选择。因此,作为舞美创作的负责人要理解幼儿,与幼儿想法同步,充分发挥自己丰富的想象力与创造力。在幼儿园亲子戏剧创作中,舞美设计者应尽可能满足幼儿对色彩鲜明以及可爱造型的人物设计的要求,尽可能地为幼儿创造出丰富的想象空间,这对开发幼儿的想象力与创造力是有益的。如果能给幼儿创作出一台有创意且又具有生命力的儿童剧,就可以将儿童剧的教育作用与意义发挥得淋漓尽致,这样能让幼儿受到更好的教育。幼儿园亲子戏剧的舞台美术和其他艺术一样,是舞台演出的一个组成部分,包括布景、灯光、音响、道具等。

第三章
亲子戏剧的实践环节

（一）舞台布景

舞台布景并非一组背景,而是一个环境。演员在布景中,而不是在布景前表演。整个布景只能围绕演员或通过演员而存在,正是演员在戏剧和布景因素之间起着中介作用,强有力地决定着它,甚至也可以成为它的一部分。一台戏首先映入观众眼帘的就是舞台布景。戏剧开始,场灯暗、幕启,全场观众的目光很快地集中到一个点,那就是舞台。观众的耳、眼、大脑此时高度集中,这时的舞台画面极为重要,因为有上千双眼在盯着一个地方,舞台上如果出现任何一个细节的失误都能够被观众发现。这时的舞台就是一片巨幅的画,被上千人在欣赏着。

大幕拉开后,我们看到的是蔚蓝色的天空上飘着朵朵白云,浓密的树林里镶嵌着七彩的花朵,远处有草垛式的房屋……这一切马上使观众进入森林天地,动物的世界。如果帷幕拉开,我们看到的布景是单色的画布,上面映着火红的战火,四面陈列的都是兵器盔甲,地上铺满荆棘或碎片……观众立刻就会联想到这是一种战争的气氛。这就是布景在起作用,舞台布景首先要把剧本所要求的环境气氛渲染出来,要为幼儿提供一个可以进行舞台行动的表演区,帮助幼儿找到他们所需要的角色的行为、形体的自我感觉、场面调度等。但舞台布景不是孤立的美术作品,它必须同其他艺术门类一起,共同为整个舞台艺术服务,即制造舞台环境、营造舞台气氛、塑造舞台形象、渲染舞台情绪、展示舞台艺术风格、深化舞台艺术主题等等。因此,舞台布景就必须与舞台美术的其他各门类(服装、道具、化妆、灯光、音响、效果等)紧密结合,做到相得益彰、相映生辉。

（二）舞台道具

幼儿园亲子戏剧道具的种类与制作方法及注意要点在前一章"戏剧排演"里已作讨论,在此不再赘述。道具和灯光、布景、音响等一道构成舞台美术的重要组成部分。舞台道具的运用是演员表演不可或缺的辅助手段,在幼儿园亲子戏剧演出中,道具同样也是必不可少的。道具有大有小,大到车马舟船、桌椅房屋,小到文房四宝、一花一草等,但无论大小,其作用都非常重要。如戏剧中的马鞭子,一抬手一跨步,走上一圈就是万里,如果没有它,演员就没法完成剧情的要求。总之,戏剧表演艺术离不开舞台道具。这就要求道具的设计,力求准确,时代背景无误,从剧情出发,从人物环境出发,考虑演员的动作,帮助演员刻画人物形象、心理性格,营造特定的气氛,在戏剧创作过程中让道具有新的视觉、新的形态、新的解释和新的运用。还应注意的是:道具不是戏剧艺术的全部,应该是为了突出剧中人物和主题内容正确使用道具,让道具与戏剧语汇有机联系在一起,使道具为作品服务,而不是为了使用道具去摆弄道具,然后强加上某种内容和活动。舞台道具的发展是与时俱进的,它具有旺盛的生命力,与戏剧的内容、精神相适应的舞台道具不但为戏剧表演锦上添花,更进一步衬托、深化戏剧所蕴含的思想和内容。

(三)舞台灯光

在舞台美术中,灯光与色彩也许是最有力的解释手段。灯光的表现力是在舞台进入室内以后才被发现的。灯光最初只是用于照明,后来随着灯具和调控技术的进步,人们才逐步认识到,它还可以用来创造环境、刻画人物、渲染气氛、解释剧情。阿庇亚认为,光可以把景物组织起来,并赋予其生命。借助于现代灯具和调控手段,导演可以把五颜六色的光投射在舞台的每一个角落。而光与色又是一对孪生兄弟,同样的自然色在不同光线的映照下,会呈现出许多变化,所以每一种光就有了强弱、冷暖之别。光的色彩、亮度、落点、配合不同,引起的情绪反应也大不相同。同样一束绿光,打在植物造型上显得生机盎然,打在人物身上就有一种怪异诡秘的感觉。

当代西方著名的舞美设计,都以灯光和色彩方面的创意而脍炙人口。阿庇亚和戈登·克雷还只是个起步,真正的集大成者是捷克舞美设计师约瑟夫·斯沃博达(1920—2002)。他在为欧美一些大剧院所做的舞台设计,如《特里斯坦与依索尔达》《真正的人》《等待戈多》等戏中,创造性地运用了光柱、光幕、"绳幕"、镜子以及各种电影手法进行景物造型,努力营造"心理空间",追求诗意,具有强烈的主观抒情色彩,影响极为深远。

(四)舞台音效

音乐、音响、效果虽然不属于造型艺术,但也常被导演用来渲染气氛,解释剧情。斯坦尼斯拉夫斯基在其回忆录里,曾多处谈到他们在排演契科夫剧作时用音乐"说话"的经验。例如《海鸥》,大幕一拉开,呈现在观众眼前的景象是:有的角色背向观众,坐在置于台口处的一条长椅上,有的坐在一侧放倒的树干上,像一群麻雀似的，听一个角色（面向观众）对他们宣讲自己高妙的艺术理想，等待月亮升起。这时远处传来一支流行的华尔兹舞曲，无聊而庸俗，还不时变换更加无聊但却悦耳动听的吉卜赛乐曲。弹奏者正好是讲话人的母亲。这是一个反讽，导演要告诉观众的是，在这种无聊的环境里，一切美好的东西都显得格格不入，都会被扼杀，成为平庸生活的牺牲品。这是用戏中的音乐来暗示主题。而1942年《屈原》首演时，导演请刘雪庵创作了一整套乐曲，用管弦乐队演奏，到"雷电颂"一节，则金鼓齐鸣，势如排山倒海，把戏剧行动和观众情绪一起推向高潮，曲折地表达了对国民党反动统治的强烈抗议。这是用配乐来阐释主题。

在剧团，音响师永远只是幕后工作者，但绝不是默默无闻的，他所掌控的音响设备是演员表演通向观众的一座桥梁。戏剧表演中的各种声音，必须经由音响师通过音响设备的综合处理和平衡调试，调至完美、和谐、统一，再经过扬声器传播给观众，给人一种美的享受。音响师既要懂得戏剧艺术，又要精通调音技术。戏剧演出中的音响效果绝不是单纯的技术操作，只有把它溶于戏剧创作和演出现场当中，才能获得艺术的生命力和感染力。因此，音响师一定要有艺术的敏感力，力求使音响效果作为一种艺术成分渗透到整个演出之中，处理好音响的控制和调节。要使音响效果获得精确的距离感、层次感和立体感，必先掌握各种音响设备的性能，在严格的操作中适当地控制和使用好音响效果，才能实现主次分明，紧密结合，相互呼应。

三、人物造型

舞台上的角色不但有情有义，而且有形有色，这形与色就是人物造型。显然，人物造型跟演员的形体动作有关，但形体动作属于表演的范畴，人物造型主要指人物的外部形象，包括化妆与服装两个方面，统称为化装。例如钟声幼教核电分园的《果蔬一家亲》，人物全部身穿各种各样果蔬造型的服饰，这就是剧中人物富有卡通意味的外观。观众对人物的认识是从化装开始的，然后随着剧情展开，认识逐步深入。所以，人物一出场就必须给观众留下深刻印象。这需要根据人物的身份、地位、个性、心境，以及演员的形体条件，进行外部形象设计，包括面部形状和色泽、服装穿戴、体型特点及其变化等等。负责这项工作的是化妆师和服装师，演出前他们会把一切都准备好,使角色获得一个确定的外部形象。

(一) 人物化妆

化妆是美化和改变演员舞台形象的重要手段之一,是一门综合性艺术。从广义上讲,化妆是指整个身体的修饰,包括服装的搭配、发型的设计、面部的修饰、饰品的搭配等。教师根据剧本主题思想、情节结构、演员形貌和舞台演出的总体造型要求,设计人物的化妆造型,指导制作各种化妆造型所需的零配件,完成全剧人物的试妆和定型。演出过程中,保持人物造型的连贯性,随着人物性格、情绪、年龄等因素的发展变化,给予相应、准确的描画。化妆要表现角色年龄、身份、民族、职业、个性、时代特征等,不要单纯地、脱离角色地去追求漂亮、美观。反对为美而美,也反对自然主义的表现,艺术必然要比生活夸张些。若要扮演一个乞丐,搞得从头到脚肮脏不堪,脸上鼻子眼睛都看不清,穿的衣服也非常破烂,这种形象搬上舞台,就很难说有什么艺术性。此外,化妆还要适应戏剧的主题和冲突、规定情境、艺术风格和舞台大小。舞台的大小和观众距离的远近都直接影响到化妆的浓淡程度。

展演前,最好能提前化妆,经检查若不够理想,还有时间进行修改或重新化妆。化妆完了之后,穿上服装,把需要用的大小道具检查一遍,再把道具放在指定的熟悉位置,以免慌乱中找不到。

(二) 人物服装

人物服装属于视觉艺术、造型艺术,其特点是直观性和表现性。戏剧对服装的面料、款式、结构、颜色、图案、装饰都提出了很高的要求。戏剧服饰是"演员的第二皮肤",是"穿在演员身上的布景",戏剧服饰设计是戏剧展演环节中的重要环节。

1. 服装设计合理合情。

人物服装能够表现人物的身份、地位、个性和心境,让观众能从穿着打扮上看出他是干什么的、人品如何,俗话说,什么人穿什么衣裳,生活和艺术都是如此。比如《老鼠嫁女》中的媒婆形象:挽着发髻、手拿烟枪、脸颊点痣、身着大红色丝质绸缎服。媒婆娇俏、能干、口齿伶俐、反应灵敏、见风使舵的性格昭然若揭。

2. 服装设计主次分明。

化装还可以用来区别人物的主次。如《胖国王减肥记》里，皇帝头上戴着束发嵌宝紫金冠，齐眉勒着二龙抢珠金抹额，穿一件二色金百蝶穿花大红箭袖，束着五彩丝攒花结长穗宫绦，外罩石青起花八团倭锻排穗褂，登着青锻粉底小朝靴。如此穿戴装饰，瞬间将皇帝万人之上的雄浑气势刻画得一览无余。

3. 服装设计统一协调。

生活中，人们的穿着打扮可以率性而为，一人一个样，而不必考虑什么整体效果。但是在舞台上，这样就会显得杂乱无章。所以，化装就得考虑人与人、人与景的协调问题。幼儿园亲子戏剧中的角色多以动物、植物和虚幻的形象为主，即使是人物，也经常会赋予神奇的力量出现。幼儿戏剧中的世界大多数是人格化了的世界。常见的有小猫、老鼠、小白兔、小仙女、猴子、小狗等等，这些角色出现在舞台上，有时以个体形式出现，有时以群体形式出现，如《老鼠嫁女》中的鼠大臣们就是以群体形式出现的，《灰太狼的小肥羊》中的羊也是以群体形式出现的，而狼则是以个体形式出现的。教师就要仔细划分，不能因为舞台的五彩缤纷而各穿所好，那舞台效果就会凌乱不堪，视觉效果就不具备审美性。所以，小老鼠们的服装可以一样，羊群的服装也可以一样，只不过在突出角色性别和年龄及身份不同的前提下，将人物服饰进行微调。如喜羊羊可以在头发上戴个发箍，羊村长可以戴个眼镜等。

四、注意事项

在将上述亲子戏剧展演相关环节按计划逐步推进后，在实际的执行过程中，组织者仍有一些值得注意的事项。

（1）展演前的热身准备：每次正式演出前，建议演员进行一些热身，比如发声练习、身体拉伸练习，练习的目的是为了打开演员的状态；闭上眼睛，将演出的内容在脑子里过一遍；对待每一场戏，演员都要像第一场一样认真、兴奋，保持表演的热情。

（2）展演前的细节准备：在舞台上，演员的动作会被放大很多倍，你的一举一动、一颦一笑都逃不过观众的眼睛，即便是小观众。因此，不要随意在舞台上做多余的与表演无关的动作；在演完出场时不要提前恢复自然形态，比如表演的角色是大狗熊，本来笨重的进场，可没走两步三脚两跳地进去，引起笑场；后场位置不要太靠外，不要让观众看到你；不要随意触碰条幕，以免在台下看到整个舞台都在动；要记得谢幕；离开舞台时检查服装道具并整理好等待下一场的开始。

（3）假如幼儿是第一次接触陌生的舞台，通常这样的舞台场地大、难以控制，所以，指导教师要耐心指挥，时刻注意幼儿的安全，避免摔伤、碰撞、迷路走失、纠纷等。

（4）越到展演阶段，教师越要有耐心，多多调动幼儿的表演情绪，让幼儿始终处在激动、快乐的状态中。一旦出现错误，也不要严厉批评，要善于轻松引导、平稳解决。

（5）如果不是特别大的面向公众的展演，仅仅是园内戏剧活动或亲子活动，指导教师可以在这个环节放松要求，让幼儿松弛下来，弱化表演技巧和艺术效果，重视幼儿的服装造型、化妆、头饰，让幼儿在有组织的情况下愉快地与同伴及家长互动即可。

（6）化妆时，时刻注意幼儿的皮肤是否敏感，提前与家长交流，避免意外发生。脱换衣服也要注意保暖，切记不可因着急而让幼儿的身体受到影响。

（7）展演前、展演中、展演后，做好安保工作，定时清点幼儿人数，避免意外事故发生。

（8）展演前，要安排好专门迎宾接待人员及活动宣传报道人员。

（9）亲子戏剧展演地点可以在当地的剧院，也可以在园内，还可以借助节日，与社区活动相结合，扩大亲子戏剧的影响力，积累丰富的展演经验。

第五节　亲子戏剧批评

我们常常可以看到这样的景象，戏散后，观众还在议论着刚才看过的戏：哪位演员好，哪个地方感人，哪些剧情不真实等等。这就是最原始的戏剧批评。它是对戏剧演出的评论，也是观众精神交流的一种方式，当然，散戏后的这种评论与交流，还停留在经验的层面上，往往是知其然而不知其所以然。而要真正说清楚一出戏的成败得失,还必须具有一定的理论分析能力和广阔的知识背景,将杂乱无序的欣赏体验条理化、理论化。专门从事这项工作的人,就是人们所说的批评家。将它阐述出来,就是戏剧批评。戏剧批评有广义和狭义之分,狭义的戏剧批评又叫戏剧评论,是对戏剧创作、演出、欣赏活动的分析、阐释与评价。它可以评说目前发生的各种戏剧现象,促进当代戏剧艺术的发展。如果再加上戏剧理论和戏剧美学,就是广义的戏剧批评了。

戏剧批评,一不能脱离戏剧,二不能脱离人,这是它的基本原则。但是戏剧批评的对象、社会环境和批评家的主观条件千差万别,所以批评角度(视角)与方法也是因人而异的。若按批评对象区分,大体有四种类型:第一是最常见的戏剧文学批评,其核心是文学作品。考察本事、剖析人物、解释构思、分别源流是它的经常性内容。第二是舞台艺术批评,起初仅限于表演,后来加入对导演艺术和舞台美术的评论。第三是对接受者和接受过程的评论,重点是各个时代观众的构成及其作用、接受方式、接受心理、剧场文化等内容。第四是对剧场形制、演化及其与创作和演出关系的考察与评论。戏剧批评正是通过对作品的分析,从理想观众的角度帮助观众更好地欣赏戏剧,帮助戏剧家更好地创作作品。幼儿园亲子戏剧批评分别从教师反思、观众评价、亲子感悟三个角度对亲子戏剧活动进行反思和总结。

一、教师反思

相比家长和观众,幼儿园亲子戏剧中,教师担任"专业"戏剧批评家的角色,教师具备专业知识与能力,并全程参与幼儿园亲子戏剧的准备、创编、排演、展演的活动,且每一环节都亲力亲为。因而,教师可以从专业视角反思、总结该过程的组织与实施的闪光点及薄弱点,取得的主要成绩有哪些,每一环节的具体实施过程,有哪些需提升的地方,又有哪些值得借鉴的地方,面对家长不理解时,通过哪些沟通技巧达成预期目标的,发生哪些奇闻趣事等等……大体说来,我们建议教师从如下几个方面进行批评总结:

(1) 分析剧中人物形象。

(2) 评论剧中一个场面或片段。

(3) 全面分析戏剧作品的思想和艺术价值。

(4) 对剧本、亲子表演、教师指导艺术进行综合性批评。

(5) 积累丰富的材料,思想、艺术上的敏感和惊人的综合能力及鉴赏能力,对单个或大量作品作总体考察和研究,从而指导未来的创作。这样的批评难度最大,价值也最大。

(6) 家长参与率及效率的分析。

二、观众评价

"没有观众,就没有戏剧。"19世纪法国戏剧理论家萨赛在《戏剧美学初探》中说:"不管是什么样的戏剧作品,写出来总是为了给聚集成为观众的一些人看的,这就是它的本质,不管你在戏剧史上追溯多远,无论在哪个国家、哪个时代,用戏剧形式表现人类生活的人们,总是从聚集观众开始。"观众是必要的、必不可少的条件。戏剧艺术必须使它的各个"器官"和这个条件相适应。观众是由不同生活经历、社会地位、文化素养、心理气质的人群组成的,在审美趣味上十分复杂。对于艺术家来说,应当经常对观众不同的审美趣味加以观察和分析。

在剧场里,演员能时刻感受到观众的反应,并随时根据观众的反应做出必要的调整,使演出不断完善。也就是说,在剧场里,观众不只是被动地接受,而且能以各种方式把自己的感受和评价及时反馈给演员,对演出施加影响。任何一个演过戏的人都知道,一上台,压力来源最大的不是灯光、音响和对手演员,而是台下那黑压压的一片观众。有时候,池座里的一丝轻微响动都会影响演员的心绪和动作。所以,看戏还是一种双向互动的艺术欣赏活动。正如美国著名戏剧学家埃德温·威尔逊所说:"观众与演员的联系是戏剧经验的核心。这种人与人之间的交流,以其神气和魅力赋予剧场以特殊品格。"①

幼儿园亲子戏剧的观众主要由幼儿、家长构成。我们的亲子戏剧是为幼儿演出、为幼儿服务的,幼儿是纯真的、不懂掩饰的,因此,我们的亲子戏剧,他们喜不喜欢,他们觉得好不好,在现场演出时,我们可从他们的态度、行为中观察出来。切合他们实际需要的,他们的情绪便会受主人公喜怒哀乐的影响,他们会目不转睛地盯

---

① Edwin Wilson. The Theater Experience[M]. 6th ed. New York: McGraw—Hill, INC, 1994:19.

着舞台上的人物变化,反之,他们会躁动不安、嬉笑吵闹,这也会反作用于舞台上正在演出的演员们。而家长,部分群体或许对整台亲子戏剧有独特的、清晰的、系统的见解,部分群体或许有些想法,但大而杂,不知从何说起,或者一旦说起来,天马行空,不切主题,偏离戏剧批评本身。因此,教师应搭建合适的表达平台,引导家长和幼儿,对每次亲子戏剧活动从准备到结束做全面点评,以广纳众人之长。建议教师采用如下的方式:

(1) 亲子问卷调查。

为了全面搜集家长、幼儿对本次亲子戏剧活动的真实观点与看法,教师可以针对本次活动设计亲子调查问卷。问卷调查花钱少、时间短、匿名性好,样本可以较大。问卷的问题设计有开放式和封闭式两种,建议以开放式问题为主,封闭式问题为辅。允许家长和幼儿充分自由地发表自己的意见,所得的资料将丰富生动,还可得到一些意外的收获。

(2) 亲子座谈会。

邀请部分幼儿和家长代表,搭建家长、幼儿自由、畅快表达的平台。亲子代表的选择可以以活动通知的形式告知家长,鼓励家长主动报名,再由教师根据本班家长实际,协调时间与人员,让那些有思想、有见解、参与性强的家长有机会参与到活动中来,同时,邀请部分幼儿一同参与,倾听他们的声音,给他们评价的机会与平台。

(3) 网络留言平台。

网络资源快速、便捷。考虑到家长的时间限制,以及阐述问题的习惯方式,也可以采取网络留言的形式表达自己对整个戏剧活动开展方式、组织形式的意见与建议,指出活动的现有不足,肯定幼儿的努力、成绩、闪光点。留言匿名与否,家长自由选择,不作要求。

三、亲子体悟

幼儿园亲子戏剧活动的开展,真正践行了《幼儿园教育指导纲要(试行)》里提出的"幼儿园应与家庭、社区密切合作,与小学衔接,综合利用各种教育资源,共同为幼儿的发展创造良好的条件"及"家庭是幼儿园的重要合作伙伴。应本着尊重、平等、合作的原则，争取家长的理解、支持和主动参与，并积极支持、帮助家长提高教育能力。充分利用自然环境和社区的教育资源，扩展幼儿生活和学习的空间。幼儿园同时应为社区的早期教育提供服务"的教育理念。

幼儿园亲子戏剧活动中，参与的幼儿和家长，从活动前的准备，到戏剧创编、排演、展演，一路携手并肩、探索表达，凭借兴趣与爱好，责任与奉献，有欢歌笑语也有汗泪交织，有满堂喝彩也有缺乏认同，有信心满满也有意志消沉。因亲身实践、真实经历，自然比一般人更能感受亲子戏剧过程中的成败得失。因而，教师可以组织参与的家长和幼儿举行一个简短的会议，就如何联系实际、改进整个活动各阶段的工作展开自由讨论；也可以采取网络留言、访谈等多途径、多方式地了解亲子对于整个戏剧活动的意见与建议，以此更圆满地开展后续的亲子戏剧活动。

第六节　亲子戏剧延伸

一、延伸意义

在教师的组织和引导下，在经历戏剧准备、戏剧创编、戏剧排演、戏剧展演后，参与的家长和幼儿已对本主题的戏剧活动有了整体的认知和充分的体验，想象力、创造力、表达能力、协作能力也得到进一步提升。为了保持亲子戏剧教学活动的完整性、连贯性，促使幼儿真正建构完整的戏剧经验，在此基础上，教师可以利用幼儿在园一日生活的过渡环节或区角活动等零散时间，引导幼儿充分利用肢体和声音感受、想象和表现该主题的戏剧内容；教师还可将本主题的戏剧表演经验作为下一个戏剧活动的导入环节，让幼儿能很快融入戏剧活动的氛围。而参与幼儿园亲子戏剧活动的家长则可以与幼儿在家庭内展开戏剧游戏活动，以此增进家庭内成员间的感情，促进交往，营造其乐融融的家庭氛围。以上无论是园所内教师以"巩固幼儿已有戏剧经验"为目标组织的戏剧游戏，还是家庭内家长和幼儿以"身心放松"为目标组织的戏剧游戏，我们统称为"幼儿园亲子戏剧延伸活动"。它的意义主要体现在以下方面。

第三章
亲子戏剧的实践环节

（一）检验戏剧教育开展成效

幼儿是否懂得剧场的构成？是否知道剧场里的行为准则？是否知道如何制作海报才能吸引人们买票看戏？一台戏演出前要做哪些准备工作？表演时，幼儿的语言表达能力有没有进步？合作能力、交往能力、沟通能力有没有提高？表现能力如何？我们预期的戏剧教育目标是否实现？这些都可以通过戏剧延伸活动，教师在旁观察而得知。在幼儿独自参与的戏剧活动中，教师只负责发现、记录并反思，发现问题、弥补不足，为下一次更好地开展戏剧活动奠定基础。

（二）巩固已有戏剧教育成果

如前所述，幼儿园亲子戏剧活动不强调知识和技能的掌握，但强调幼儿发展中的综合性、延续性，强调在培养个性发展的基础上实现幼儿的全面发展。从这个角度讲，幼儿园亲子戏剧实践是一个整体，从戏剧准备、创编、排演到展演，各个部分相互联系，相互贯通，每个活动都建立在幼儿能对前一活动有较充分理解与良好表现的基础上。一次戏剧活动的结束，并不意味着"戏剧活动实现幼儿认知、情感、社会性发展"的目标已达成，而是仍需通过戏剧延伸活动以戏剧游戏的形式巩固已有的教育成果，并通过戏剧延伸活动将幼儿园、家庭和社会紧密联系在一起。

（三）营造愉悦轻松的家庭氛围

家长是幼儿的第一任教师，家长与幼儿的关系状况对幼儿早期学习和发展有着至关重要的作用。和谐的亲子关系、融洽的家庭氛围培养出的幼儿乐观开朗、自信活泼、友爱善良，这也正是我们幼儿园亲子戏剧活动开展的初衷。亲子在经历完整的戏剧准备、创编、排演、展演的过程中，共同阅读、分析剧本的故事内容、人物角色、语言特点；共同寻找废旧物品，制作环保、美观、实用的道具；共同运用肢体语言、口头语言、面部表情等表现人物特征；共同在大舞台、小舞台面对观众现场表演……这样的完整经历对家长、幼儿都是难忘的，既有辛苦的汗水也有感动的泪水，既有成功的欢笑也有沟通的不悦，既有合作的摩擦也有困难时的守候，总而言之，一路上，幼儿有成长，家长有感慨。幼儿可以与家庭其他成员共享戏剧教育的成果，自然全情投入，家庭氛围其乐融融，每一位家庭成员都能感受到和谐的氛围，快乐地生活。家园共育的过程,不仅能使幼儿在园获得的学习经验在家庭中得到延续、巩固和发展,同时,也能使幼儿在家庭获得的经验在幼儿园的学习活动中得到应用。

二、延伸形式

根据延伸游戏的不同功能,幼儿园亲子戏剧有如下三种延伸形式。

(一)延伸到园内活动

现阶段,幼儿园亲子戏剧活动更多地依赖于教师的组织,采取集体教学的形式。它在解决多数幼儿面临的共同问题、充分发挥教师的作用等方面确有优势,但很难满足每个幼儿的兴趣、需要,很难保证每个幼儿富有个性地发展。因此,教师可以将戏剧活动的道具等材料投放到区域活动中,为幼儿创造一个立体的、多元的、丰富多彩的区域环境,让幼儿自由地去熟悉、操作、模仿、再现,幼儿完全可以按照自己的发展需要和兴趣特点与环境互动,从而实现活动的延伸。

例如,在《胖国王减肥记》中,每个幼儿都想感受当国王的神气威武,但实际上,只有一个幼儿可以成为国王,那么在区域延伸活动中,幼儿可以轮流表演国王,也可以自由选择角色,扮演与自己之前扮演的不一样的角色,从另外一个人物着手,重新感受与体验戏剧过程。再如《果蔬一家亲》,幼儿虽然认识了各种各样蔬菜和水果的外观特征与营养功效,但他可能只对自己扮演的蔬果角色有深刻的认识。所以,在戏剧延伸活动中,幼儿可以重新选择角色,演受人欢迎的蔬果角色,也可以演受人排斥的青椒、洋葱等,体验被拒绝的心情,换位思考,学会同情别人。

(二)延伸到家庭活动

大多数家长可能有这样的感慨:幼儿只听教师的话;他们在幼儿园和家庭中的表现简直判若两人;他们说得容易做起来却很难……确实,在幼儿园教育实践中,很多幼儿在幼儿园表现出良好的行为、技能,回到家中却不一定能持之以恒,甚至相去甚远。如在《11只小猫去旅行》中,一些幼儿在扮演的角色中表现很出色,他们知道要遵守公共场所行为准则,知道不能轻易相信陌生人的话,但是在实际中,好奇心强、经不起陌生人礼物诱惑的幼儿还是数不胜数;再如幼儿最喜爱的"娃娃家"游戏中,幼儿都是"乖孩子""好爸爸""好妈妈",但在家中他可能比较任性,不好好吃饭、不按时睡觉、不懂得谦让等。在《果蔬一家亲》中,幼儿都表现得非常好,能流畅地说出各种果蔬的营养,但现实中的挑食、不懂节食造就了一批批"小胖子"。因此,亲子戏剧里宣扬的真善美、良好生活习惯、行为规范等还需要家长配合,和幼儿进一步巩固已有戏剧经验,理解、践行戏剧活动蕴含的教育理念。

（三）延伸到社区活动

美国著名教育家杜威多次强调儿童的发展离不开社会,幼儿园教育必须与社区生活紧密结合。"我认为受教育的个人是社会的个人,而社会便是许多个人的有机结合。如果从儿童身上舍去社会的因素,我们便只剩下一个抽象的东西;如果我们从社会方面舍去个人的因素,我们便只剩下一个死板的、没有生命力的集体。"[1]因此,当幼儿园建立自己的办学特色后,要积极向外拓展自身的教育资源、服务空间和职能范围,向社区居民宣传幼儿园,增进相互之间的了解和认同,树立幼儿园形象,赢得幼儿园和社区的共同可持续发展及自身的超越。幼儿园亲子戏剧蕴含教育理念、富有童趣,让人哭、让人笑,充满魅力,老少皆宜。因此,利用节日等契机,我们与社区联合将幼儿园亲子戏剧活动延伸到社区活动平台,丰富社区居民的精神文化生活,满足社区居民家庭教育的需求。

---

[1] 约翰·杜威.学校与社会·明日之学校[M].赵祥麟等,译.北京：人民教育出版社,1994：5.

第四章

亲子戏剧教育实践

第四章 亲子戏剧教育实践

根据幼儿的年龄特征和语言、动作等发展水平,本书拟按年龄段分别讨论六种类型的亲子戏剧教育实践案例:亲子戏曲、亲子歌剧、亲子舞剧、亲子音乐剧、亲子话剧、亲子哑剧。

小班幼儿的动作表现优于语言表达,他们能模仿学唱短小歌曲,能跟随熟悉的音乐做身体动作,特别适合载歌载舞的表演形式。为便于幼儿之间相互模仿学习,建议小班幼儿亲子戏剧活动以集体表演为主。也就是说多人同时扮演一类角色,形成角色群,通常这些角色以扮演者的装饰作为标志。比如,头戴蚂蚁触角的幼儿,演的肯定都是小蚂蚁。据此,我们选择歌剧、舞剧这两种形式的教育实践案例。

中班幼儿的语言及动作能力较小班幼儿有明显提高,能通过即兴哼唱、即兴表演或给熟悉的歌曲编词来表达自己的心情。但其语段的连贯表达尚未达成,并且不能很好地运用语言应答的交往策略,在话剧表演中容易出现语言少于动作的现象,因此,我们除选择歌剧、舞剧外,还选择音乐剧(本书未纳入),作为探讨的教育实践案例。

大班幼儿语言能力的提升十分明显,动作的表现力更为丰富,戏剧的合作水平也有所提升。他们不仅能自编自演故事,还能为表演选择和搭配简单的服饰、道具或布景。因此,大班幼儿可以综合选择六种类型的亲子戏剧教育实践案例:戏曲、音乐剧、歌剧、舞剧、话剧、哑剧(本书只列举了话剧和音乐剧)。哑剧重在语言理解和动作表现,并要求动作更具有情节性和节奏感(即角色初步分化)。

第一节 小班亲子戏剧活动方案

一、小黄鸭找妈妈(亲子歌剧)

(一)故事背景

小黄鸭出生后便没有见过自己的妈妈,它很想念妈妈,于是,勇敢的小黄鸭独自踏上了寻找妈妈的道路。它先后遇到鸡妈妈、狗妈妈、猫妈妈和兔妈妈，一次次的打击、失望之余，伤心的小黄鸭依然没有放弃寻找自己妈妈的决心。终于，小黄鸭找到了自己的妈妈，回到了妈妈的身边，和妈妈幸福地生活在一起。

（二）主题说明

本主题选自绘本《小黄鸭找妈妈》。该故事结构简单，但每个角色间都有着紧密的联系。小黄鸭在寻亲的路上遇到了具有不同特征的动物妈妈，它们形态各异，特征明显。在得知不同动物妈妈否定的答案后，小黄鸭坚持不懈地寻找自己的妈妈，终于，它找到了自己的妈妈——鸭妈妈。它正带着一群鸭宝宝散步。之所以选择该绘本为小班亲子戏剧主题，既源于幼儿天生对动物亲近、喜爱，也源于小黄鸭与几个动物妈妈之间的对话具有很强的情境性，可引导幼儿对角色间的对话和动作进行创编和模仿。总而言之，《小黄鸭找妈妈》既符合小班幼儿的年龄特点，又有很强的实践性，可以作为幼儿创作、表演的素材。

本主题首先欣赏《小黄鸭找妈妈》的绘本，让幼儿对故事有一个初步了解，引发幼儿对小动物不同特征进行模仿和表演的兴趣。在戏剧创编环节，小黄鸭出生后没有找到自己的妈妈，便决定去找妈妈，为情节的开端部分。其次，围绕小黄鸭与鸡妈妈、狗妈妈、猫妈妈、兔妈妈等不同小动物的对话展开表演。幼儿用肢体、声音等表现角色的动作、神态特征，并通过角色扮演了解各个角色之间的关系，此为情节的发展部分。"小黄鸭找到妈妈"是情节的高潮部分。该部分可引导幼儿讨论与表现小黄鸭找到妈妈时的情境以及对话。最后，"小动物们祝贺小黄鸭"为情节的结束部分。所有的小动物共同祝贺小黄鸭找到妈妈，利用律动表演，烘托整个情节。由于本作品人物台词主要是以歌唱的形式展现，作品的节奏性和音乐性很强，富有音韵感，据此，我们将其定位为"亲子歌剧"。

（三）亲子戏剧准备

幼儿园亲子戏剧"小黄鸭找妈妈"活动的开展，首先需要教师通过主题渗透、环境创设、区角设置、文学知识搜集等相关准备工作丰富幼儿的戏剧经验。同时，家长也要协助教师，通过亲子阅读、亲子手工、亲子观影等方式，与幼儿一起感受戏剧活动的乐趣、益处。

表4-1 "小黄鸭找妈妈"亲子戏剧活动准备环节工作一览表

亲子戏剧流程	活动内容	活动事项	责任人
戏剧准备	选择剧本,提供戏剧来源	1. 选择剧本的基本流程:首先,幼儿、家长自由组合,成立亲子戏剧小组,讨论戏剧主题。其次,班级集体讨论,公开投票每个戏剧小组拟选的戏剧剧本。最后,家园合作、共同探讨、确定剧本 2. 选择剧本需注意:剧本要来源于幼儿生活,剧本要符合幼儿心理特点,剧本要适合舞台表演,剧本选择要有家长的参与	教师
	主题渗透,设计戏剧活动	1. 设计系列戏剧教学活动:小黄鸭找妈妈、小黄鸭出壳、小黄鸭与鸡妈妈、小黄鸭与狗妈妈、小黄鸭与猫妈妈、小黄鸭与兔妈妈、小黄鸭找到妈妈、我们一起编剧本 2. 活动设计需注意:系列活动的设计与剧本预设框架线索一致;每一活动的设计紧紧围绕幼儿戏剧经验建构;正确理解情节预设与剧本生成的关系	
	环境创设,营造戏剧氛围	教室墙面(用卡纸、彩纸、废旧纸盒等一切可利用材料制作故事中各种动物角色以及森林的舞台背景等)	
		公共区域(包括走廊、门厅等)粘贴、制作、布置与"小黄鸭找妈妈"戏剧主题相关的元素,如森林里大树旁,小鸭们在散步等	
		"小黄鸭找妈妈"亲子戏剧宣传海报(可以喷绘,也可以全班自主设计,以此吸引更多的人关注本戏剧主题)	
		"小黄鸭找妈妈"亲子戏剧活动墙(备注:以"小黄鸭找妈妈"戏剧内容为中心,依照亲子戏剧准备、创编、排演、展演、批评、延伸的戏剧经验的完整建构过程,呈现出每一活动环节的实践情况,形成主题网络图,包括每一环节的任务、目标、责任人,实施概况的文字表述及实施过程中师生、亲子精彩照片;也可呈现本班在预设基础上生成的其他特色创意活动)	

续表

亲子戏剧流程	活动内容	活动事项	责任人
戏剧准备	区角设置，体验戏剧情境	1. **语言区**：收集《小黄鸭找妈妈》的绘本或者连环画，帮助幼儿理解故事内容，熟悉故事角色，模仿角色动作 2. **美工区**：幼儿自主进行绘画和手工制作的场所。既为幼儿提供了精细动作练习的机会，也为幼儿审美表征能力的发展创造了条件，更是创造性教育的场所 （1）提供纸箱、纸盒、木板、报纸等废旧材料，供幼儿制作鸭窝、森林等场景 （2）教师制作剧中动物角色的模板，幼儿涂色，制作头饰 （3）制作各个场景图，教师将文字和轮廓画好，幼儿涂色 3. **科学区**：教师提供鸭蛋、母鸭孵蛋以及鸭子各个时期的图片，让幼儿观察小鸭的生长，了解小鸭的生活习性等特点 4. **装扮区**：设置戏剧小舞台，制作舞台布景，为幼儿自发地进行故事表演和歌舞表演创造条件，提供各种动物头饰及辅助性道具、背景音乐等，鼓励幼儿两两分角色扮演	教师
	搜集文献，整理戏剧常识	以专题PPT或者给家长一封信的形式，帮助家长了解戏剧常识，了解国内外戏剧教育动态，引领家长树立正确的戏剧教育理念	
	了解国内外戏剧教育动态	1. 了解西方发达国家学校戏剧教育的历史和现状 2. 了解我国戏剧教育的传统和我国港台地区的戏剧教育实践	
	树立正确的戏剧教育理念	1. 戏剧教育的终极目标是人格教育，而非才艺培养 2. 戏剧教育是实施人文素质教育的重要载体 3. 开展戏剧教育是为了造就全面发展的人	家长
	明确戏剧教育的具体任务	与教师积极沟通，明确每一环节需承担的任务	
	家庭内开展亲子互动游戏	在家庭内开展"亲子阅读""亲子手工""亲子集体舞"等活动，与幼儿共同探讨剧中主要人物、场景、主题等，延伸并巩固在园习得的知识	

第四章 亲子戏剧教育实践

续表

亲子戏剧流程	活动内容	活动事项	责任人
戏剧准备	了解基本的戏剧常识	根据幼儿年龄特征,引导其了解戏剧常识:故事情节、角色、场景、道具等	幼儿
	参观剧场,实际体验	有条件的地区,可以组织幼儿参观剧场,实际体验;条件不足的地区,可以组织幼儿观看与剧场相关的影视、图片等资料,丰富其感性认识,为开展戏剧活动、模拟剧场奠定认知基础	
	发挥主体作用,参与剧本选择	自由成立亲子戏剧小组,产生"强强组合""弱弱组合"和"强弱组合",参与剧本选择	
	了解选定戏剧主题的相关知识	营造环境、提供材料,引导幼儿做好相应的知识经验准备	
	角色竞争,选择喜爱的角色	需注意的是,这里的"竞争"是趣味的、融洽的、民主的,形式是亲子共同参与的快乐游戏,切不可搞成"选拔式""竞赛式",让幼儿产生畏难、恐惧、抵触心理	

表4-2 "小黄鸭找妈妈"亲子戏剧活动准备环节——家长工作一览表

1. 通过校讯通、网络平台、家长园地及日常交流,进一步认识到幼儿园亲子戏剧教育对于幼儿的认知拓宽、言语表达、肢体表现、创造想象、社会性发展的价值,以及对和谐家庭、家园、社会的功能,鼓励幼儿踊跃参与亲子戏剧活动。
2. 给家长的一封信。
   亲爱的家长:
   　　您好!
   　　"妈妈"是世界上最伟大、最温馨的称呼,"妈妈"在幼儿的心中无人可替代,有关"妈妈"的主题活动能让幼儿产生情感的共鸣。据此,近期我们将开展"小黄鸭找妈妈"戏剧主题活动。这是个温馨又充满趣味的主题活动。绘本《小黄鸭找妈妈》激发了孩子们对故事内容的兴趣。在进一步的创编和表演活动中,孩子们不仅尝试创编小黄鸭与不同动物妈妈之间的对话,还大胆尝试创编与它们谈话时的表情、动作,在此过程中,幼儿与您一起学习制作道具、布置舞台,合作表演。相信您在参与的过程中,一定会享受到奇妙的戏剧体验,也一定会欣喜地看到孩子们的潜力和能量。恳请您给予更多的关注和支持。
   　　为了丰富孩子们的相关经验,挖掘丰富的教育资源,请您协助我们做好以下相关工作:
   　　(1) 搜集关于小鸭子的视频及动画资料,供幼儿观察。如有可能,也可带幼儿去农

续表

贸市场,实际观察。
（2）请带来小鸭子生长过程的图片（鸭蛋、孵蛋、生长、吃东西、饮水、嬉戏……）。
（3）了解剧中角色,和幼儿一起进行装扮,包括制作头巾、服装、头饰、面具等。
（4）协助教师收集相关的音乐磁带或碟片等。
我们非常期待您和您的孩子在"小黄鸭找妈妈"戏剧主题活动中的精彩表现！对您的积极支持和配合给予诚挚的感谢！

××幼儿园×班
×年×月×日

表4-3 "小黄鸭找妈妈"亲子戏剧活动准备环节——教学活动一览表

亲子戏剧流程	活动名称	活动内容	活动目标
戏剧准备	小黄鸭找妈妈	绘本欣赏 肢体模仿	1. 初步理解故事内容,知道其中的主要角色 2. 能模仿故事中主要角色的肢体动作

（四）具体活动设计

活动1　小黄鸭找妈妈

活动目标

1. 初步理解故事内容,知道其中的主要角色。
2. 能模仿故事中主要角色的肢体动作。

活动准备

1. 动物图片：小黄鸭、鸭妈妈、鸡、狗、猫、兔。
2. 绘本《小黄鸭找妈妈》。
3. 轻松舒缓的音乐。

活动过程

1. 导入：戏剧游戏"猜猜乐"。

幼儿围坐成一个圈,依次传递一个神秘的袋子,袋子里装有各种小动物的卡片。幼儿从袋子里任意摸出一张动物的卡片,并模仿这种动物的叫声或动作,其他幼儿猜一猜被模仿的动物是什么。

2. 绘本欣赏:初步感受绘本故事《小黄鸭找妈妈》中不同角色的特征。

(1) 初步欣赏动画作品。

师:这个故事里有谁?发生了什么事?小黄鸭找到妈妈了吗?

(2) 教师向幼儿讲述故事的主要内容。

3. 幼儿在背景音乐下模仿作品中自己喜欢的角色。

(1) 自由模仿喜欢的角色,并尝试用肢体表达,相互欣赏。

师:你最喜欢故事中的哪只小动物?它是什么样子的?

(2) 仔细观察小动物的外形特征,共同尝试模仿。

当幼儿模仿某种动物,教师就出示该动物图片,鼓励幼儿集体模仿或请个别幼儿在集体面前展示,并相互学习。

4. 分组扮演不同的角色,用肢体展示"我们是……"。

(1) 小组练习,每组选一种动物进行模仿,教师巡回指导。

(2) 集体展示,用肢体动作以小组的形式展示动物特征。

教师播放音乐,幼儿进行模仿。当音乐停止,幼儿定格呈现不同的小动物造型,教师给幼儿拍照。

5. 结束游戏:"能干的我"。

幼儿选择一个舒适的位置,闭上双眼。教师播放轻松舒缓的音乐,引导幼儿回想自己刚刚模仿的动物,然后唤醒幼儿。在轻柔的音乐中,教师请个别幼儿分享自己表现得最棒的地方。

(五) 亲子戏剧创编

幼儿园亲子戏剧相对于成人戏剧,内容富于游戏性和童趣;冲突单纯,主题浅显、鲜明;语言口语化、动作化。幼儿园亲子戏剧剧本的创编主要是在教师的精心组织下,将戏剧主题融入幼儿园学期主题课程,通过一系列贴近戏剧主题的教学活动,师幼共同创编。在此过程中,"亲子编戏"同步进行。幼儿园亲子戏剧《小黄鸭找妈妈》创编环节具体实施模式见下表。

表4-4 "小黄鸭找妈妈"亲子戏剧活动创编环节——教师工作一览表

创编原则	1. 亲子戏剧创编要符合幼儿年龄特征 2. 亲子戏剧创编要符合幼儿文学创作规律 3. 亲子戏剧创编要体现幼儿的主体地位			
戏剧创编	结构创编	确立主旨	一出戏要讨论的中心话题	
		确立提纲	1. 出现矛盾(冲突) 2. 矛盾双方的相互博弈 3. 矛盾被解决	大致故事发生的背景是什么?开始是什么?接着又发生什么?结局怎样?
	文本创编	剧情创编	剧情是由"人"和"事"构成,在剧中,什么人做了一件什么事,这就是一段剧情。幼儿园亲子戏剧活动任何环节都要体现幼儿"主体性"的指导思想,尊重幼儿,引导幼儿充分发挥想象力。每一幕剧情创编都应如此	如"小黄鸭找妈妈"中,教师引导幼儿创编小黄鸭找妈妈旅程中的经历。教师:我们每个人都有自己的妈妈,小黄鸭也非常想念自己的妈妈,于是,它决定开始找妈妈,你们想想,它会遇到谁呢?它们会怎么样帮助小黄鸭找到妈妈?
		人物创编	为使剧情丰满,在前期预设主要角色的基础上,引导幼儿大胆想象,生成更多的角色,也可以根据情节发展需求,适当增加新角色,满足更多幼儿的表演需要	如小黄鸭、狗妈妈、鸡妈妈、猫妈妈、兔妈妈、鸭妈妈为故事的主角,但相应地增加这些动物妈妈孩子的角色,可让更多的幼儿有表演的机会
		语言创编	一部剧本主要由两部分组成:人物的台词和剧作家的舞台提示。在舞台演出时,剧本中人物的台词,由演员辅以表情、动作直接讲给观众听。剧作家的舞台提示是以剧作者的口气来写的叙述性文字说明,一般包括:(1)对剧情发生的时间、地点的交代;(2)对剧中人物的形象特征、形体动作及内心活动的描述;(3)对人物活动环境的提示,如对场景、气氛的说明,对布景、灯光、音响效果等方面的要求	1. 语言内容创编 如"小黄鸭找妈妈"中,教师引导幼儿创编小黄鸭与狗妈妈之间的对话。师:两个小朋友相互打电话,猜猜,小黄鸭和狗妈妈之间会发生什么事情呢?小黄鸭看到狗妈妈后它是怎么说的?小黄鸭为什么会把狗妈妈当成自己的妈妈呢?狗妈妈会怎么对小黄鸭说呢? 2. 语言形式创编 台词以歌唱形式贯穿始终。如借鉴《找朋友》《小草》《伤不起》《祝你生日快乐》等音乐曲调,改编台词,易学易记,童真童趣
		剧本书写	剧本的书写也就是文面,是指剧本呈现的样式,它是由语言符号组成的,与儿歌、故事、童话、诗歌等体裁的语言组合全然不同。剧本改编后,有其自己的书写要求,我们一定要按标准规范书写	具体格式要求见文中第三章第二节

表 4-5 "小黄鸭找妈妈"亲子戏剧活动创编环节——家长工作一览表

1. 亲子戏剧活动每一环节都离不开家长的支持与配合,为保持家长参与的积极性,提升活动开展的效率,每一环节结束后,教师都应布置明确清晰的任务,最好以家长会或书面告知的形式,让家长知道戏剧开展的进度、内容、他们需要从哪些方面进行配合等。如亲子歌剧《小黄鸭找妈妈》在经过前期"亲子阅读""亲子手工"的共同熟悉、感知后,进入戏剧创编环节,家长需要如何进一步配合幼儿园的工作?家长自身要承担什么角色?我们仍旧用书信形式向家长汇报学习进度及后续学习的计划、任务。

2. 给家长的一封信。

    亲爱的家长:

    您好!

    时光飞逝,我们的亲子戏剧"小黄鸭找妈妈"活动自开展以来,得到您的全力支持,孩子们业已知道"小黄鸭找妈妈"的故事内容,知道一心寻找妈妈的小黄鸭错认过很多的动物妈妈,好在结局是完美的,小黄鸭投入了自己妈妈的怀抱。这样的喜剧结果令善良的孩子们倍感欣慰。

    目前,经过全体师生的共同探讨、想象、创造,我们已经大致创编出本戏剧的结构框架:第一幕——戏的开端部分,风和日丽的清晨,小黄鸭来到了这个世界,却没有见过自己的妈妈,它决定寻找妈妈。第二幕—第五幕戏讲述的是坚持不懈的小黄鸭在寻亲路上分别错认了鸡妈妈、狗妈妈、猫妈妈、兔妈妈,虽然这些动物妈妈不是小黄鸭的妈妈,却用母亲般的宽容情怀安慰了失落的小黄鸭。第六幕戏讲述的是历经千难万险的小黄鸭终于找到了自己的妈妈,和亲人们快乐地团聚了。最后,小动物们都前来祝贺小黄鸭,共同庆祝小黄鸭找到了自己的妈妈。这样的情节设置,环环紧扣,贴近主题,冲突有序,深受小朋友们的喜爱。

    本剧在给幼儿呈现欢乐有趣的戏剧情节的同时,注重幼儿的情感体验。体验温馨的亲情,体验浓浓的母爱,体验找不到妈妈时的伤心与难受,体验找到妈妈时的欣喜与激动。孩子们在陪伴小黄鸭找到妈妈的旅程中也更加爱自己的妈妈,感受到有妈妈的幸福。

    以上是我们开展戏剧教学的进度安排,为了让您进一步了解您孩子的学习心得及掌握效果,以便"小黄鸭找妈妈"亲子戏剧工作有条不紊地开展,特布置以下亲子学习任务,请您及时向班级老师反馈学习情况。谢谢!

    (1)请您利用闲暇时间,和幼儿一起讨论、想象、创编每一幕戏具体发生的故事(人物、时间、地点、语言、情节等)。

    (2)和幼儿一起利用家里废旧物品制作动物头饰、服饰等装饰物以及剧中可能需要的道具。

    (3)进一步收集"小黄鸭找妈妈"的图书、光碟、儿歌、故事等作品,与孩子在家中尝试进行简单的合作表演。

    再次谢谢您对我园工作的支持与配合,谢谢!

    ××幼儿园×班

    ×年×月×日

表 4-6 "小黄鸭找妈妈"亲子戏剧活动创编环节——教学活动一览表

亲子戏剧流程	活动名称	活动重点	活动目标
戏剧创编	小黄鸭出壳	肢体模仿 合作造型 体验情感	1. 感受歌曲欢快、活泼的旋律,能在音乐伴奏下大胆愉快地扮演角色 2. 能大胆想象与表现鸭蛋造型以及小鸭宝宝出壳时及出壳后生长的动作 3. 愿意尝试表现在不同空间中的不同造型
	小黄鸭与鸡妈妈	体验情感 肢体模仿 言语表达	1. 在熟悉旋律的基础上,随音乐合拍地做踵步 2. 能用不同的动作表现鸭子的特征和动态 3. 能初步创编小黄鸭与鸡妈妈之间的对话
	小黄鸭与狗妈妈	情节创作 肢体模仿 言语表达 体验情感	1. 能够创编小黄鸭与狗妈妈之间的对话,在教师的指导下进行两两角色的呼应 2. 尝试用不同的动作表现小狗的特征 3. 乐于参加戏剧活动,喜欢用语言和肢体动作表现角色
	小黄鸭与猫妈妈	情节创作 肢体模仿 体验情感	1. 能够初步创编小黄鸭与猫妈妈之间的对话,在教师的指导下进行两两角色的呼应 2. 运用肢体模仿角色的行为,学走猫步 3. 乐于参加戏剧活动,喜欢用语言和肢体动作表现角色
	小黄鸭与兔妈妈	情节创作 肢体模仿 体验情感	1. 初步创编小黄鸭与兔妈妈之间的对话 2. 配合音乐用肢体动作模仿小兔子的特点 3. 乐于参加戏剧活动
	小黄鸭找到妈妈	情节创作 台词创编 体验情感	1. 能够初步创编小黄鸭与鸭妈妈之间的对话 2. 创编小黄鸭找到妈妈时的表情与动作,体验小黄鸭找到妈妈的喜悦心情 3. 乐于参加戏剧活动,初步学会合作表演
	我们一起编剧本	剧本创作	1. 根据图片复述故事内容 2. 能够用拼贴的方式记录故事片段,并将故事片段串联成完整的剧本 3. 在拼贴过程中体验共同编剧本的乐趣

（六）具体活动设计

活动2　小黄鸭出壳

活动目标

1. 感受歌曲欢快、活泼的旋律，能在音乐伴奏下大胆愉快地扮演角色。

2. 能大胆想象与表现鸭蛋造型以及小鸭宝宝出壳时及出壳后生长的动作。

3. 愿意尝试表现在不同空间中的不同造型。

活动准备

1. 鸭妈妈孵蛋的图片。

2. 歌曲《数鸭子》。

活动过程

1. 导入：戏剧游戏"猜猜我是谁"。

幼儿两两一组，一名幼儿模仿动作，另一名幼儿猜猜看。模仿的幼儿可以自由想象，比如老奶奶、大老虎、小兔子、乌龟……然后互换角色，轮流游戏。

2. 了解小鸭的成长过程，并用肢体模仿。

（1）出示鸭妈妈孵蛋的图片，幼儿讨论并模仿。

① 鸭妈妈孵蛋。

师：小鸭很可爱，你们知道它究竟是从哪儿来的吗？图片上的鸭妈妈在做什么？

教师小结：鸭妈妈要用自己的身体来暖和这些鸭蛋，鸭蛋在妈妈身体下面很暖和很暖和，鸭妈妈要花好长时间，这些鸭蛋才能长出小鸭。

② 模仿鸭妈妈孵鸭蛋的造型。

师：鸭妈妈蹲在鸭蛋上这叫什么呢？请你来学一学鸭妈妈孵鸭蛋的动作。

（2）小鸭出壳。

① 想象小鸭在蛋壳里想出来的场景。

师：鸭蛋里长出了小鸭，小鸭看到外面很热闹，它们可想出来了，可是小鸭怎么出来呢？

② 欣赏小鸭在蛋壳里的生长视频，幼儿尝试用动作模仿。

师：小鸭在蛋壳里是什么样子？

师:小鸭是怎么出壳的?

师:小鸭出壳后的心情如何?

(3) 小鸭生长。

① 了解小鸭的生活习性。

师:小鸭出壳后,一天天地长大了,它们只有吃得多、吃得好,才会长大,你知道小鸭爱吃什么吗?小鸭在哪里捕捉它们的食物?它是如何游泳的?

② 模仿小鸭和母鸭的不同叫声。

师:听,这是什么声音?是小鸭还是母鸭?它们有什么不同?你会模仿吗?

3. 结束游戏:"数鸭子"。

教师扮演鸭妈妈,幼儿扮演小鸭子,小鸭子们跟着鸭妈妈唱着歌,路过草地、经过桥,扑通扑通跳进河里洗澡啦!

小鸭钻出蛋壳

小鸭游泳

活动3　小黄鸭与鸡妈妈

活动目标

1. 在熟悉旋律的基础上,随音乐合拍地做蹲步。

2. 能用不同的动作表现鸭子的特征和动态。

3. 能初步创编小黄鸭与鸡妈妈之间的对话。

活动准备

1. 欢快的音乐。

2. 鸡妈妈和小黄鸭头饰。

活动过程

1. 导入：戏剧游戏"我们都会游泳"。

教师做出各种动物在水中游泳的不同姿势，幼儿是动物宝宝，模仿动物妈妈做相同的动作。

2. 学习蹲步，模仿鸭子的特征和动态，创编小鸭子的舞蹈。

（1）利用"教师入戏"策略，引导幼儿学习蹲步，模仿鸭子的特征和动态。

师：我是鸭妈妈，我的脚摔伤了，不太会走路了，小鸭子可以告诉我怎样走路吗？

（2）播放音乐，分角色扮演小鸭子与鸭妈妈。

师：谁来了？（鸭妈妈和小鸭子）它们是怎样走过来的？

（3）共同讨论小鸭舞的动作，并相互学习。

师：小鸭子还会做些什么动作？

3. 根据情境，创编对话并表演。

（1）创编小黄鸭与鸡妈妈的对话。

师：小黄鸭看到鸡妈妈带着一群小鸡在散步，它是怎样想的？它会和鸡妈妈说什么呢？鸡妈妈是如何回答的？

（2）分角色表演，进行两两角色的呼应。

鼓励幼儿两人一组，分角色扮演小黄鸭与鸡妈妈之间的对话。

4. 结束游戏："行走中的感觉"。

幼儿可以围成一圈，然后向左或向右转，并自然地行走（最好是光着脚走）。在幼儿走动起来后，教师先让幼儿真正地感觉是走在什么样的地面上。然后，教师引导幼儿想象与感觉不同的地面，如走在地板上、泥泞的地面上、雪地上、晒得很烫的地面上、洒满玻璃渣子的地面上、草地上等等。

小黄鸭走路

活动4　小黄鸭与狗妈妈

活动目标

1. 能够创编小黄鸭与狗妈妈之间的对话,在教师的指导下进行两两角色的呼应。

2. 尝试用不同的动作表现小狗的特征。

3. 乐于参加戏剧活动,喜欢用语言和肢体动作表现角色。

活动准备

1. 各种各样狗的图片。

2. 小黄鸭与狗的头饰。

3. 舒缓的音乐。

活动过程

1. 导入:戏剧游戏"打电话"。

两个幼儿各在教室一端,一个幼儿给另一个幼儿打电话,告诉对方一个重要的消息,或者是约对方在某个地方见面。打电话的幼儿声音不要太大,其他幼儿可以说笑,以对接电话的幼儿造成干扰,也可以由教师用录音机放一段喧嚣的音乐来干扰,接电话的幼儿必须听清对方告诉他(她)的消息或约会地点。

2. 创编小黄鸭与狗妈妈之间的对话。

(1) 利用"打电话"游戏,创编对话。

师: 两个小朋友相互打电话,猜猜小黄鸭和狗妈妈之间会发生什么事情呢?小黄鸭看到狗妈妈后它是怎么说的?小黄鸭为什么会把狗妈妈当成自己的妈妈呢?狗妈妈会怎么对小黄鸭说呢?

(2) 佩戴头饰,和幼儿表演"小黄鸭与狗妈妈",练习、巩固对话。

3. 出示各种各样狗的图片,模仿狗的特征和不同的姿态。

4. 幼儿分组扮演不同的角色,在教师指导下装扮自己并进行简单的情节创编。

(1) 集体讨论,小黄鸭与狗妈妈会做哪些动作。幼儿可运用肢体动作表现不同动物的形象特征。

(2) 鼓励幼儿两人一组分角色完整表演小黄鸭与狗妈妈之间的对话情景。

5. 结束游戏:"不同的小狗"。

当舒缓的音乐响起,幼儿随之自由律动,做出各种各样小狗可能会做的动作,让同伴猜猜他在做什么。

小黄鸭遇到狗妈妈

活动5 小黄鸭与猫妈妈

活动目标

1. 能够初步创编小黄鸭与猫妈妈之间的对话,在教师的指导下进行两两角色的呼应。

2. 运用肢体模仿角色的行为,学走猫步。

3. 乐于参加戏剧活动,喜欢用语言和肢体动作表现角色。

活动准备

1. 小黄鸭与猫妈妈的头饰。

2. 走猫步的音乐。

3. 铃鼓一只,搭建的简易T台。

活动过程

1. 导入:戏剧游戏"考考小眼睛"。

教师可以带一些小物品(越多越好),如小工艺品、几个人合影的照片等,分发给幼儿,每人一件,让他们在三分钟的时间里仔细地观察。时间到了以后就把物品收回,请幼儿们叙述看过的物品的形状、样式、细部等特点,如照片上有几个人,几男几女,每个人的服装、相貌、发式等。

2. 在走猫步的音乐背景下感受角色的特征。

(1)欣赏音乐,感受情境氛围,随音乐走T台,学走猫步。

师:小猫走路时是什么样子?为什么听不到小猫走路的声音?它怎么走的?它的身子怎么动?大家一起做一做。

(2)请幼儿先跟随音乐自由探索,再个别展示。

3. 创编并表演小黄鸭与猫妈妈之间的对话。

(1)集体讨论,创编角色之间的对话。

师:小黄鸭与猫妈妈发生什么事?小黄鸭看到猫妈妈后是怎么说的?小黄鸭为什么会把猫妈妈当成自己的妈妈呢?猫妈妈听到小黄鸭喊自己妈妈时又会怎么说呢?

(2)幼儿进行角色扮演"小黄鸭与猫妈妈",练习、巩固对话。

4. 幼儿分组扮演不同的角色,在教师指导下装扮自己并进行简单的情节创编。

(1)教师将幼儿分成两组,一组扮演小黄鸭,一组扮演猫妈妈,进行两两角色的呼应。

师:一起跟着音乐,两两表演,加上动作和语言。

(2)教师旁白,幼儿分角色扮演、表达创编的情节内容。

5. 结束游戏:"小猫咪散步"。

幼儿扮演小花猫,在教室内自由散步,教师可提示他们伸伸胳膊、踢踢腿,扭扭腰、抬抬头,做一做肢体伸展活动。

活动6　小黄鸭与兔妈妈

活动目标

1. 初步创编小黄鸭与兔妈妈之间的对话。

2. 配合音乐用肢体动作模仿小兔子的特点。

3. 乐于参加戏剧活动。

活动准备

1. 小黄鸭与小兔子的头饰。

2. 舒缓的背景音乐。

活动过程

1. 导入:戏剧游戏"兔宝宝去散步"。

教师扮演兔妈妈,幼儿扮演兔宝宝。

师:今天的天气真好。兔宝宝们,我们到外面锻炼身体去!

兔宝宝们听到妈妈的话,跳到草地上和兔妈妈一起做操、做游戏。

2. 创编小兔子的动作。

(1)观察小兔子的外形特征及其走路时的形态。

师:今天,兔妈妈要小兔子学习双脚跳的本领,请你看看兔妈妈是怎样跳的,再试着学一学。

(2)教师观察幼儿肢体动作和双脚落地等细节,鼓励幼儿用肢体表达,或请个别幼儿在集体面前展示,大家相互学习。

师:小兔子跳的时候双脚是怎样放的?跳的时候两只脚是怎样落地的?请大家一起来做一做。跳的时候身体要怎样?腿要怎样?一起来学一学。

3. 创编并表演小黄鸭与兔妈妈之间的对话。

(1)集体讨论,创编小黄鸭与兔妈妈之间的对话。

师:小黄鸭与兔妈妈发生什么事呢?小黄鸭看到兔妈妈后它是怎么说的?小黄鸭为什么会把小兔子当成自己的妈妈呢(鼓励幼儿猜想小黄鸭的心理活动,并尝试用语言表达出来)?它听到小黄鸭喊自己妈妈又会怎么说呢?

(2)幼儿表演"小黄鸭与兔妈妈",练习、巩固对话。

师:小黄鸭会做什么动作?表情是什么样的?小兔子的表情是什么样的?

(3)鼓励幼儿两人一组佩戴头饰,分角色扮演小黄鸭与兔妈妈对话的场景。

4. 结束游戏:"快乐小兔跳跳跳"。

教师带领幼儿一起跟随音乐节奏学习"快乐小兔跳跳跳"。

活动 7　小黄鸭找到妈妈

活动目标

1. 能够初步创编小黄鸭与鸭妈妈之间的对话。

2. 创编小黄鸭找到妈妈时的表情与动作,体验小黄鸭找到妈妈的喜悦心情。

3. 乐于参加戏剧活动,初步学会合作表演。

活动准备

1. 小黄鸭与鸭妈妈的头饰。

2. 喜庆的音乐。

活动过程

1. 导入:戏剧游戏"寻找宝物"。

教师先让幼儿闭上眼睛,再将一些"宝物"(如一袋糖果、一支圆珠笔等)藏在教室的某个地方,然后再让幼儿去找,谁找到就归谁所有。

2. 创编与表演小黄鸭与鸭妈妈之间的对话。

(1)集体讨论,创编小黄鸭与鸭妈妈之间的对话。

师:小黄鸭看到鸭妈妈后,它是怎么说的?小黄鸭为什么会把鸭妈妈当成自己的妈妈呢?鸭妈妈听到小黄鸭喊自己妈妈时又会怎样说呢?

(2)幼儿分角色扮演"小黄鸭与鸭妈妈",练习、巩固对话。

师:小黄鸭终于找到自己的妈妈了,心情是怎样的?表情会怎样?

(3)复习小鸭子走路的肢体动作。

师:小鸭子是怎么走路的?走路时身体会怎么摇摆?学一学。

(4)鼓励幼儿两人一组,分角色扮演小黄鸭与鸭妈妈之间的对话场景。

3. 结束游戏:"爱我你就亲亲我"。

在喜庆的音乐中,小黄鸭与鸭妈妈、鸭宝宝们抱在一起,头部互相轻轻接触,简单摇晃身体、相互拥抱、相互亲吻,感受一家人在一起时的甜蜜和幸福。

活动 8　我们一起编剧本

活动目标

1. 根据图片复述故事内容。

2. 能够用拼贴的方式记录故事片段,并将故事片段串联成完整的剧本。

3. 在拼贴过程中体验共同编剧本的乐趣。

活动准备

1. 用铅化纸制作的大书一本,每一页上只有场景图,没有角色。
2. 各种动物图片、胶棒。

活动过程

1. 导入:戏剧游戏"你追我赶"。

教师在幼儿当中选出一个追赶者。游戏开始时要求追赶者必须追上一个幼儿并拍打到其身体的某个部位,而被追赶的幼儿要尽量设法躲开这个追赶者,不让他(她)拍打到自己。在练习中,如果有幼儿被追上并被拍打到了,这时他(她)就成了追赶者去追赶别人,其他幼儿则必须躲避这个新的追赶者。

2. 师幼共同讨论剧本。

(1)讨论如何用粘贴的方式制作剧本。

师:这一本特别大的书(画有相应的场景图,但是没有角色),上面贴着小黄鸭的图片,我们怎么把这本大书做成我们的剧本呢?

(2)教师与幼儿共同讲述故事,并将动物图片粘贴在相应的页面上。

3. 幼儿讲述剧本。

剧本《小黄鸭找妈妈》

【剧情介绍】 小黄鸭出生后不知道自己的妈妈是谁,就一路上到处找妈妈,最后经过努力,小黄鸭终于找到了自己的妈妈,回到了妈妈的身边。

【人 物】 小黄鸭,鸡妈妈,鸡宝宝,狗妈妈,狗宝宝,猫妈妈,猫宝宝,兔妈妈,兔宝宝,鸭妈妈,鸭宝宝。

第一幕:小黄鸭出壳

【旁 白】 蛋壳破了,一只小黄鸭从蛋壳里钻了出来,东瞧瞧西看看!小眼睛咕噜咕噜地转着。

【音乐《森林晨曦》】

小黄鸭　咦,这是哪里啊?我的妈妈在哪里呢?

【音乐《世上只有妈妈好》】

　　　　(唱)世上只有妈妈好,没妈的孩子像根草,离开妈妈的怀抱,幸福哪里找?

【小黄鸭摇摇摆摆下场】

第二幕:遇见鸡妈妈

【旁　白】　鸡妈妈带着鸡宝宝上场,表演舞蹈《我的小鸡》。

小黄鸭　嘎嘎嘎,嘎嘎嘎!妈妈,妈妈!

【迎面走向鸡妈妈】

鸡妈妈　(拍拍翅膀)孩子,你不是我的宝宝呀,我的宝宝是小鸡宝宝。

小　鸡　叽叽,叽叽。妈妈,妈妈!

小黄鸭　(不好意思地挠挠头)原来你不是我的妈妈!

【音乐《找朋友》】

　　　　(唱)找呀找呀找妈妈,找到我的好妈妈,亲亲你呀,抱抱你,我的好妈妈。

鸡妈妈　(摸摸小黄鸭的脑袋)好孩子,你再到前面看看吧,没准你的妈妈就在前面。

【母鸡妈妈和小鸡宝宝扇扇翅膀从一侧下场,小黄鸭下场】

第三幕:误认狗妈妈

【旁　白】　狗妈妈带着小狗表演舞蹈《口哨与小狗》。

小黄鸭　(边跑边说)嘎嘎嘎,嘎嘎嘎!妈妈,妈妈!

狗妈妈　孩子,我不是你的妈妈,我的宝宝是小狗宝宝!

小　狗　汪汪,汪汪。妈妈,妈妈!

小黄鸭　(不好意思地挠挠头)原来你是小狗宝宝的妈妈!

【音乐《小草》

    （唱）没有妈妈，没有朋友，我是一只没人要的小鸭。

狗妈妈 （摸摸小黄鸭的脑袋）好孩子，你再到前面看看吧。

【狗妈妈和小狗宝宝一起摇尾巴下场，小黄鸭下场

第四幕：错喊猫妈妈

【旁 白 猫妈妈带着小猫上场表演《小猫跑跑》。

小黄鸭 （飞快地跑过去）嘎嘎嘎，嘎嘎嘎！妈妈，妈妈！

猫妈妈 孩子，我不是你的妈妈，我的宝宝是小猫宝宝！

小 猫 喵喵，喵喵。妈妈，妈妈！

猫妈妈 （摸摸小黄鸭的脑袋）好孩子，你再到前面找找吧。

猫妈妈 （与小猫齐说）再见！再见！

【猫妈妈和小猫宝宝一起挥挥爪子下场

小黄鸭 再见！（伤心地低下头）原来她是小猫宝宝的妈妈！

【音乐《伤不起》

    （唱）伤不起，真的伤不起，我想你想你想到昏天黑地。

    伤不起，真的伤不起，我找来找去找来找去找到放弃。

【在场地中间蹲下

第五幕：唉，怎么还不是妈妈

小黄鸭 妈妈，妈妈，你到底在哪里呀？（边喊边下场）妈妈！妈妈！

【兔子妈妈带着兔子宝宝上场，表演《兔子跳跳跳》

小黄鸭 （他赶紧跑到兔子妈妈身边跳起来叫着）嘎嘎嘎，嘎嘎嘎！妈妈，妈妈！

兔妈妈 孩子，我不是你的妈妈呀，我的宝宝是小兔子宝宝，你看，他们正在吃青草呢！

兔妈妈 （与小兔子齐说）再见啦！小黄鸭，祝你早点找到你的妈妈！

【音乐《祝你生日快乐》

    （唱）祝你找到妈妈，祝你找到妈妈，祝你找到妈妈！

【兔子妈妈带着小兔子蹦跳下场

第六幕：小黄鸭找到了妈妈

小黄鸭 （着急地）我的妈妈呢？我的妈妈到底在哪里呢？（哭）妈妈、妈妈！

【鸭妈妈带着一群小鸭宝宝摇摇摆摆地上场跳《母鸭带小鸭》

鸭妈妈 （欣喜地）嘎嘎嘎，嘎嘎嘎！（上前抱住小黄鸭）宝宝，宝宝！

小黄鸭 （紧紧地抱住妈妈）嘎嘎，嘎嘎！我终于找到妈妈啦！

鸭妈妈 （鸭妈妈抚摸着小黄鸭）妈妈也一直在找你啊！

谢　幕

【旁　白　小黄鸭终于找到了妈妈，心里好高兴呀！以后，她可以天天跟妈妈在一起了！其他动物知道小黄鸭找到了妈妈，都纷纷赶来祝贺。

音乐《鸭子恰恰恰》，所有演员拍手上场谢幕。

（七）亲子戏剧排演

  角色的最终呈现是演员在经历了排演之后，在舞台艺术各个部门的配合下和同演者一起在舞台上呈现出来的。因此，可以说排演是呈现的过渡阶段，演出则是真正的呈现阶段。幼儿园亲子戏剧排演是幼儿及家长在教师的组织领导下，经过剧本分析、道具制作等准备工作之后，在共同认识的基础上，通过想象、模仿，创作出真实、鲜明、生动的舞台人物形象，最终完成整个演出的总体构思的一个阶段。排演共分为初排、细排、合成三个阶段，每个阶段所要完成的主要任务见下表。

表4-7 亲子戏剧活动——排演环节工作一览表

亲子戏剧流程	阶段	内容	细则
亲子戏剧排演	准备	剧本分析	1. 抓住中心事件 2. 把握主要矛盾 3. 分析主题思想 4. 分析剧本结构
		角色分析	1. 确定角色 2. 分析角色 （1）了解角色的基本情况及其在剧本中的地位和作用 （2）分析角色的任务和贯穿行动线 （3）分析角色的性格特征
		道具制作	1. 道具制作严格把握比例关系,掌握各种材料的性能并灵活运用,把握色彩的真实性 2. 道具的构思和设计、应用和摆放,要与舞台上的布景、灯光相统一,与演员的服装相和谐 3. 制作简单有趣,可以替代,低耗高效,创意无限的道具
		设计大地位	所谓大地位就是人物在舞台上走动的路线,即演员由区位到区位之间的地位变化。大地位设计,与舞台区位有关,把舞台表演区分为若干个部位,根据人物地位等,确定站位。详情见第三章图解
		对台词	1. 地点——这句话是在什么场合说的 2. 对象——这句话是和谁说的 3. 状态——这句话是在什么情绪下说的 4. 目的——这句话是为什么动机说的
	初排	教师入戏	教师通过扮演各种角色融入幼儿的活动中,以进入角色的方式,开启幼儿思维并推动戏剧走向,使幼儿不自觉地处在一个信以为真的世界之中。若遇到幼儿有疑问,有必须予以说明的问题或规则时,就立刻跳出角色,回到教师的身份
	细排	确定风格	该亲子戏剧是歌舞剧还是主题鲜明、有深刻教育意义的正剧,是悲剧还是令人捧腹的喜剧,是童话剧还是异想天开的科幻剧,对此,教师思想上要明确,作品的风格定位要准确

续表

亲子戏剧流程	阶段	内容	细　　则
亲子戏剧排演	细排	把握角色	1. 关于角色的交流 2. 关于角色的性格
		动作编排	1. 动作设计追求真实自然,鼓励幼儿充分表现自己对角色的独特理解,如启发幼儿:如果你碰到这种情况会怎么样? 2. 引导幼儿尽量发挥自己的个性特点。教师可以做些示范动作,或帮助他们找到形体动作,但不能一招一式地去教,而是启发他们理解意思,从生活出发,这样表演起来才生动真实 3. 切忌死背台词和机械模仿
		节奏安排	教师要根据情节的发展,使整部戏有快有慢,有冷有热,跌宕起伏,直至达到高潮
		模拟剧场	创设"戏剧小舞台",让幼儿既有戏剧成果展示的舞台,又有体验剧场演出各项工作的合作过程
	合成	音乐合成	1. 主旋律音乐 2. 歌舞配乐 3. 角色背景音乐 4. 情节背景音乐
		录音合成	1. 尽早熟悉场地的环境条件,了解各种设备的声学特性及运行状态,对话筒、调音台、录音工作站、扬声器、动态处理器等关键设备进行预先参数设置 2. 深刻理解所录戏剧的风格和特点,依据其表达需求设置不同的录音条件,协调各角色间发声配合,控制场地的声音管理等 3. 录制完毕后,还要将已经录好的戏剧表演过程根据前期设计进行效果修正,再次剪辑,重新组合,节奏搭配
		道具使用	道具的类型主要有:(1) 画布式　(2) 模具式　(3) 写实式　(4) 人物式　(5) 多媒体式
		亲子合戏	在教师的协助下,家长出演自己喜爱的角色,我们建议家长尽量本色演出,或剧中幼儿能力难以驾驭的角色形象由家长引领,以起画龙点睛的作用

表4-8 亲子戏剧活动——排演环节角色竞争告家长书

××幼儿园亲子戏剧"××"——"我最喜爱的角色"活动方案

亲爱的家长：

  您好！

  在家园携手并肩、共同努力下，我们的亲子戏剧"××"已顺利进入排演环节。为提高我班幼儿参与活动的积极性、主动性，同时，也为创造一个自由、自主、创造、愉悦的游戏环境和公平、公正、公开的游戏规则，结合《3—6岁儿童学习与发展指南》的精神——关注幼儿的感受，征求幼儿的意见，鼓励幼儿自主决定，增强幼儿自尊心和自信心，培养幼儿敢于表现的良好社会性品质，我班将于近期开展亲子戏剧——"我最喜爱的角色"竞争活动。

一、参加对象

  本班全体小朋友。

二、活动时间

  ×年×月×日×点，分角色组进行。

三、活动地点

  本班教室。

四、音乐、音响、话筒

  ××

五、评委、嘉宾

  家长和幼儿；家委会成员。

六、活动形式

  ××角色需×人，实际需×人……依此类推，分角色组进行。

七、活动流程

  角色竞争后场选手按事先抽签好的顺序依次登台，主要分为三个环节：第一环节，自我介绍；第二环节，角色表演；第三环节，现场答辩。

八、主持人

  教师。

九、活动注意事项

  1. 比赛场地布置：全班教师。

  （矿泉水、黑色水笔、白纸、评委桌子及椅子的摆放、候场椅子的摆放）下午×点前布置好。

  2. LED屏字幕、校讯通发送：教师。

  3. 每名参赛幼儿都需由家长陪同候场，后场地点在指定区域。

  4. 收、发投票纸张：家长义工。

  5. 公开选票：××。

  6. 监督选票：××。

  7. 照 相：××。

  8. 各家长最迟于×日前将候选小朋友角色扮演的意向及音乐交给班级老师处，以便做好分类统计工作，谢谢您的参与和支持。

××幼儿园
×年×月×日

表 4-9 亲子戏剧活动——排演环节告家长书

尊敬的家长：

您好！

在您的踊跃参与和支持下，我园亲子戏剧在历经准备、创编环节后，即将顺利进入"排演环节"，相信您和孩子已经很熟悉剧本内容，知道其中的主要角色和故事情节，也相信您和孩子一定早已摩拳擦掌、跃跃欲试，已无数次地畅想和孩子一起合作演戏的场景，我们的老师也早已做好排演前的各项准备工作，在此，为了排演期间的各项活动能够正常有序地进行，请您配合我们，做好以下工作，谢谢！

1. 加强对孩子身体上的护理，做好易发疾病的预防工作。
2. 尽量少带孩子出入人口密集的场所，近期最好不要安排长途出行计划。
3. 配合园内作息时间的安排，按时接送孩子。
4. 坚持每天送孩子上幼儿园，尽量不要请假，特别是参与演出的家长。任何一个孩子和家长的小小缺席都会给我们的排演工作带来影响；同时，孩子也有可能因为自己的缺席而出现不良的情绪反应。
5. 关注孩子情绪上的变化，排演过程是一个锻炼孩子意志力的过程，孩子出现退缩、畏难等情绪时，一定要正确积极的引导，及时与班级老师沟通，共同对孩子进行帮助。
6. 我们将安排"我喜欢的角色——××"角色竞争活动，届时，将有详细的选拔方案，请您注意查看班级公告。
7. 角色安排好后，请不要因为孩子角色安排的差异而对我们存有异议，在我们看来，任何一个孩子扮演的角色对整个节目，对我们来说都是重要而不可或缺，戏中从来没有大小角色，只有演员没能演好的角色。
8. 因为活动原因，若需要您提供资源和其他帮助时，希望您能予以支持。

我们也希望您能对我们的活动和工作提出宝贵意见和建议！

家长朋友，有了您的支持和参与，我们的活动就已经成功了一半；有了我们的共同努力，我们的活动一定会取得最终成功！家长朋友，让我们携起手来，共同徜徉在戏剧的快乐海洋中吧！

××幼儿园
×年×月×日

（八）亲子戏剧展演

幼儿园亲子戏剧展演并非专业的演出团队，编剧、导演、演员、剧务等所有工作都是教师、家长、幼儿及行政人员来承担，因此，各部门必须抱团合作，制定详细的活动方案及工作进度安排表、人员分工安排表，落实到人，反复整改，督促跟进，以最佳的姿态、最优的节目、最高的效率迎接正式演出。演出前，活动总指挥要考察场地及人员，熟悉整个活动流程，确保各部门的协同运作，做好各项准备工作；观演过程中，要体察小观众复杂而微妙的感受反应，检查并调整自己的艺术构思和舞台处理，虚心听取观众的意见，将演出推向更高的水平。幼儿园亲子戏剧展演各部门工作任务见下表。

表 4-10 亲子戏剧活动展演环节部门工作一览表

亲子戏剧流程	职能部门	工作任务
亲子戏剧展演	舞台调度	1. 划分舞台区位 2. 舞台调度的变化处理 3. 舞台调度的强调处理（区位强调、姿态表现、高低强调、空间强调、焦点表现、出场强调） 4. 舞台调度的均衡处理 5. 舞台调度的层次处理
	舞台美术	1. 舞台布景：监督演出、运景装台、整修布景、检查布景、技术合成 2. 舞台道具：核实道具、检修道具 3. 舞台灯光：整理灯具、随时调整 4. 舞台音效：检查音响、标出音响提示
	服装造型	1. 人物化妆：化妆品准备、配饰准备、造型用品、试妆改妆 2. 人物服装：落实服装、整修服装
	后勤保障	安排海报、前期宣传、印节目单、协调车辆、组织观众、后期宣传、发放问卷
	具体分工	1. 由____邀请相关领导；由____与相关单位联系协调活动事宜；召开教职员工的动员大会和家长义工会议 2. 由____负责邀请媒体、记者，确定新闻稿，在____日前完成 3. 由____负责对活动所需物品进行分类定做、采购（如家长鼓手板、邀请函、矿泉水、点心等） 4. 由____负责撰写主持台词，并负责主持人的培训指导和预演 5. 由____负责服装、道具、音乐，均在____月____日前完成。由____负责制作邀请函、节目单、各类签到表、指示牌，准备签到笔，并于____前完成；____组织教师发放节目单 6. 由____负责指导和督促节目排练，确保每个节目都很成熟 7. 由____负责联系化妆师、音响师、灯光师 8. 由____负责训练幼儿迎宾、家长迎宾、幼儿穿园服、佩戴绶带 9. 由____负责观众区域划分及演员后场区域划分 10. 由____负责撰写安全倡议书及家长问卷调查表 11. 由____负责家长停车指挥。由____负责彩排当天及演出当天道具及相关物品的搬运，演出结束后的道具、服装的运送和归仓
	注意事项	1. 组织演员们进行一些热身练习，比如发声练习、身体拉伸练习 2. 提示演员在演完出场时不要提前恢复自然形态 3. 后场位置不要太靠外，不要让观众看到后场演员，不要随意触碰条幕，以免在台下看到整个舞台都在动

亲子戏剧流程	职能部门	工 作 任 务
亲子戏剧展演		4. 要记得谢幕 5. 指导教师要耐心指挥,时刻注意孩子们的安全,避免摔伤、碰撞、迷路走失、纠纷等 6. 化妆时,时刻注意幼儿的皮肤是否敏感,提前与家长交流,避免意外发生。脱换衣服也要注意保暖,切记不可因着急而让幼儿的身体受到影响 7. 做好安保工作,定时清点幼儿人数,避免意外事故发生 8. 要安排好专门迎宾接待人员及活动宣传报道人员 9. 如果是在大型剧院演出,一定要安排专人把守关键位置:后台、舞台、通道和入口

表 4-11 亲子戏剧活动展演环节——家长注意事项

亲爱的家长:
 您好!
 全园上下及全体家长经过近一个月的齐心协力,我们新一期亲子戏剧终于要揭开神秘面纱,与您相约在剧院了。本次活动既是幼儿舞台综合能力的锻炼,也是家园共育成果的展示。为确保本次展演活动高效、顺利、祥和地进行,我们请您做好以下几项工作,谢谢!
 1. 为了活动能顺利开展及保证孩子的情绪,请没有参演的家长朋友不要在活动过程中接触孩子。
 2. 台上的精彩一定来自台下的喝彩。为了我们能有更好的发挥,请您一定不要吝啬您的掌声,积极配合与我们互动,你们的鼓励和支持一定是孩子们所热烈期盼的!
 3. 我们安排了专业机构对整场活动进行现场拍摄,并于活动结束后制作成光碟。为了保证活动顺利、有序地进行,请家长朋友在座位上认真观看,不要到台前拍摄。
 4. 为了孩子的安全、健康及场地环境的整洁,请您不要在现场吸烟;同时您将手机调整到静音或震动状态,如有来电,请移步至场外接听,以免影响现场秩序。尽量让场内多一些掌声及喝彩声,少一些电话铃声及喧哗声,谢谢!
 5. 在整个活动过程中,请您一定注意安全。特别是在活动结束后各班家长接送孩子的过程中,一定要保持秩序并服从工作人员的安排。任何家长都不允许提前接送孩子,或自行到后台和其他非指定地点找孩子,演出结束后,园长会对接送工作进行全面组织和安排,请您一定积极配合。
 6. 活动过程中出现任何突发状况都请您不要慌乱,我们已做好了各种安全和突发事件的预案,如果出现了紧急状况,请您一定服从我们现场总指挥和工作人员的统一安排。
 7. 我园定于×月×日×午在××彩排,请您×××点将孩子送到指定地点,谢谢您的配合。
 8. 演出当天早上,请让宝贝睡到自然醒,按时入园,教师将进行集体安全教育,并做好演出相关准备。

××幼儿园
×年×月×日

二、想吃苹果的鼠小弟（亲子舞剧）

（一）故事背景

可爱的鼠小弟想吃树上的苹果，可是自己既不会飞，又不会爬树，也没有长长的鼻子或脖子，个头小、跳不高，更没有那么大力气。它看着别人凭着与生俱来的能力一个个拿到了苹果，心里真着急。这时，小海狮走了过来，它想帮助鼠小弟摘到苹果，结果会怎样呢……

（二）主题说明

本主题来自经典绘本《可爱的鼠小弟》系列丛书。这套绘本讲述了一只小老鼠与他的动物朋友们之间发生的一连串天真烂漫又不失幽默的小故事。我们之所以选编其中的《想吃苹果的鼠小弟》，其一是基于绘本中的鼠小弟活泼俏皮，深受幼儿喜爱，易于幼儿模仿创造；其二基于苹果是幼儿生活中的常见水果，幼儿不仅有洗苹果、吃苹果的经验，还从《大苹果》《摘苹果》等通俗易懂的儿歌中，了解了苹果的形状、味道等特点，并懂得吃苹果对身体的好处。据此，我们设计了"想吃苹果的鼠小弟"戏剧活动。

本主题首先从欣赏绘本《可爱的鼠小弟》《想吃苹果的鼠小弟》出发，引发幼儿对故事中角色的喜爱之情，激发其用语言和肢体动作进行表达的兴趣。其次，戏剧创编环节，从小鸟摘苹果、小猴摘苹果、大象摘苹果、长颈鹿摘苹果到吃不到苹果的鼠小弟等几个方面引导幼儿用肢体动作、语言、表情模仿鼠小弟羡慕别的动物们都能吃到苹果而自己却够不着的焦急、失望的心态。此为情节的发展部分。紧接着，小海狮的到来成为情节的高潮部分。幼儿要讨论鼠小弟和小海狮怎样合作才能摘到苹果；教师启发幼儿学会合作、学会交往，共同发现解决问题的方法，增强解决困难的能力。这一主题活动主要通过演员的肢体动作，即身体的各种舞姿来表现剧情、塑造人物、揭示主题，据此，本戏剧定位为"亲子舞剧"。

（三）亲子戏剧准备

幼儿园亲子戏剧"想吃苹果的鼠小弟"活动的开展，首先需要教师通过主题渗透、环境创设、区角设置、文学知识搜集等相关准备工作丰富幼儿的戏剧经验。同时,家长也要协助教师,通过亲子阅读、亲子手工、亲子观影等方式,与幼儿一起感受戏剧活动的乐趣、益处。

表4-12 "想吃苹果的鼠小弟"亲子戏剧活动准备环节工作一览表

亲子戏剧流程	活动内容	活动事项	责任人
戏剧准备	选择剧本,提供戏剧来源	1. 选择剧本的基本流程:首先,幼儿、家长自由组合,成立亲子戏剧小组,讨论戏剧主题。其次,班级集体讨论、公开投票每个戏剧小组拟选的戏剧剧本。最后,家园合作、共同探讨、确定剧本 2. 选择剧本需注意:剧本要来源于幼儿生活、剧本要符合幼儿心理特点、剧本要适合舞台表演,剧本选择要有家长的参与	教师
	主题渗透,设计戏剧活动	1. 设计系列戏剧教学活动:可爱的鼠小弟、想吃苹果的鼠小弟、小鸟摘苹果、小猴摘苹果、大象摘苹果、长颈鹿摘苹果、吃不到苹果的鼠小弟、小海狮来帮忙、好吃的苹果、我们一起编剧本 2. 活动设计需注意:系列活动的设计与剧本预设框架线索一致;每一活动的设计紧紧围绕幼儿戏剧经验建构;正确理解情节预设与剧本生成的关系	
	环境创设,营造戏剧氛围	1. 教室墙面(用卡纸、彩纸、废旧纸盒等一切可利用材料制作戏剧中的不同场景……) 2. 公共区域(包括走廊、门厅……)粘贴、制作、布置与"想吃苹果的鼠小弟"戏剧相关的元素,营造戏剧情境 3. "想吃苹果的鼠小弟"亲子戏剧宣传海报(可以喷绘,也可以利用KT板、废旧纸板等制作。) 4. "想吃苹果的鼠小弟"亲子戏剧活动墙(备注:以"想吃苹果的鼠小弟"戏剧内容为中心,依照亲子戏剧准备、创编、排演、展演、批评、延伸的戏剧经验的完整建构过程,呈现出活动流程每一环节的实践情况,形成主题网络图,包括每一环节的任务、目标、责任人,实施概况的文字表述及实施过程中师生、亲子精彩照片;也可呈现本班在预设基础上生成的其他特色创意活动。)	

续表

亲子戏剧流程	活动内容	活动事项	责任人
戏剧准备	区角设置，体验戏剧情境	1. **语言区**：师幼自制"想吃苹果的鼠小弟"连环画剧本，理解并体会作品中的内容 2. **美工区**：制作戏剧"想吃苹果的鼠小弟"中相关角色的手偶、头饰；制作苹果树：把纸箱、纸盒修剪成立体苹果树，并为苹果树涂色装饰；使用纸板、彩纸、蜡笔、颜料、卡纸等材料制作森林背景 3. **表演区**：粘贴教师与幼儿共同制作的剧本《想吃苹果的鼠小弟》；幼儿分角色扮演，教师可提供各种服装、道具等 4. **科学区**：鼠小弟的生活习性（爱打洞，爱吃粮食和蔬菜）；鼠小弟生长的图片	教师
	搜集文献，整理戏剧常识	以专题PPT或者给家长一封信的形式，帮助家长了解戏剧常识，了解国内外戏剧教育动态，引领家长树立正确的戏剧教育理念	
	了解国内外戏剧教育动态	1. 了解西方发达国家学校戏剧教育的历史和现状 2. 了解我国戏剧教育的传统和我国港台地区的戏剧教育实践	家长
	树立正确的戏剧教育理念	1. 戏剧教育的终极目标是人格教育，而非才艺培养 2. 戏剧教育是实施人文素质教育的重要载体 3. 开展戏剧教育是为了造就全面发展的人	
	明确戏剧教育的具体任务	与教师积极沟通，明确每一环节需承担的任务	
	家庭内开展亲子互动游戏	亲子阅读、亲子手工、亲子观影等	
	了解基本的戏剧常识	根据幼儿年龄特征，引导其了解戏剧常识：故事情节、角色、场景、道具等	幼儿
	参观剧场，实际体验	有条件的地区，可以组织幼儿参观剧场，实际体验；条件不足的地区，可以组织幼儿观看与剧场相关的影视、图片等资料，丰富其感性认识，为开展戏剧活动、模拟剧场奠定认知基础	

续表

亲子戏剧流程	活动内容	活动事项	责任人
戏剧准备	发挥主体作用，参与剧本选择	自由成立亲子戏剧小组，产生"强强组合""弱弱组合"和"强弱组合"。参与剧本选择	幼儿
	了解选定戏剧主题的相关知识	营造环境、提供材料，引导幼儿做好相应的知识经验准备	
	角色竞争，选择喜爱的角色	需注意的是，这里的"竞争"是趣味的、融洽的、民主的，形式是亲子共同参与的快乐游戏，切不可搞成"选拔式""竞赛式"，让幼儿产生畏难、恐惧、抵触心理	

海报宣传

环境创设

表4-13 "想吃苹果的鼠小弟"亲子戏剧活动准备环节——家长工作一览表

1. 通过校讯通、网络平台、家长园地及日常交流,进一步认识到幼儿园亲子戏剧教育对于幼儿的认知拓宽、言语表达、肢体表现、创造想象、社会性发展的价值,以及对和谐家庭、家园、社会的功能,鼓励幼儿踊跃参与亲子戏剧活动。
2. 给家长的一封信。

    亲爱的家长:

    您好!

    中国有句俗语"老鼠过街,人人喊打"!可见,老鼠并不受人们欢迎。但是在孩子的眼里,老鼠可没有那么"讨厌",相反地,在孩子的心中,老鼠的地位一点也不低于他们对其他小动物的喜爱。这也是我们选择《可爱的鼠小弟》系列丛书中的《想吃苹果的鼠小弟》的重要参考因素。《想吃苹果的鼠小弟》讲述的是苹果树下,鼠小弟眼巴巴地望着红彤彤的苹果,恨不能立即吃到嘴巴里,无奈没有小鸟的翅膀,不像小猴一样会爬树,没有大象长长的鼻子,更没有长颈鹿一样长长的脖子。幸好在热情的小海狮的帮忙下,鼠小弟终于吃到了苹果。

    因此,本月我们以"想吃苹果的鼠小弟"为戏剧主题,让孩子在模仿、创作、扮演中,表达对角色的理解和认识,体验鼠小弟的种种经历。活动中,鼓励幼儿通过戏剧创编、戏剧表演的方式大胆地表达自己的感情,积极地寻求解决问题的方法。相信孩子们一定会在童趣、童真的戏剧主题活动中积累丰富的戏剧经验、真实的情感体验。

    为了丰富孩子们的相关经验,挖掘丰富的教育资源,请您协助我们做好以下相关工作:

    (1)请您以孩子喜欢和能接受理解的方式帮助他们熟悉鼠小弟形象、表情、动作、生活习性等特点,比如观看动画片《米老鼠》。

    (2)了解自己孩子扮演的角色,和孩子一起进行装扮,包括制作服装、头饰、面具等。

    (3)搜集废旧纸箱和报纸,用于苹果树的制作。

    (4)协助教师收集相关的音乐磁带或碟片等。

    我们非常期待您和您的孩子在我园"想吃苹果的鼠小弟"戏剧主题活动中的精彩表现!对您的积极支持和配合给予诚挚的感谢!

    ××幼儿园×班

    ×年×月×日

家长会

亲子手工作品

表4-14 "想吃苹果的鼠小弟"亲子戏剧活动准备环节——教学活动一览表

亲子戏剧流程	活动名称	活动内容	活动目标
戏剧准备	可爱的鼠小弟	绘本欣赏 动作模仿	1. 欣赏故事中的画面，初步感知鼠小弟滑稽、可爱的形象 2. 能大胆地用身体动作、声音、表情等模仿小老鼠，表现小老鼠机灵的特征 3. 愿意并喜欢模仿小老鼠，体验模仿的快乐

（四）具体活动设计

活动1 可爱的鼠小弟

活动目标

1. 欣赏故事中的画面，初步感知鼠小弟滑稽、可爱的形象。
2. 能大胆地用身体动作、声音、表情等模仿小老鼠，表现小老鼠机灵的特征。
3. 愿意并喜欢模仿小老鼠，体验模仿的快乐。

活动准备

1. 鼠小弟系列照片若干，舒缓的音乐。
2. 音乐《小老鼠上灯台》。

活动过程

1. 导入:戏剧游戏"可爱的鼠小弟"。

教师出示不同形态的鼠小弟图片,让幼儿观看,教师每出示一张图片,就让幼儿模仿图中鼠小弟的样子,并说出鼠小弟在做什么。

2. 欣赏鼠小弟的图片,感知其角色的趣味性。

(1) 出示鼠小弟的图片。

师:小朋友们,你们见过老鼠吗?老鼠是什么样子的?请你学一学。

(2) 欣赏图片,提出问题。

师:小老鼠可爱吗?眼睛长什么样子?长长的尾巴有什么用呢?老师带来一些图片,你们猜一猜小老鼠怎么了?它的动作和表情是什么样子的?

3. 教师播放《小老鼠上灯台》的音乐,师幼玩戏剧游戏"小老鼠出来啦"。

(1) 教师交代游戏规则。

师:老师扮演老鼠妈妈,你们扮演小老鼠,我们悄悄地出动找东西吃。"老鼠妈妈"在前面领着,"小老鼠"们排好队在后面跟着,要蹑手蹑脚地走,不能发出声音,不然大花猫就来捉我们啦,当"老鼠妈妈"喊"猫来了",你们就自己找个安全的地方躲起来。

(2) 教师带领幼儿玩游戏,可玩两三遍。

4. 结束游戏:小老鼠回家了。

师:玩了一天,鼠小弟累了,要回家了,躺在地上慢慢休息。

(五) 亲子戏剧创编

亲子戏剧剧本的创编,主要是在教师的精心组织下,将戏剧主题融入幼儿园主题课程,通过一系列贴近戏剧主题的教学活动,师幼共同创编。在此过程中,"亲子编戏"同步进行。幼儿园亲子戏剧"想吃苹果的鼠小弟"戏剧创编环节具体实施模式见下表。

表4-15 "想吃苹果的鼠小弟"亲子戏剧活动创编环节——教师工作一览表

创编原则	1. 亲子戏剧创编要符合幼儿年龄特征 2. 亲子戏剧创编要符合幼儿文学创作规律 3. 亲子戏剧创编要体现幼儿的主体地位		
结构创编	1. 系列教学活动的设计与剧本预设框架线索一致 2. 每一教学活动的设计与幼儿戏剧经验建构紧密相连 3. 正确理解情节预设与剧本生成的关系		
	确立主旨	一出戏要讨论的中心话题	
	确立提纲	1. 出现矛盾(冲突) 2. 矛盾双方的相互博弈 3. 矛盾被解决	大致故事发生的背景是什么?开始是什么?接着又发生什么?结局怎样?
戏剧创编	剧情创编	剧情是由"人"和"事"构成,在剧中,什么人做了一件什么事,这就是一段剧情。幼儿园亲子戏剧活动任何环节都要体现幼儿"主体性"的指导思想,尊重幼儿,引导幼儿充分发挥想象力。每一幕剧情创编都应如此	如创编亲子戏剧"想吃苹果的鼠小弟"长颈鹿摘苹果的环节,教师引导幼儿集体讨论长颈鹿摘苹果的方法。教师:鼠小弟不会像小鸟那样飞到树上摘苹果,更不会像小猴那么灵活地爬到树上摘苹果,也没有大象爷爷那么长的鼻子,心里很是懊恼,这时,它看到了长颈鹿阿姨走过来,长颈鹿也想吃红彤彤的大苹果,你们猜它会怎么摘苹果呢?长颈鹿怎么会有这样的特殊本领呢?
	文本创编		
	语言创编	一部剧本主要由两部分组成:人物的台词和剧作家的舞台提示。在舞台演出时,剧本中人物的台词,由演员辅以表情、动作直接讲给观众听。剧作家的舞台提示是以剧作者的口气来写的叙述性文字说明,一般包括:(1)对剧情发生的时间、地点的交代;(2)对剧中人物的形象特征、形体动作及内心活动的描述;(3)对人物活动环境的提示,如对场景、气氛的说明,对布景、灯光、音响效果等方面的要求	如"想吃苹果的鼠小弟"中,教师以旁白启发幼儿,感受戏剧情境。教师:鼠小弟不会爬树,也不会飞,它看到苹果树上红彤彤的苹果可着急了,正在这时,飞过来一只小鸟,轻轻地飞上树梢,摘了一个大苹果。你们猜猜,小老鼠看到小鸟摘苹果,他会说什么呢?会怎么做呢?

戏剧创编	文本创编	剧本书写	剧本的书写也就是文面,是指剧本呈现的样式,它是由语言符号组成的,与儿歌、故事、童话、诗歌等题材的语言组合全然不同。剧本改编后,有其自己的书写要求,我们一定要按标准规范书写	具体格式要求见文中第三章第二节

表4-16 "想吃苹果的鼠小弟"亲子戏剧活动创编环节——家长工作一览表

1. 亲子戏剧活动每一环节都离不开家长的支持与配合,为保持家长参与的积极性,提升活动开展的效率,每一环节结束后,教师都应布置明确清晰的任务,最好以家长会或书面告知的形式,让家长知道戏剧开展的进度、内容、他们需要从哪些方面进行配合等。如亲子戏剧"想吃苹果的鼠小弟"在经过前期"亲子阅读""亲子手工"的共同熟悉、感知后,进入戏剧创编环节,家长需要如何进一步配合幼儿园的工作?家长自身要承担什么角色?我们仍旧用书信形式向家长汇报学习进度及后继学习的计划、任务。

2. 给家长的一封信。

亲爱的家长:

您好!

转眼间,我们的亲子戏剧活动已正式进入创编阶段了。在家园共育的模式下,孩子们已经知道了大致故事情节,知道故事中的主要角色以及它们之间发生的事情。目前,经过全体师生的共同探讨、想象、创造,我们已经大致创编出本戏剧的结构框架:第一幕——戏的开端部分,在美丽的大森林里,有一棵高大的苹果树,树上结满了果子,鼠小弟垂涎三尺,恨不能立马吃到嘴里。第二幕—第五幕戏,为戏剧的发展部分,分别讲述小鸟、小猴、大象、长颈鹿利用自身的优势顺利吃到苹果,可怜的鼠小弟只能在一旁观望。第六幕戏讲述在小海狮的帮忙下,鼠小弟终于吃到了香甜可口的大苹果。

该剧在给小朋友带来欢声笑语的同时,也教育小朋友:学会合作、学会交往,团结一致,共同面对问题,解决困难。该剧定会取得意想不到的成功。

以上是我们开展戏剧教学的进度安排,为了让您进一步了解您孩子的学习心得及掌握效果,以便"想吃苹果的鼠小弟"亲子戏剧工作有条不紊地开展,特布置以下亲子学习任务,请您及时向班级老师反馈学习情况。谢谢!

(1)请您利用闲暇时间,和幼儿一起回忆、讨论、想象、创编每一幕戏具体发生的故事(人物、时间、地点、语言、情节等)。

(2)和幼儿一起利用家里废旧物品制作动物头饰、服饰等装饰物以及剧中可能需要的道具。

(3)了解自己孩子所要扮演的角色,和孩子一起进行装扮,鼓励幼儿大胆表现。

再次谢谢您对我园工作的支持与配合,谢谢!

××幼儿园×班

×年×月×日

表 4-17 "想吃苹果的鼠小弟"亲子戏剧活动创编环节——教学活动一览表

亲子戏剧流程	活动名称	活动重点	活动目标
戏剧创编	想吃苹果的鼠小弟	肢体造型 表达创造 情感体验	1. 能大胆想象鼠小弟吃不到苹果时的心情 2. 尝试用各种动作表现鼠小弟想吃苹果的心情 3. 积极参与戏剧创编活动,体验创编的快乐
	小鸟摘苹果	肢体造型 体验情感	1. 能大胆地用身体动作、语言等模仿小鸟摘苹果时的样子 2. 愿意并喜欢模仿小鸟,体验模仿的快乐
	小猴摘苹果	情节创编 语言创编	1. 尝试在观察的基础上,大胆表现猴子的不同形态 2. 想象并模仿猴子摘苹果的方法及动作
	大象摘苹果	肢体造型 情感体验	1. 尝试表现大象的各种姿态,以及摘苹果的动作 2. 体验动作模仿的快乐
	长颈鹿摘苹果	动作模仿 情节创编 体验情感	1. 了解长颈鹿的外观特征、形象特点 2. 想象并模仿长颈鹿摘苹果的方法及动作 3. 在活动中感受表演的快乐
	吃不到苹果的鼠小弟	情境表演 情感体验 合作扮演	1. 感受鼠小弟吃不到苹果的心情,模仿鼠小弟伤心的表情 2. 尝试用各种动作、表情表现鼠小弟想吃苹果的样子 3. 能积极思考并解决问题
	小海狮来帮忙	肢体造型 情节创编 合作扮演	1. 能用肢体表现苹果树的造型 2. 能想到合适的办法帮鼠小弟摘到苹果,并将之表演出来 3. 初步尝试分角色与同伴合作表演,体验合作表演的乐趣
	好吃的苹果	肢体表达 声音模仿 语言表达	1. 尝试用细腻、夸张的动作表现吃苹果的动作,并通过表情表现苹果的味道 2. 尝试采用自己发出声音的方式,为吃苹果的过程制作音效 3. 能用语言表达自己吃苹果的感受
	我们一起编剧本	剧本创作	1. 知道戏剧表演需要剧本 2. 能通过讲故事的形式来创作剧本 3. 体验参与剧本创作的快乐

（六）具体活动设计

活动2　想吃苹果的鼠小弟

活动目标

1. 能大胆想象鼠小弟吃不到苹果时的心情。

2. 尝试用各种动作表现鼠小弟想吃苹果的心情。

3. 积极参与戏剧创编活动,体验创编的快乐。

活动准备

1. 布置简单舞台背景(高高的苹果树上结满了苹果)。

2. 自制百宝箱一个,内装一个苹果。

3. 歌曲《大苹果》。

活动过程

1. 导入：戏剧游戏"摸一摸、猜一猜"。

教师出示百宝箱,请一名幼儿用手摸一摸,再猜一猜箱子里装的是什么水果。等幼儿拿出大苹果后,请大家说说苹果的外形特征。随后,教师引入歌曲《大苹果》。

2. 欣赏歌曲《大苹果》,激发幼儿用动作表现苹果和苹果树的造型。

（1）教师播放歌曲《大苹果》,并鼓励幼儿一起歌唱。

（2）幼儿表现苹果造型。

师：歌曲里面唱的是哪种水果？苹果长什么样？你来做一做。

（3）表现苹果树的造型。

教师鼓励幼儿与同伴一起合作做出苹果树造型。

师：苹果在哪里？你们可以两三个人合作,用身体表现出苹果树的样子吗？请试一试。

3. 观察图片,探索鼠小弟吃不到苹果时的情节。

（1）出示图片,引导幼儿观察,创设问题情境。

师：图上有什么？小老鼠想做什么？猜猜它能吃到吗？为什么？

（2）让幼儿表现鼠小弟吃不到苹果时的样子。

师：鼠小弟吃不到苹果时的表情和动作是什么样子的？请你来模仿一下。

4. 结束游戏："推掌游戏"。

幼儿两两一组，面对面站立，两脚并拢，两臂垂直，手掌上翘，两人的手掌刚刚能够触及即可。这时，双方既可以用力推对方的手掌，也可以在对方推自己时将手掌闪开。总之，要设法使对方身体失去平衡，双脚移动，谁的脚先移动，谁就失败了。

推掌游戏

合作造型：苹果树

活动3　小鸟摘苹果

活动目标

1. 能大胆地用身体动作、语言等模仿小鸟摘苹果时的样子。
2. 愿意并喜欢模仿小鸟，体验模仿的快乐。

活动准备

1. 歌曲《小鸟飞》、纸箱一个。
2. 布置简单舞台背景（高高的苹果树上结满了苹果）。

活动过程

1. 导入：戏剧游戏"小鸟飞"。

幼儿随着歌曲《小鸟飞》的音乐做各种各样的飞翔动作，进场后跟随教师做相应的动作。

（1）用肢体动作表现小鸟的各种造型。

（2）师幼讨论小鸟的外形特征。

(3) 在歌曲的激发下,讨论如何用肢体动作表现小鸟。

教师唱歌:来来,我是一只小小、小小鸟,想要飞却怎么也飞不高。

师:孩子们,你们说唱的是谁啊?小鸟有什么本领呢?

(4) 教师鼓励幼儿尝试用肢体动作表现小鸟的造型。

2. 教师以旁白创设情境,引导幼儿肢体模仿。

(1) 教师以旁白启发幼儿,感受戏剧情境。

师:鼠小弟不会爬树,也不会飞,它看到苹果树上红彤彤的苹果可着急了,正在这时,飞过来一只小鸟,轻轻地飞上树梢,摘了一个大苹果。你们猜猜,小老鼠看到小鸟摘苹果,他会说什么呢?会怎么做呢?

(2) 集体扮演小鸟飞翔着摘下苹果的情景。

师:现在,老师扮演苹果树,我这颗树上长满了苹果,请你们扮演摘苹果的小鸟,摘完苹果后,让我看看你们是怎么吃苹果的。

3. 结束游戏:"小鸟回家了"。

师:玩了一天,小鸟累了,要回家了,躺在地上慢慢地休息。

活动4 小猴摘苹果

活动目标

1. 尝试在观察的基础上,大胆表现猴子的不同形态。
2. 想象并模仿猴子摘苹果的方法及动作。

活动准备

1. 视频资料:电视剧《西游记》第一集有关猴王出世的部分。
2. 舒缓的音乐。
3. 幼儿人手一个圈。

活动过程

1. 导入:戏剧游戏"走走动动"。

教师分给每个幼儿一个圈。幼儿按照教师的指令在圈外做动作,在圈内休息。如教师说:"请到圈外走一走,走一走,我们都来走一走""请回圈里坐一坐,坐一坐,我们都来坐一坐。"教师可不断更换口令与动作,进行多次游戏。

2. 观看电视剧《西游记》片段,鼓励幼儿大胆模仿猴子的动作。

(1) 观看视频,积极模仿猴子的动作。

师:有一只本领特别大的猴子,会上天入地,会七十二变,你们知道它是谁吗?我们来看看它在花果山出生时的情景。

师:除了美猴王孙悟空,你还看到了谁?这些猴子都是演员们装扮后表演出来的,他们的动作是怎样的?我们一起来学一学。

(2) 幼儿运用肢体动作自由表现猴子的体态,巩固控制游戏"走走动动"的玩法。

师:每人拿一个圈放在地面上,老师说口令"跳到圈外动一动,动一动,比比哪只最活泼",你们就任意自由地做小猴的动作;接着老师说口令"跳回圈里蹲一蹲,蹲一蹲,比比哪只最安静",你们就回到圈里静止不动。

3. 想象小猴摘苹果的方法及模仿小猴摘苹果的动作。

(1) 讨论:小猴子摘苹果的方法。

师:鼠小弟不会像小鸟那样飞到树上摘苹果,很是着急,这时,它看到了小猴子走过来,小猴子也想吃红彤彤的大苹果,你们猜小猴子会怎么摘苹果呢?小猴子有哪些本领?

(2) 模仿小猴摘苹果的动作。

师:小猴子会爬树,"咕噜"一下子就爬上了树,摘到了大苹果,请你来表演小猴爬树的情景。

4. 结束游戏:"小小按摩师"。

请幼儿围成一个圈以接龙的方式坐好,给前面的小朋友捶捶背、揉揉肩。

小猴爬树

活动5　大象摘苹果

活动目标

1. 尝试表现大象的各种姿态,以及摘苹果的动作。
2. 体验动作模仿的快乐。

活动准备

1. 大象和小老鼠的图片若干。

2. 大象摘苹果时的图片。

3. 音乐《两只小象》。

活动过程

1. 导入：戏剧游戏"大球与小球"。

幼儿用身体动作表现抱住一个大球的样子，可辅以表情。然后教师让幼儿用身体表现抱住一个小球。游戏中教师要启发幼儿采用多种方式玩想象中的球。

2. 出示图片，让幼儿观察并感知大象和小老鼠的形象特点。

（1）感知大象和小老鼠的不同之处。

师：图片上是谁？它们是什么样子的？请你用动作来模仿它们。

教师可先请幼儿自由表现大象和小老鼠。然后，选择表现好的幼儿在集体面前展示。最后，让幼儿独立表现老鼠造型，再让它们尝试集体合作表现。

（2）讨论小老鼠和大象走路的样子。

让幼儿跟随铃鼓节奏的变化表现出两种动物走路时的轻重缓急。

3. 想象大象摘苹果的方法，模仿大象摘苹果的动作。

（1）集体讨论大象摘苹果的方法。

师：鼠小弟不会像小鸟那样飞到树上摘苹果，更不会像小猴那么灵活地爬到树上摘苹果，很是着急，这时，它看到了大象爷爷走过来，大象爷爷也想吃红彤彤的大苹果，你们猜大象会怎么摘苹果呢？大象有哪些本领？

（2）模仿大象摘苹果的动作。

师：大象爷爷有长长的鼻子，长鼻子一伸，拽下一个苹果，请你来表演大象爷爷用鼻子摘苹果的情景。

4. 结束游戏："我们一起慢慢做"。

播放《两只小象》的音乐，幼儿随音乐节奏自由律动，随后在教师带领下动作变慢，身体放松。

我是大象爷爷

活动6　长颈鹿摘苹果

活动目标

1. 了解长颈鹿的外观特征、形象特点。
2. 想象并模仿长颈鹿摘苹果的方法及动作。
3. 在活动中感受表演的快乐。

活动准备

1. 长颈鹿的图片若干,长颈鹿的视频资料。
2. 音乐《好高好高的长颈鹿》。

活动过程

1. 导入:戏剧游戏"传话筒游戏"。

幼儿围成一个圈,以说悄悄话的方式逆时针或顺时针传话。最后一名幼儿要将听到的内容大声说出来,让第一个说话的人确认正确与否。初次游戏,教师先说悄悄话,以后再由幼儿说。

2. 出示图片,让幼儿观察并感知长颈鹿的形象特点。

(1) 初步感知长颈鹿的形象特点。

师: 图上都有谁?它们是什么样子的?请你用动作来模仿它们。

教师可先请幼儿自由表现长颈鹿,然后,选择表现好的幼儿在集体面前展示。最后,让幼儿独立表现长颈鹿造型,再让他们尝试集体合作表现。

(2) 讨论长颈鹿的特别之处并模仿。

师: 长颈鹿和别的动物比起来,最大的不同是什么?请你表演一下长颈鹿伸脖子的样子。

3. 观看长颈鹿的视频资料,集体模仿长颈鹿走路、伸脖子的样子。

师: 长颈鹿有一个长长的脖子,我们看看它是怎么走路?怎样吃饭、喝水的?我们一起来学一学。

4. 想象长颈鹿摘苹果的方法,模仿长颈鹿摘苹果的动作。

(1) 集体讨论长颈鹿摘苹果的方法。

师: 鼠小弟不会像小鸟那样飞到树上摘苹果,更不会像小猴那么灵活地爬到树上摘苹果,也没有大象爷爷那么长的鼻子,心里很是懊恼,这时,它看到长颈鹿阿姨走过来,长颈鹿也想吃红彤彤的大苹果,你们猜它会怎么摘苹果呢?长颈鹿为什么有这样的特殊本领呢?

(2)模仿长颈鹿摘苹果的动作。

师:长颈鹿阿姨有长长的脖子,长脖子一伸,咬下一个苹果,请你来表演长颈鹿阿姨伸长脖子摘苹果的情景。

5. 结束游戏:"吃苹果"。

我们每个人都有一个又大又红的苹果,现在我们开始吃喽:先咬一小口,哇,好甜呢,再咬一大口,慢慢嚼,再慢一点,再慢一点……再咬一口,嚼快点,再快点……

长颈鹿摘苹果

活动 7　吃不到苹果的鼠小弟

活动目标

1. 感受鼠小弟吃不到苹果的心情,模仿鼠小弟伤心的表情。
2. 尝试用各种动作、表情表现鼠小弟想吃苹果的样子。
3. 能积极思考并解决问题。

活动准备

1. 鼠小弟的各种表情图片。
2. 鼠小弟眼巴巴地望着小鸟、小猴、大象、长颈鹿吃苹果的表情。
3. 悲伤的音乐。

活动过程

1. 导入:戏剧游戏"表情模仿秀"。

幼儿围成一圈坐下来,模仿教师出示的鼠小弟各种表情图片,每一位幼儿随机抽取自己想模仿的鼠小弟的表情图片,定格后相互展示。

2. 欣赏鼠小弟眼巴巴地望着动物们吃苹果的表情图片,尝试表现鼠小弟够不到苹果的表情。

（1）出示图片，引导幼儿观察，创设问题情境。

师：图上有什么？小老鼠想做什么？猜猜看它能吃到吗？为什么？

（2）让幼儿表现鼠小弟吃不到苹果的样子。

师：鼠小弟吃不到苹果时的表情和动作是什么样子的？请你来模仿一下。

（3）让幼儿讨论如何解决鼠小弟遇到的困难，并把自己想到的解决方法表现出来。

师：如果你是鼠小弟，想吃苹果时你会怎么办？请你想一想，说一说，做一做。

3. 结束游戏："问候游戏"。

游戏时，幼儿任意走动，当与另一名幼儿相逢时，就要互相问候，可以先向对方说"你好"，也可以在对方问候了你之后再回问对方"你好"，然后分开。接着在走动中遇到另一名幼儿时再相互问一声"你好"，又分开。这样，幼儿们就可以在走动中不断地与其他同学相互问候。教师可以提醒幼儿认真地从眼神、语气、握手中感觉对方流露出来的态度，并给予相应的回答。

吃不到苹果的鼠小弟

活动8 小海狮来帮忙

活动目标

1. 能用肢体表现苹果树的造型。

2. 能想到合适的办法帮鼠小弟摘到苹果，并将之表演出来。

3. 初步尝试分角色与同伴合作表演，体验合作表演的乐趣。

活动准备

1. 小海狮和鼠小弟合作摘苹果的场景。

2. 老鼠、小海狮头饰。

3. 音乐《小海狮》、三段不同节奏的音乐。

活动过程

1. 导入:戏剧游戏"鼠小弟的好朋友"。

让幼儿分别倾听三段音乐,并给小猴、大象、长颈鹿匹配合适的音乐。之后,让幼儿跟随音乐模仿三种动物走路和摘苹果的样子。

2. 幼儿大胆想象谁来帮助鼠小弟。

(1)在教师旁白的提示下,幼儿大胆猜想谁会来,并尝试用肢体动作表现其摘苹果的样子。

师:你觉得谁会来帮助鼠小弟?它是怎么帮助鼠小弟的?请你学一学它的动作。

(2)总结归纳能帮助鼠小弟的动物的特点。

师:长得高大、飞得高、会爬树的动物更易摘到苹果,它们是用什么来帮助鼠小弟的?

3. 教师入戏扮演苹果树,幼儿表演小动物摘苹果的过程。

师:请你们自选角色,佩戴相应角色的头饰,表演大象、长颈鹿、小猴是如何摘到苹果的?

4. 出示图片,引导幼儿认识帮助鼠小弟摘到苹果的小动物,并模仿它们合作摘苹果的场景。

(1)出示图片,引导幼儿讲述场景。

师:图片上有谁?它们在做什么?鼠小弟请到谁帮忙的?它们是用什么办法摘到苹果的?

(2)模仿它们合作摘苹果的场景。

师:原来,鼠小弟的好朋友小海狮来帮忙了,瞧,鼠小弟站在小海狮的鼻尖上,它们一下子就摘到了一个大苹果,团结就是力量,共同努力就能尝到成功的果实。我们一起来模仿小海狮和鼠小弟合作摘苹果的场景。

小海狮走路

活动9　好吃的苹果

活动目标

1. 尝试用细腻、夸张的动作表现吃苹果的动作，并通过表情表现苹果的味道。
2. 尝试采用自己发出声音的方式，为吃苹果的过程制作音效。
3. 能用语言表达自己吃苹果的感受。

活动准备

1. 幼儿自带苹果一个。
2. 欢快的音乐。

活动过程

1. 导入：戏剧游戏"品尝美食"。

幼儿围坐成半圆形，然后按顺序或不按顺序地传递"食物"。首先可以由教师递给幼儿一个想象中的"食物"，并说"给你一个苹果"！幼儿接过"苹果"以后，就可以按照生活中吃苹果的动作去"品尝"它。等他吃了两口，"品尝"出"味道"后，他就可以递一种"食物"给下一个幼儿，如冰棍。这样，每个幼儿在"品尝"过别人给自己的"食物"后，再递给另一个幼儿一种新的"食物"，直到每个幼儿都反复做了几次"品尝"之后为止。

2. 幼儿在教师帮助下学习用肢体动作、声音和表情表现自己吃苹果的样子。

（1）教师引导幼儿模仿吃苹果过程中的一系列动作。

教师用哑剧的形式表演吃苹果，教师做吃苹果的动作。

师：请你们猜一猜我在吃什么水果？

（2）幼儿模仿教师动作，边说边做。

师：我最喜欢吃苹果了，它像红彤彤的太阳，每次吃它的时候都要将它洗干净，然后一口一口地咬着吃。

3. 用表情、声音、动作等完整表现吃苹果的过程。

师：谁会完整地表现吃苹果？要完整表现哦，一步一步来，慢慢吃。我们吃苹果要先从篮子里拿苹果，再洗干净，或者拿把水果刀将果皮削掉。然后想想你吃苹果的时候是什么样子的，吃到嘴里是什么味道。我要看看你们的表情才能知道哦。

还要听你们吃苹果时发出的声音。

师：你们觉得谁演得好？哪里好？我们一起学一学、做一做。

幼儿分享自带的苹果。

4. 结束游戏："水果蹲"。

师：今天，我们要玩一个好玩的游戏，叫作水果蹲。你们想想自己是哪组水果宝宝，记住自己是什么水果。我说西瓜蹲，西瓜组的宝宝就蹲一下，其他宝宝不能动哦。请大家按水果小组分别站立，开始游戏：西瓜蹲，西瓜蹲，西瓜蹲完苹果蹲；苹果蹲，苹果蹲，苹果蹲完桃子蹲；桃子蹲，桃子蹲，桃子蹲完草莓蹲……

戏剧游戏：水果蹲

活动 10　我们一起编剧本

活动目标

1. 知道戏剧表演需要剧本。
2. 能通过讲故事的形式来创作剧本。
3. 体验参与剧本创作的快乐。

活动准备

笔和纸。

活动过程

1. 了解表演需要剧本。

师:我们以后要表演"想吃苹果的鼠小弟",但是要表演什么内容呢?这就是我们一起讨论的剧本。

2. 确定表演的顺序。

(1)讨论第一幕:想吃苹果的鼠小弟。

师:我们要开始表演了,谁应该先出现?做些什么?说什么话?

(2)讨论第二幕:小鸟摘苹果。

师:小鸟能摘到苹果吗?为什么?它是怎么样摘到苹果的?

(3)讨论第三幕:小猴摘苹果。

师:小猴能摘到苹果吗?为什么?它是怎么样摘到苹果的?

(4)讨论第四幕:大象摘苹果。

师:大象能摘到苹果吗?为什么?它是怎么样摘到苹果的?

(5)讨论第五幕:长颈鹿摘苹果。

师:长颈鹿能摘到苹果吗?为什么?它是怎么样摘到苹果的?

(6)讨论第六幕:小海狮摘苹果。

师:小海狮能摘到苹果吗?它和鼠小弟怎么合作摘到苹果的?

3. 教师记录幼儿的剧本,呈现完整的表演剧本。

(1)教师记录幼儿讨论的内容。

(2)呈现完整剧本,并鼓励幼儿讲述。

剧本《想吃苹果的鼠小弟》

【**剧情介绍**】 可爱的鼠小弟想吃树上的苹果,可是自己既不会飞,又不会爬树,也没有长长的鼻子或脖子,个头小、跳不高,更没有那么大力气。它看着别人凭着与生俱来的能力一个个拿到了苹果,心里真着急……

【**人　　物**】 "苹果"、鼠小弟、小鸟、小猴、大象、长颈鹿、小海狮。

【**舞台布景**】 苹果树、小花坐垫、各种大树、布置成森林的情景。

第一幕:想吃苹果的鼠小弟

【旁　白　美丽的大森林里有一棵高高的苹果树,树上结满了红彤彤的大苹果,好诱人啊!(背景音乐)

【苹果出场:音乐《我是一个大苹果》

【鼠小弟出场:音乐《城里老鼠和乡下老鼠》

鼠小弟　红彤彤的苹果真好吃啊,我好想吃啊,可是这么高的苹果树,我要怎样才能吃到苹果呢?

【鼠小弟抬头看着苹果树,托着下巴思考着

第二幕:小鸟摘苹果

【小鸟出场:音乐《小鸟飞》

小　鸟　红彤彤的苹果真好吃啊,让我赶紧摘一个尝一尝吧。

【小鸟随着音乐做摘苹果的动作

小　鸟　哈哈,摘到苹果啦。

【小鸟边跳边拍手

鼠小弟　哇,小鸟真厉害,让我也来试一试吧。

【随着音乐学小鸟做摘苹果的动作

鼠小弟　哎,要是我也会飞,那该多好啊!

【鼠小弟走到苹果树旁

第三幕:小猴摘苹果

【小猴出场:音乐《小毛猴》

小　猴　红彤彤的苹果真好吃啊,让我赶紧摘一个尝一尝吧。

【小猴随着音乐做摘苹果的动作

小　猴　哈哈,摘到苹果啦。

【小猴边跳边拍手

鼠小弟　哇,小猴真厉害,让我也来试一试吧。

【随着音乐学小猴做摘苹果的动作

鼠小弟　哎,要是我也会爬树,那该多好啊!

【鼠小弟走到苹果树旁

第四幕：大象摘苹果

【大象出场:音乐《两只小象》

大　象　红彤彤的苹果真好吃啊,让我赶紧摘一个尝一尝吧。

【大象随着音乐做摘苹果的动作

大　象　哈哈,摘到苹果啦。

【大象边跳边拍手

鼠小弟　哇,大象真厉害,让我也来试一试吧。

【随着音乐学大象做摘苹果的动作

鼠小弟　哎,要是我也有长长的鼻子,那该多好啊!

【鼠小弟走到苹果树旁

第五幕：长颈鹿摘苹果

【长颈鹿出场:音乐《好高好高的长颈鹿》

长颈鹿　红彤彤的苹果真好吃啊,让我赶紧摘一个尝一尝吧。

【长颈鹿随着音乐做摘苹果的动作

长颈鹿　哈哈,摘到苹果啦。

【长颈鹿边跳边拍手

鼠小弟　哇,长颈鹿真厉害,让我也来试一试吧。

【随着音乐学长颈鹿做摘苹果的动作

鼠小弟　哎,要是我也有长长的脖子,那该多好啊!

【鼠小弟走到苹果树旁

第六幕：小海狮帮助摘苹果

【小海狮出场：音乐《小海狮》

小海狮　　鼠小弟，你怎么啦？

鼠小弟　　我想吃红彤彤的大苹果，可是我却吃不到。

小海狮　　让我来帮助你吧！

鼠小弟　　你会飞吗，你会爬树吗，你有长长的鼻子吗，你有长长的脖子吗？

【小海狮摇头

小海狮　　这些本领我都不会，但是我有一个本领可以帮助你，坐在我的鼻尖上，我把你顶上树，不就可以摘到苹果了。

【小海狮头低下，头推鼠小弟随着音乐做顶的动作

鼠小弟　　哈哈，终于摘到苹果啦，谢谢你，小海狮，这个苹果送给你。

小海狮　　不用谢，帮助你我也很开心。

谢　幕

所有角色随着音乐跳舞。（音乐《和快乐在一起》）

（七）亲子戏剧排演

角色的最终呈现是演员在经历了排演之后，在舞台艺术各个部门的配合下和同演者一起在舞台上呈现出来的。因此，可以说排演是呈现的过渡阶段，演出则是真正的呈现阶段。幼儿园亲子戏剧排演是幼儿及家长在教师的组织领导下，经过剧本分析、道具制作等准备工作之后，在共同认识的基础上，通过想象、模仿，创作出真实、鲜明、生动的舞台人物形象，最终完成整个演出的总体构思的一个阶段。排演共分为初排、细排、合成三个阶段，每个阶段所要完成的主要任务见本书"表4-7　亲子戏剧活动——排演环节工作一览表""表4-8　亲子戏剧活动——排演环节角色竞争告家长书""表4-9　亲子戏剧活动——排演环节告家长书"。

戏剧排演

角色竞争

（八）亲子戏剧展演

幼儿园亲子戏剧展演并非专业的演出团队，编剧、导演、演员、剧务等所有工作都是教师、家长、幼儿及行政人员来承担，因此，各部门必须抱团合作，制定详细的活动方案及工作进度安排表、人员分工安排表，落实到人，反复整改，督促跟进，以最佳的姿态、最优的节目、最高的效率迎接正式演出。演出前，活动总指挥要考察场地及人员,熟悉整个活动流程,确保各部门的协同运作,做好各项准备工作;观演过程中,要体察小观众复杂而微妙的感受反应,检查并调整自己的艺术构思和舞台处理,虚心听取观众的意见,将演出推向更高的水平。幼儿园亲子戏剧展演各部门工作任务见本书"表4-10 亲子戏剧活动展演环节部门工作一览表""表4-11 亲子戏剧活动展演环节——家长注意事项"。

第二节 中班亲子戏剧活动方案

一、小熊请客(亲子歌剧)

(一) 故事背景

有一只狐狸又懒又馋,谁都讨厌他。有一天,它在大树底下睡懒觉。一觉醒来,看见小猫咪提着一包点心,从身边走过,忙叫起来:"小猫咪,你到哪里去?"小猫咪说:"今天小熊请客。我们到它家去,又吃又玩又唱歌,真呀真快活!"狐狸说:"你带我一起去吧!"小猫咪说:"你不做工,还想白白吃东西,我才不带你去呢。"小猫咪说着跑掉了。紧接着,狐狸还遇到了前往小熊家做客的小花狗、小公鸡,它们都不愿意带狐狸,生气的狐狸灵机一动……

(二) 主题说明

该戏剧主题来自世界经典儿童故事《小熊请客》,讲述了贪吃懒惰的狐狸在得知小猫、小狗、小鸡都被邀请到小熊家里做客,心生不平,一意孤行,前往小熊家,试图霸占小熊为客人们准备的美食,岂料,偷鸡不成蚀把米,被机智、沉着、冷静的小熊和它的客人们用石头赶跑。这则童话故事非常符合幼儿阅读和欣赏的特点,它独特的夸张手法、朗朗上口的唱词、幽默大胆的想象、简洁的图文、富有戏剧性的结局,极易感染幼儿,博得他们的喜爱与笑声。

本主题首先欣赏绘本,让幼儿对《小熊请客》有整体的了解,知道角色间的关系及大致情节,引发幼儿一系列猜想——谁要请客?请了谁?狐狸与它们之间发生了什么故事,最后的结局是什么?其次,戏剧发展部分,幼儿围绕"狐狸与小花猫""狐狸与小狗""狐狸与小鸡"以及"小熊与客人们"之间的故事展开表演。教师引导幼儿用肢体动作、表情和语言等塑造角色。在这一过程中,还可以辅以简单的装扮,并使用合适的背景音乐烘托气氛。最终,机智、沉着、冷静的小熊与客人们打败了狐狸,此为情节的高潮部分。幼儿要讨论如何才能打败狐狸,智斗狐狸,庆祝胜利等。鼓励幼儿以对话、扮演的方式,在轻松快乐的游戏环境中提高自己的语言表达能力和解决问题的能力,同时增强"沉着冷静、自我保护"的意识。

本主题重点强调社会性情感的体验和表达,结合幼儿生活中做客、请客的经验,满足了幼儿对"做客"和"请客"活动特别喜爱的情感特点。通过"请客、做客"游戏,带领幼儿认识当我们是主人时,需要做哪些准备工作,当我们作为客人时,言行举止需要注意什么,以此丰富幼儿的社会交往知识与社会性情感体验。因此,教师在活动过程中应当将幼儿的情感体验与情感表达作为重难点。由于本作品人物台词主要是以歌唱的形式展现,作品的节奏性和音乐性很强,富有音韵感,据此,我们将其定位为"亲子歌剧"。

(三)亲子戏剧准备

幼儿园亲子戏剧"小熊请客"活动的开展,首先需要教师通过主题渗透、环境创设、区角设置、文学知识搜集等相关准备工作丰富幼儿的戏剧经验。同时,家长也要协助教师,通过亲子阅读、亲子手工、亲子观影等方式,与幼儿一起感受戏剧活动的乐趣、益处。

表4-18 "小熊请客"亲子戏剧活动准备环节工作一览表

亲子戏剧流程	活动内容	活动事项	责任人
戏剧准备	选择剧本,提供戏剧来源	1.选择剧本的基本流程:首先,幼儿、家长自由组合,成立亲子戏剧小组,讨论戏剧主题。其次,班级集体讨论,公开投票每个戏剧小组拟选的戏剧剧本。最后,家园合作、共同探讨、确定剧本 2.选择剧本需注意:剧本要来源于幼儿生活、剧本要符合幼儿心理特点、剧本要适合舞台表演,剧本选择要有家长的参与	教师

续表

亲子戏剧流程	活动内容	活动事项	责任人
戏剧准备	主题渗透,设计戏剧活动	1. 设计系列戏剧教学活动:小熊请客、欢迎来做客、狐狸与小花猫、狐狸与小花狗、狐狸与小鸡、去小熊家做客、没被邀请的狐狸、客人爱吃的食物、智斗小狐狸、快乐的聚餐、我们一起编剧本 2. 活动设计需注意:系列活动的设计与剧本预设框架线索一致;每一活动的设计紧紧围绕幼儿戏剧经验建构;正确理解情节预设与剧本生成的关系	教师
	环境创设,营造戏剧氛围	1. 教室墙面(用卡纸、彩纸、废旧纸盒等一切可利用材料制作故事中各种动物角色形象以及小熊家的舞台背景……) 2. 公共区域(包括走廊、门厅……)粘贴、制作、布置与"小熊请客"戏剧主题相关的元素,如,小熊的家,森林里大树旁…… 3. "小熊请客"亲子戏剧宣传海报(可以喷绘,也可以全班自主设计,以此吸引更多的人关注本戏剧主题。) 4. "小熊请客"亲子戏剧主题活动墙(备注:以"小熊请客"戏剧主题内容为中心,依照亲子戏剧准备、创编、排演、展演、批评、延伸的戏剧经验的完整建构过程,呈现出活动流程每一环节的实践情况,形成主题网络图,包括每一环节的任务、目标、责任人,实施概况的文字表述及实施过程中师生、亲子精彩照片;也可呈现本班在预设基础上生成的其他特色创意活动。)	
	区角设置,体验戏剧情境	1. **语言区**:收集《小熊请客》的绘本或者连环画作品,帮助幼儿理解作品,熟悉故事角色,模仿角色的动作 2. **美工区**:幼儿自主地进行绘画和手工制作的场所。既为幼儿提供了精细动作练习的机会,也为幼儿审美表征能力的发展创造条件,更是创造性教育的场所 (1) 提供纸箱、纸盒、木板、报纸等废旧材料,供幼儿制作小熊的家、森林等场景 (2) 教师制作剧中动物角色的模板,幼儿涂色,制作头饰	

续表

亲子戏剧流程	活动内容	活动事项	责任人
戏剧准备		（3）搜集、整理各种废旧材料,设置拎着篮子去小熊家做客的场景。将废报纸团当作"石块",击败狐狸的场景 3. **益智区**:（1）教师提供小熊图案的色块拼图板,加深对小熊形象的认识。（2）教师制作"去往小熊的家"迷宫图,增进幼儿对小熊的亲切感 4. **装扮区**:设置戏剧小舞台,制作舞台布景,为幼儿自发地进行故事表演和歌舞表演创造条件,提供各种动物头饰及辅助性道具、背景音乐等,鼓励幼儿尝试模仿狡猾狐狸、热情好客的小熊、快乐的小花猫、小花狗、小鸡等角色	教师
	搜集文献,整理戏剧常识	以专题PPT或者给家长一封信的形式,帮助家长了解戏剧常识,了解国内外戏剧教育动态,引领家长树立正确的戏剧教育理念	家长
	了解国内外戏剧教育动态	1. 了解西方发达国家学校戏剧教育的历史和现状 2. 了解我国戏剧教育的传统和我国港台地区的戏剧教育实践	
	树立正确的戏剧教育理念	1. 戏剧教育的终极目标是人格教育,而非才艺培养 2. 戏剧教育是实施人文素质教育的重要载体 3. 开展戏剧教育是为了造就全面发展的人	
	明确戏剧教育的具体任务	与教师积极沟通,明确每一环节需承担的任务	
	家庭内开展亲子互动游戏	在家庭内开展"亲子阅读、亲子手工、亲子集体舞"等活动,与幼儿共同探讨剧中主要人物、场景、主题等,延伸并巩固在园习得的知识	
	了解基本的戏剧常识	根据幼儿年龄特征,引导其了解戏剧常识:故事情节、角色、场景、道具等	幼儿
	参观剧场,实际体验	有条件的地区,可以组织幼儿参观剧场,实际体验;条件不足的地区,可以组织幼儿观看与剧场相关的影视、图片等资料,丰富其感性认识,为开展戏剧活动、模拟剧场奠定认知基础	

续表

亲子戏剧流程	活动内容	活动事项	责任人
戏剧准备	发挥主体作用，参与剧本选择	自由成立亲子戏剧小组，产生"强强组合""弱弱组合"和"强弱组合"。参与剧本选择	幼儿
	了解选定戏剧主题的相关知识	营造环境、提供材料，引导幼儿做好相应的知识经验准备	
	角色竞争，选择喜爱的角色	需注意的是，这里的"竞争"是趣味的、融洽的、民主的，形式是亲子共同参与的快乐游戏，切不可搞成"选拔式""竞赛式"，让幼儿产生畏难、恐惧、抵触心理	

表4-19 "小熊请客"亲子戏剧活动准备环节——家长工作一览表

1. 通过校讯通、网络平台、家长园地及日常交流，进一步认识到幼儿园亲子戏剧教育对于幼儿的认知拓宽、言语表达、肢体表现、创造想象、社会性发展的价值，以及对和谐家庭、家园、社会的功能，鼓励幼儿踊跃参与亲子戏剧活动。
2. 给家长的一封信。

　　亲爱的家长：

　　　　您好！

　　　　相信您一定不陌生世界经典儿童故事《小熊请客》。该部作品主要讲述的是热情好客、憨态可掬的小熊在一个风和日丽的美好日子里，邀请了它的好朋友小花猫、小花狗、小鸡前来家中分享美食，偏偏没有邀请懒惰、贪吃、狡猾的狐狸，这令狐狸大为光火，心生奸计，欲硬闯小熊家，抢夺美食，岂料，偷鸡不成反蚀把米，被小熊及它的客人以机智、巧妙的方式打得落荒而逃。

　　　　如今，我们即将开展"小熊请客"戏剧活动。幼儿早已迫不及待地想参与到戏剧活动中来。我们盛情邀请您，与孩子一起重温经典，演绎经典，让经典点亮孩子们快乐的童年。让我们的孩子和剧中的主人公一样热情好客、有礼有则、尽情表演。

　　　　为让孩子在模仿、创作、表演中理解故事含义，发展孩子的语言、动作、交往、合作等多种能力，希望在您方便的时候协助我们做好以下相关工作：

　　　　（1）和孩子一起欣赏《小熊请客》动画片、儿歌及故事书。
　　　　（2）了解剧中角色，和孩子一起进行装扮，包括制作服装、头饰、面具等。
　　　　（3）协助教师收集相关的音乐磁带或碟片等。

　　　　我们非常期待您和您的孩子在"小熊请客"戏剧主题活动中的精彩表现！对您的积极支持和配合给予诚挚的感谢！

××幼儿园×班
×年×月×日

表 4–20 "小熊请客"亲子戏剧活动准备环节——教学活动一览表

亲子戏剧流程	活动名称	活动内容	活动目标
戏剧准备	小熊请客	动画欣赏 肢体模仿	1. 共同欣赏动画片《小熊请客》,能理解角色间的关系及大致情节 2. 集体扮演主人和客人,初步体验表演的乐趣

（四）具体活动设计

活动 1 小熊请客

活动目标

1. 共同欣赏动画片《小熊请客》,能理解角色间的关系及情节内容。
2. 集体扮演主人和客人,初步体验表演的乐趣。

活动准备

动画片《小熊请客》视频资料,安静舒缓的音乐。

活动过程

1. 导入:戏剧游戏"我是小小熊"。

师:你看到小熊时,有什么样的感觉?如果你是小熊,你希望自己是什么样的(可爱的、乖乖的、胖胖的、懒懒的、健壮的)?现在请你在舒缓的音乐声中自由想象正在做一件事情的小熊,看其他小朋友能不能猜出来。

2. 初步欣赏动画片《小熊请客》,体验其趣味性。

（1）初步欣赏《小熊请客》。

师:这部动画片的名字叫《小熊请客》,你们看一看动画片里都有谁?里面讲了什么事情?

（2）初步模仿剧中人物。

师:《小熊请客》里有憨态可掬的小熊,有狡猾的狐狸,有可爱的小花猫、小花狗,还有叽叽叫的小鸡,你最喜欢哪个动物?请你来学一学。

3. 分段欣赏动画片,感知动画片中角色的语言与动作。

（1）欣赏动画片的前半部分(在树林里,大树下,小花狗、小花猫和小鸡遇到狐狸的场景)。

师：哪些动物被小熊邀请到家里去做客的？狐狸没被邀请，它对小动物们说了什么？它心情怎么样？我们学一学狐狸生气的样子。

(2)欣赏动画片的中间部分(做客的动物们来到小熊的家)。

师：小动物们来到小熊家做客，进门时说了什么话？分别带了什么礼物？小熊做了什么好吃的招待它们的？小花猫喜欢吃什么呢？小花狗爱吃什么？小鸡呢？

(3)欣赏动画片的后半部分(智斗狐狸、庆祝胜利的场景)。

师：狐狸来到了小熊的家，它想做什么？小熊和动物朋友们用什么打败它的？为什么会用这个办法？狐狸逃跑时的表情、动作是怎么样的？小熊和动物们如何庆祝胜利的？

4. 结束游戏："学说礼貌用语"。

幼儿分组表演，一位扮演主人，其余扮演客人，主人在家里准备食物招待客人，进门时相互说礼貌的话语"您好！""请进"……

(五) 亲子戏剧创编

"剧本，剧本，一剧之本"，说法虽朴素，却道出了剧本在整个戏剧活动中占据的重要地位。幼儿园亲子戏剧相对于成人戏剧，内容富于游戏性和童趣；冲突单纯，主题浅显、鲜明；语言口语化、动作化。幼儿园亲子戏剧剧本的创编主要是在教师的精心组织下，将戏剧主题融入幼儿园学期主题课程，通过一系列贴近戏剧主题的教学活动，师幼共同创编。在此过程中，"亲子编戏"同步进行。幼儿园亲子戏剧"小熊请客"创编环节具体实施模式见下表。

表4-21 "小熊请客"亲子戏剧活动创编环节——教师工作一览表

戏剧创编	创编原则	1. 亲子戏剧创编要符合幼儿年龄特征 2. 亲子戏剧创编要符合幼儿文学创作规律 3. 亲子戏剧创编要体现幼儿的主体地位		
	结构创编	确立主旨	一出戏要讨论的中心话题	
		确立提纲	1. 出现矛盾(冲突) 2. 矛盾双方的相互博弈 3. 矛盾被解决	大致故事发生的背景是什么？开始是什么？接着又发生什么？结局怎样？

续表

戏剧创编	文本创编	剧情创编	剧情是由"人"和"事"构成,在剧中,什么人做了一件什么事,这就是一段剧情。幼儿园亲子戏剧活动任何环节都要体现幼儿"主体性"的指导思想,尊重幼儿,引导幼儿充分发挥想象力。每一幕剧情创编都应如此	如创编亲子戏剧"小熊请客"中,教师引导幼儿创编狐狸与小花猫之间发生的故事。 教师:小花猫遇到了狐狸,它们之间会发生什么呢?狐狸看到小花猫提着礼物高兴地走着,会问什么?小花猫怎么回答的?小花猫拒绝带着狐狸,狐狸会说什么?有什么动作和表情(叉腰、跺脚、愤怒)
		人物创编	为使剧情丰满,在前期预设主要角色的基础上,引导幼儿大胆想象,生成更多的角色,也可以根据情节发展需求,适当增加新角色,满足更多幼儿的表演需要	
		语言创编	一部剧本主要由两部分组成:人物的台词和剧作家的舞台提示。在舞台演出时,剧本中人物的台词,由演员辅以表情、动作直接讲给观众听。剧作家的舞台提示是以剧作者的口气来写的叙述性文字说明,一般包括:(1)对剧情发生的时间、地点的交代;(2)对剧中人物的形象特征、形体动作及内心活动的描述;(3)对人物活动环境的提示,如对场景、气氛的说明,对布景、灯光、音响效果等方面的要求	1. 语言内容创编 如"小熊请客"中,教师引导幼儿创编狐狸与小花猫之间的对话 教师:狐狸被小花猫拒绝后,又遇到了前往小熊家做客的小花狗,你们猜猜它看到小花狗后会说什么?小花狗听到后,会如何回答呢? 2. 语言形式创编 如"小熊请客"第一幕,利用儿歌改编人物台词。小花狗:汪汪汪,真呀真快活。今天过节,小熊请客,我们到他家里去。又吃又玩又唱歌,汪汪汪,汪汪汪。真呀真快活
		剧本书写	剧本的书写也就是文面,是指剧本呈现的样式,它是由语言符号组成的,与儿歌、故事、童话、诗歌等题材的语言组合全然不同。剧本改编后,有其自己的书写要求,我们一定要按标准规范书写	具体格式要求见文中第三章第二节

表4-22 "小熊请客"亲子戏剧活动创编环节——家长工作一览表

1. 亲子戏剧活动每一环节都离不开家长的支持与配合,为保持家长参与的积极性,提升活动开展的效率,每一环节结束后,教师都应布置明确清晰的任务,最好以家长会或书面告知的形式,让家长知道戏剧开展的进度、内容、他们需要从哪些方面进行配合等。如亲子歌剧"小熊请客"在经过前期"亲子阅读""亲子手工"的共同熟悉、感知后,进入戏剧创编环节,家长需要如何进一步配合幼儿园的工作?家长自身要承担什么角色?我们仍旧用书信形式向家长汇报学习进度及后继学习的计划、任务。
2. 给家长的一封信。

亲爱的家长:

您好!

在您的全力支持下,孩子们大概了解了"小熊请客"的故事内容,知道狡猾的狐狸贪吃、懒惰,因而不受大家的欢迎,它意欲抢夺别人的劳动果实,反而被打得落荒而逃。

目前,经过全体师生的共同探讨、想象、创造,我们已经大致创编出本戏剧的结构框架:第一幕——戏的开端部分,风和日丽的清晨,小花狗、小花猫、小鸡在前往小熊家做客的路上遇到了狡猾、贪吃、懒惰的无赖——狐狸,狐狸央求它们带上它一起前往小熊家,遭到拒绝后,狐狸怀恨在心。第二幕戏讲述的是三个客人分别来到小熊家,小熊拿出最美的食物与它们分享。第三幕戏讲述的是小熊和客人们运用智慧,巧妙地击败了前来侵犯的狐狸。第四幕戏讲述的是小熊和客人们打败狐狸后,载歌载舞,庆祝胜利。这样的情节设置,高潮迭起,冲突有序,深受幼儿的喜爱。

本剧在给幼儿呈现欢乐有趣的戏剧情节的同时,教育幼儿:好吃懒做、贪得无厌的人是不会得到别人的认可,不会受到欢迎,没有不劳而获的果实,同时,作为主人,对待客人,要热情、周到,作为客人,在主人家,要带上礼物,见面问好等。

以上是我们开展戏剧教学的进度安排,为了让您进一步了解您孩子的学习心得及掌握效果,以便"小熊请客"亲子戏剧工作有条不紊地开展,特布置以下亲子学习任务,请您及时向班级老师反馈学习情况。谢谢!

(1)请您利用闲暇时间,和幼儿一起讨论、想象、创编每一幕戏具体发生的故事(人物、时间、地点、语言、情节等)。

(2)和幼儿一起利用家里废旧物品制作人物头饰、服饰等装饰物以及剧中可能需要的道具。

(3)收集"小熊请客"的图书、光碟、儿歌、故事等作品,与孩子在家中尝试进行简单的合作表演。

再次谢谢您对我园工作的支持与配合,谢谢!

××幼儿园 ×班

×年×月×日

表4-23 "小熊请客"亲子戏剧活动创编环节——教学活动一览表

亲子戏剧流程	活动名称	活动重点	活动目标
戏剧创编	欢迎来做客	情节创作 肢体模仿 言语表达	1. 知道招待客人应做的准备工作,并能以表演的形式展现出来 2. 感受集体扮演和交往的快乐

续表

亲子戏剧流程	活动名称	活动重点	活动目标
戏剧创编	狐狸与小花猫	情节创作 肢体模仿 言语表达	1. 能够创编狐狸与小花猫之间的对话,在教师的指导下进行两两角色的呼应 2. 尝试用不同的动作模仿角色的行为 3. 乐于参加戏剧活动,喜欢用肢体动作和语言表现角色
	狐狸与小花狗	情节创作 肢体模仿 言语表达	1. 能够初步创编狐狸与小花狗之间的对话 2. 乐于参加戏剧活动,体验狐狸再次被拒绝的心情
	狐狸与小鸡	情节创作 肢体模仿 言语表达	1. 能够创编狐狸与小鸡之间的对话,在教师的指导下进行两两角色的呼应 2. 尝试用身体动作表演狐狸与小鸡对话的情节 3. 乐于参加戏剧活动,喜欢用肢体动作和语言表现角色
	去小熊家做客	肢体造型 装扮 言语表达	1. 知道做客时的基本常识和基本礼仪(学说礼貌用语等) 2. 通过肢体动作、装扮等来表现自己所扮演的角色
	没被邀请的狐狸	情节创作 语言创作	1. 敢于想象与表现没被邀请的狐狸的表情、语言和心理活动 2. 大胆想象并创作狐狸的独白语言
	客人爱吃的食物	角色塑造 肢体模仿 言语表达	1. 学会给动物分配食物 2. 运用身体动作表现食物造型 3. 感受身体表达的乐趣
	智斗小狐狸	角色塑造 情节创作 语言创作	1. 能大胆创编狐狸来到小熊家后的故事情节,并通过角色扮演表现出来 2. 能够创编小动物们与狐狸的对话,并想出对付狐狸的方法 3. 体验团结的力量
	快乐的聚餐	场景创作 情节创作	1. 能分角色扮演"快乐的聚会"的情景 2. 在音乐、舞蹈的轻松氛围之中感受聚餐的快乐
	我们一起编剧本	剧本创作	1. 知道戏剧表演需要剧本 2. 尝试通过讲故事的形式来创作剧本

（六）具体活动设计

活动2　欢迎来做客

活动目标

1. 知道招待客人应做的准备工作，并能以表演的形式展现出来。
2. 感受集体扮演和交往的快乐。

活动准备

1. 纸和笔。
2. 舒缓的音乐。

活动过程

1. 导入：戏剧游戏"打招呼"。

幼儿围坐成半圆，第一个幼儿选择身体的某个部位和旁边的同伴做打招呼的动作，如碰碰肩等。然后接受打招呼的幼儿做同样的动作传递给下一个同伴，以接龙的方式进行。一轮过后可重新选择起点，用不同的动作打招呼，继续游戏。

2. 讨论：客人来之前应该做的准备。

（1）教师扮演记录人，记录幼儿讨论招待客人要准备的事情。

师：招待客人要做哪些准备工作呢？我们一起想一想。

（2）总结讨论结果。

师：客人要来了，我们要把家里打扫干净，布置桌椅，还要买客人爱吃的各种食物。

3. 幼儿按小组分工完成自己的任务。

（1）商量分组类别。

师：为了招待好客人，我们要分成哪些工作小组呢？

（2）各个小组开始工作。

① 房间布置、装饰设计组：打扫卫生，利用桌椅划分区域。

② 欢迎牌的制作：在纸板上画出欢迎客人来做客的图案。

③ 食物制作组：幼儿可以用身体摆出各种食物造型，也可以在纸上画出想要招待客人的食物。

4. 结束游戏:"尝尝我的美味食物"。

师: 幼儿站成里外两个大圆圈,外圈是主人,里圈是客人,客人面向主人,主人动手做食物,客人品尝食物并做出夸张表情。每品尝完一次,外圈主人可按一个方向移到下一个位置再做食物,让下一位客人品尝,幼儿之间还可以交换角色。

活动3　狐狸与小花猫

活动目标

1. 能够创编狐狸与小花猫之间的对话,在教师的指导下进行两两角色的呼应。
2. 尝试用不同的动作模仿角色的行为。
3. 乐于参加戏剧活动,喜欢用肢体动作和语言表现角色。

活动准备

1. 狐狸与小花猫的手偶。
2. 舒缓的音乐。

活动过程

1. 导入:戏剧游戏"去郊游"。

播放背景音乐《郊游歌》,教师带领幼儿开心地走过小桥、穿过草地、绕过花丛、穿过小树林。

2. 模仿与表现"狐狸"的典型动作。

(1) 欣赏狐狸图片,教师引导幼儿仔细观察角色的动作与表情,让幼儿共同模仿。

师: 狐狸是什么样子的?它的眼睛是怎样的?它的爪子是怎样摆的?脚是怎么站立的?

(2) 在背景音乐中,自由模仿狐狸走路时的动作与表情,定格后相互展示。

师: 狐狸的动作是什么样子的?它说话时的眼睛是怎样的?用你的动作做一做,然后再看看别人是怎么做的。

3. 创编狐狸与小花猫之间的对话。

(1) 创编角色间的对话。

师: 小花猫遇到了狐狸,它们之间会发生什么呢?狐狸看到小花猫提着礼物高兴地走着,会问什么?小花猫怎么回答的?小花猫拒绝带着狐狸,狐狸会说什么?有什么动作和表情(叉腰、跺脚、愤怒)?

(2)幼儿表演"小花猫与狐狸",练习、巩固对话。

师:小花猫被邀请做客,心情怎样?会有什么动作?表情怎样?馋嘴的狐狸知道有好吃的,表情会怎样?不让它吃,它的表情还会怎样?

(3)鼓励幼儿两人一组选择运用手偶或分角色扮演的方法完整表演小花猫与狐狸对话的场景。

4.结束游戏:"小花猫散步"。

幼儿扮演小花猫在教室内自由漫步,教师可提示他们甩甩头、耸耸肩膀、甩甩胳膊、腿和脚、扭扭腰等,做一做肢体伸展活动。

我学狐狸

活动 4 狐狸与小花狗

活动目标

1. 能够初步创编狐狸与小花狗之间的对话。
2. 乐于参加戏剧活动,体验狐狸再次被拒绝的心情。

活动准备

1. 狐狸与小花狗的手偶。
2. 舒缓的背景音乐、小花狗叫声的音效。

活动过程

1. 导入:戏剧游戏"聆听声音"。

游戏开始时,幼儿闭眼、安静,聆听室内外的声音;聆听自己的呼吸声、心跳声等。教师可以选择教室内陈设的物品,有意弄出不同的声音,让幼儿辨别声音来自哪里,是什么东西发出的声音。最后播放小花狗"汪汪汪"叫声的音效,让幼儿猜猜是谁的叫声。

2. 创编并表演狐狸与小花狗之间的对话。

（1）讨论狐狸与小花狗的对话。

师: 狐狸被小花猫拒绝后,又遇到了前往小熊家做客的小花狗,你们猜猜它看到小花狗后会说什么？小花狗听到后,会如何回答呢？

（2）幼儿分角色扮演"狐狸与小花狗",练习、巩固对话。

师: 狐狸再一次被拒绝了,心情怎样？表情如何呢？

（3）模仿愤怒的狐狸的肢体动作。

师: 气愤至极的狐狸,会做哪些动作呢？身体是怎样的？请你学一学。

（4）鼓励幼儿两人一组,选择运用手偶或角色扮演的方法完整扮演狐狸与小花狗的对话场景。

3. 结束游戏:"辨别声音"。

全体幼儿自由选择舒适的位置,闭上双眼站好,听口令。教师随机指点一名幼儿,被指的幼儿说"大家好",其他幼儿根据声音辨别说话的幼儿是谁,说出是谁后可睁眼确认。教师继续请全体幼儿闭眼,指点下一名幼儿说话,游戏继续。

活动5　狐狸与小鸡

活动目标

1. 能够创编狐狸与小鸡之间的对话,在教师的指导下进行两两角色的呼应。
2. 尝试用身体动作表演狐狸与小鸡对话的情节。
3. 乐于参加戏剧活动,喜欢用肢体动作和语言表现角色。

活动准备

1. 小鸡和狐狸的手偶、鸡妈妈头饰。
2. 舒缓的音乐。
3. 小鸡与狐狸相遇时的图片、铃鼓一只。

活动过程

1. 导入:戏剧游戏"鸡宝宝出生啦"。

教师入戏,扮演鸡妈妈,幼儿扮演鸡蛋,表现鸡妈妈生蛋的情景。教师(戴上鸡妈妈的头饰):我是鸡妈妈,小朋友扮演鸡蛋。当我说"生出来一个鸡蛋"时,我肚子里的"鸡蛋"就要滚出来。

2. 创编小鸡与狐狸之间的对话。

(1) 出示图片,创编对话。

师:狐狸没有被小熊邀请,又被小花狗和小花猫拒绝了,这时它看到小鸡也拎着礼物走了过来,它会对小鸡说什么呢?小鸡会怎么回答?小鸡为什么不愿意带狐狸一起走?狐狸再一次被拒绝,脾气会怎么样?会说什么呢?

(2) 运用手偶和幼儿表演"小鸡与狐狸",练习、巩固对话。

3. 幼儿分组扮演不同角色,在教师指导下装扮自己并进行简单的情节创编。

(1) 集体讨论,快乐的"小鸡"和愤怒的"狐狸"会做哪些动作?幼儿可用肢体动作表达出不同动物的形象特征。

(2) 鼓励幼儿两人一组分角色完整表演小鸡和狐狸的对话情景。

4. 结束游戏:"小鸡跳舞"。

幼儿保持小鸡的形象跟随教师铃鼓的节奏移动。先让幼儿的手指跟着节奏晃动,然后是手臂、肩膀、头、腰、腿部、脚,继而让他们尝试跟随铃鼓的节奏全身运动。教师在拍打铃鼓时刚开始要慢,幼儿适应以后再加快速度。

鸡妈妈孵小鸡

活动6 去小熊家做客

活动目标

1. 知道做客时的基本常识和基本礼仪(学说礼貌用语等)。

2. 通过肢体动作、装扮等来表现自己所扮演的角色。

活动准备

1. 绘本《小熊请客》中小花猫、小花狗、小鸡初到小熊家的场景。

2. 小熊手偶,小猫、小狗、狐狸等角色头饰。

3. 音乐《走在乡间的小路上》。

活动过程

1. 导入:戏剧游戏"走在乡间的小路上"。

播放音乐,教师:小朋友们,我们现在在去小熊家做客的路上,戴上你们最喜爱的动物头饰,假装手里拿着篮子,春天到了,小鸟在枝头叽叽喳喳叫,花儿姑娘笑弯了腰,风婆婆慈爱地抚摸着我们的脸庞。去做客的心情真的真的很不错呀!哎哟哟,篮子里的礼物太重了,压得我走不动啦……

2. 观察绘本中的图片,引导幼儿讲述小花猫到来的情节。

(1) 观看图片,创编角色见面时的对话。

师:善良大方的小熊准备了好多好吃的,正在打扫卫生的时候,门铃响了,你们看是谁来了呀?小花猫见到小熊可能会说什么呢?小熊又会怎么回答呢?

教师小结:小熊、小花猫真懂礼貌,见面了会互相问好,会说"你好""请""谢谢"。

(2) 鼓励幼儿用动作表现送礼物的过程。

师:小花猫到小熊家做客,手里拎的什么呀?送给谁的呢?送礼物的时候,双手是怎样放的呢?小熊接过礼物又会怎么说?

教师小结:小花猫真懂礼貌,知道要用双手递出礼物;小熊也懂礼貌,会说谢谢。

3. 观察绘本中的图片,引导幼儿讲述小花狗到来的情节。

(1) 观看图片,创编角色见面时的对话。

师: 小熊正和先到的小花猫聊天,这时,门铃响了,你们看又是谁来了呀? 小花狗见到小熊可能会说什么呢? 小熊又会怎么回答呢?

教师小结: 小熊、小花狗真懂礼貌,见面了会互相问好,会说"你好""请""谢谢"。

(2)鼓励幼儿用动作表现送礼物的过程。

师: 小花狗到小熊家做客,手里拎的什么呀? 送给谁的呢? 送礼物的时候,双手是怎样放的呢? 小熊接过礼物又会怎么说?

教师小结: 小花狗也很懂礼貌,知道要用双手递出礼物;小熊也懂礼貌,会说"谢谢"。

4. 观察绘本中的图片,引导幼儿讲述小鸡到来的情节。

(1)观看图片,创编角色见面时的对话。

师: 小熊正在招待小花猫和小花狗吃好吃的,门铃响了,你们看是谁来了呀? 哦,原来小鸡也到了,小鸡见到小熊可能会说什么呢? 小熊又会怎么回答呢?

教师小结: 小熊、小鸡真懂礼貌,见面了会互相问好,会说"你好""请""谢谢"。

(2)鼓励幼儿用动作表现送礼物的过程。

师: 小鸡到小熊家做客,手里拎的什么呀? 送给谁的呢? 送礼物的时候,双手是怎样放的呢? 小熊接过礼物又会怎么说?

教师小结: 小鸡真懂礼貌,知道要用双手递出礼物;小熊也懂礼貌,会说"谢谢"。

5. 结束游戏:"去好朋友家做客"。

幼儿分组自由扮演客人与主人见面时的情景,会说礼貌用语,懂得基本礼仪。

活动7 没被邀请的狐狸

活动目标

1. 敢于想象与表现没被邀请的狐狸的表情、语言和心理活动。
2. 大胆想象并创作狐狸的独白语言。

活动准备

1. 喜、怒、哀、乐的表情图。

2. 表现愤怒的背景音乐。

活动过程

1. 导入：戏剧游戏"表情大不同"。

教师出示"喜、怒、哀、乐"的表情图，幼儿做出相应的表情，并说一说什么时候会做这样的表情。

2. 表现没被邀请的狐狸。

（1）想象与表现狐狸没有被邀请参加小熊家聚餐后的感受与表情。

师：狐狸眼看着小花猫、小花狗、小鸡都要去小熊家吃好吃的了，可是它没有被邀请。它心里会怎么想？会有什么表情？请大家来做一做。

（2）猜测与表现狐狸的独白语言，幼儿之间相互模仿。

师：狐狸没有被邀请，很生气，它跺跺脚，紧紧握着拳头，那它还会说什么呢？

师：我们扮演贪吃的狐狸，一边做表情，一边说出自己的心里话。

3. 创编狐狸生气的律动。

（1）欣赏节奏鲜明、表现出生气感觉的背景音乐。

师：听了这首音乐，你有什么感觉？

（2）一边听音乐，一边跟随教师做表现狐狸生气的律动。

师：你们这些坏东西！（叉腰、跺脚、伸拳）好哇！你们不带我去，我偏要去。到了小熊家，我就把好吃的东西，一口气都吞到肚子里，你们等着吧。（舔舔舌头，摇尾巴，挺着胸）

4. 结束游戏："享用美食"。

师：我们每个人手里正拿着自己最喜爱吃的食物，现在请你们开始吃喽，先咬一小口，哇，好香！再咬一大口，慢慢嚼，太香了！吃完了，用我们手里的纸巾擦嘴巴，从左往右，一点点擦干净……

好美味的食物

活动8　客人爱吃的食物

活动目标

1. 学会给动物分配食物。

2. 运用身体动作表现食物造型。

3. 感受身体表达的乐趣。

活动准备

1. 歌曲《做客歌》、小熊请动物朋友吃的食物的图片。

2. 小熊手偶,小猫、小狗、狐狸等角色头饰。

活动过程

1. 歌曲导入,激发幼儿活动兴趣。

师:今天,小动物们要去小熊家里做客,哪些小动物要去呢(出示头饰)？现在,我们一起唱着《做客》歌曲去小熊家里吧!

2. 理解故事内容,熟悉动物朋友到小熊家做客的场景。

(1) 出示图片,讨论小花猫爱吃的食物。

师:小花猫来到小熊的家里,小熊拿的什么给它吃呢？小花猫爱吃吗？小花猫最爱吃什么？你能不能表演一下小花猫吃鱼的场景？

(2) 出示图片,讨论小花狗爱吃的食物。

师:小花狗来到小熊的家里,小熊拿的什么给它吃呢？小花狗爱吃吗？小花狗最爱吃什么？你能不能表演一下小花狗吃肉骨头的场景？

(3) 出示图片,讨论小鸡爱吃的食物。

师:小鸡来到小熊的家里,小熊拿的什么给它吃呢？小鸡爱吃吗？小鸡最爱吃什么？你能不能表演一下小鸡吃虫儿的场景？

3. 结束游戏:"我最爱吃的食物"。

幼儿围成圈坐好,按顺时针方向,每位幼儿模仿自己最爱吃的食物的造型,其他小朋友尽可能地猜他在吃什么,三次猜不出,则失败,游戏继续。

活动9　智斗小狐狸

活动目标

1. 能大胆创编狐狸来到小熊家后的故事情节,并通过角色扮演表现出来。
2. 能够创编小动物们与狐狸的对话,并想出对付狐狸的方法。
3. 体验团结的力量。

活动准备

1. 相关的动物头饰、废纸卷成的团。
2. 警报音频,音乐《庆祝》。
3. 动物用石头块砸狐狸的图片。

活动过程

1. 导入:戏剧游戏"猜猜我是谁"。

师:小熊聚餐请来了它的好朋友。你们有没有自己的好朋友?今天,我们一起来玩个游戏,叫"猜猜我是谁"。请一位小朋友上来,我用东西蒙住他的眼睛,另一位小朋友说"猜猜我是谁?我是你的好朋友"!被蒙住眼睛的小朋友来猜说话的小朋友的名字。

2. 创编小动物来到小熊家做客的情节。

(1)创编小熊起床后的情节。

师:今天,小熊邀请它的好朋友来家做客,它早上起床后会做些什么事呢?

师:小熊准备了哪些好吃的给客人?

(2)创编聚餐的情景,大胆想象并用动作和表情表现不同动物的特征。

师:有哪些小动物来参加小熊家的聚餐活动?

师:它们进门的时候说了哪些祝福的话?它们带了什么东西给小熊?它们分别爱吃什么?

3. 戏剧冲突的出现:狐狸来了。

(1)播放警报音频,创编狐狸来到小熊家后的情景。

师:狐狸来到小熊家,想做什么?它来之后会发生什么事情?

(2)教师入戏,创编小动物们和狐狸的对话。

师:快开门,我是大狐狸!

幼儿:哎呀!是这个坏东西来了。你来做什么?

师:快开门,把好吃的东西都拿来!

(3)出示图片,创编小动物们对付狐狸的办法,并表演出来。

① 出示图片,情节创编。

师:小动物们会想出什么办法对付狐狸?结果怎样?

② 使用道具,分组扮演。

师:现在请小朋友分成五组,小花猫、小花狗、小熊、小鸡、小狐狸组,进行角色扮演。

4. 结束游戏:"胜利了"。

播放音乐《庆祝》,幼儿随着教师一起跳舞。

师:狐狸被小动物们用石头砸跑了,小熊和客人们跳起了舞蹈。

砸跑狐狸

活动 10　快乐的聚餐

活动目标

1. 能分角色扮演"快乐的聚会"的情景。

2. 在音乐、舞蹈的轻松氛围之中感受聚餐的快乐。

活动准备

1. 主要角色的头饰。

2. 喜庆、欢快的音乐。

活动过程

1. 导入:戏剧游戏"动物唱歌"。

幼儿分组围坐成圈,学不同动物唱歌的声音。如小熊唱"嗷呜、嗷呜……"、小花猫"喵喵喵……"、小花狗"汪汪汪……"、小鸡"叽叽叽……",以赛歌的形式,不同动物的声音此起彼伏。

2. 表演"小熊家的快乐聚餐"。

(1)幼儿自由选择角色。

(2)小熊出场:今天,我真开心,来了好多好朋友,我和好朋友还打败了狡猾的狐狸,我真开心!现在,我们一起唱歌、跳舞吧!

(3)幼儿分角色,用自己所选的动物角色的声音来唱歌。

3. 教师入戏扮演森林爷爷,与大家一起跳圆圈舞。

(1)教师以"森林爷爷"的角色进入,与幼儿一起庆祝战胜狐狸。

师:孩子们,我是森林爷爷,今天,小熊家好热闹呀,我也来和你们一起庆祝吧!好吗?

(2)森林爷爷与大家一起跳圆圈舞。

(3)教师出戏:今天和你们玩得真开心,时间过得真快,我要回到森林里了,小动物们,再见。

4. 结束游戏:"动物宝宝要睡觉"。

教师播放舒缓的轻音乐,并用语言进行提示,天渐渐地黑了下来,Party(聚餐)结束了。小动物们玩了一整天,很累很累,一回到家就躺在了地板上,甩甩酸酸的小脚,伸伸酸酸的胳膊,摸一摸身上的衣服,小动物们越来越困,慢慢地闭上眼睛,进入了甜蜜的梦乡。

活动 11 我们一起编剧本

活动目标

1. 知道戏剧表演需要剧本。

2. 尝试通过讲故事的形式来创作剧本。

活动准备

1. 绘本《小熊请客》。

2. 笔和纸。

活动过程

1. 了解表演需要剧本。

师：我们以后要表演"小熊请客"，但是要表演什么内容呢？这就是我们要一起讨论的剧本。

2. 确定表演的顺序。

（1）讨论第一幕：去小熊家做客的路上。

师：我们要开始表演了，最先出场的是谁？它遇到了哪些小动物？这些小动物们是要去哪里，做什么？狐狸是怎么和它们说话的？它们是怎么回答狐狸的？

（2）讨论第二幕：客人来到小熊家。

师：哪些客人来到小熊家？客人进门时应该说什么？主人是怎么回答的？小熊为客人们准备了哪些好吃的？小花猫爱吃什么？小花狗呢？小鸡呢？

（3）讨论第三幕：智斗狐狸。

师：狐狸来到小熊家，想干什么？它怎么说的？它成功了吗？小熊和动物朋友们如何打败它的？

（4）讨论终场：快乐的聚餐。

师：狐狸被打跑了，小熊和动物朋友们说了什么？它们是如何庆祝胜利的？

3. 教师记录幼儿的剧本，呈现完整的表演剧本。

（1）教师记录幼儿讨论的内容。

（2）呈现完整剧本，并鼓励幼儿讲述。

剧本《小熊请客》

【人　　物】　小熊、小猫咪、小狗、小公鸡、狐狸。

【舞台说明】　背景：大森林（场景一）、小熊家（场景二）。

道具：食物、礼物、头饰、石头等，头饰、动物服饰。

第一幕：去小熊家做客的路上

【舞台提示】　太阳透过树丛，照射着绿油油的草地，各种颜色的小野花，开得可好看啦！树上的小鸟快活地叫着。在一阵怪里怪气的音乐声中，狐狸顺着林中小路一颠一拐地走了过来。

狐　狸　我的名字叫"狐狸"，一肚子的坏主意，人人见我都讨厌，说我好吃懒做没出息。（他抬头看了看太阳）太阳升得高又高，可我肚子里还没吃东西，饿得我呀两条腿一点劲儿都没有了，嗨！还是让我到大树底下歇一会儿吧！

【狐狸靠着大树懒懒地眯上了眼睛】

【一阵轻快的音乐由远而近，小猫咪提着一包点心，连唱带跳地跑了过来】

【唱第一曲《到小熊家里去》】

小　猫　喵喵喵，

真呀真快活。

今天过节小熊请客。

我们到它家里去，

又吃又玩又唱歌，

喵喵喵，喵喵喵，

真呀真快活！

【狐狸听见小猫的歌声，就从树后跳了出来】

狐　狸　喂，小猫咪！你到小熊家里去吗？带我一块儿去吧？

小　猫　你？

【唱第二曲《我才不带你!》

小　猫　　狐狸,狐狸!

　　　　　你没出息!

　　　　　你自己不做工,

　　　　　还想白白吃东西。

　　　　　我呀,哼!

　　　　　我才不带你!

【小猫咪头也不回,连蹦带跳地渐渐走远了,狐狸看着小猫咪的背影气呼呼地骂了起来

狐　狸　　哼!真气死我啦!小猫咪真是个坏东西!

【它伸了伸懒腰,打了个哈欠

狐　狸　　唉!我还是在这躺一会儿吧!

【狐狸背靠着大树,两眼刚刚眯起来。远处又传来一阵愉快的音乐,小花狗带着给小熊的礼物,蹦蹦跳跳地跑来了

【唱第一曲《到小熊家里去》

小花狗　　汪汪汪,

　　　　　真呀真快活,

　　　　　今天过节小熊请客,

　　　　　我们到它家里去,

　　　　　又吃又玩又唱歌。

　　　　　汪汪汪,汪汪汪,

　　　　　真呀真快活!

【狐狸等小花狗走近了,又从树后跳了出来

狐　狸　　小花狗,你今天打扮得真好看,上哪儿去呀?

小花狗　　今天过节,我们到小熊家去玩!

狐　狸　　(焦急地)小花狗,小花狗,你带我一块去吧!

小花狗　　(指着狐狸的鼻子)

　　　　　狐狸,狐狸!

　　　　　你没出息!

　　　　你自己不做工,

　　　　还想白白吃东西。

　　　　我呀,哼!

　　　　我才不带你!

【小花狗瞪了狐狸一眼,蹦蹦跳跳地走远了

狐　狸　小花狗真是个坏东西!我还是在这儿再歇会儿吧!

【狐狸叹了口气,伸了个懒腰,垂头丧气地靠在树后,远处传来了小鸡的歌声

【唱第一曲《到小熊家里去》

小　鸡　叽叽叽,

　　　　真呀真快活,

　　　　今天过节小熊请客,

　　　　我们到它家里去,

　　　　又吃又玩又唱歌。

　　　　叽叽叽,叽叽叽,

　　　　真呀真快活!

【狐狸又跳了出来,满脸含笑地迎着小鸡走过来

狐　狸　哎呀呀,亲爱的小鸡呀!我简直都不敢认你啦!你今天打扮得多么漂亮呀!你这是要到哪儿去呀?

小　鸡　今天小熊请客,我到它家去玩!

狐　狸　这可太好啦!咱们可以在一块儿好好地玩玩啦!我跳舞给你看,小鸡,(狐狸把两眼眯成一条缝,声音特别柔和)你带我一块儿去吧?

【小鸡上下看了狐狸一眼,唱第二曲《我才不带你!》

小　鸡　狐狸,狐狸!

　　　　你没出息,

　　　　你自己不做工,

　　　　还想白白吃东西。

　　　　我呀,哼!

　　　　我才不带你!

【小鸡连头都没有回一下,就一跳一跳地走远了。狐狸气死了,看着小鸡的背

影,狠狠地骂起来

狐　　狸　（生气地）你们这些坏东西！好哇！你们不带我去,我偏要去。到了
　　　　　　　小熊家,我就把好吃的东西,一口气都吞到肚子里,你们等着吧！

【狐狸说着舔舔舌头,摇摇尾巴,挺着胸,大摇大摆地朝小熊家走去

【音乐也渐渐地隐下去

第二幕：客人来到小熊家

【舞台提示　在一间用石头堆起来的屋子中间放着一张木桌、四个小木凳,桌上摆着小熊给朋友们准备好的小鱼、肉骨头和小虫子。一盆开得非常好看的红花放在桌子中央。

【小熊在家里正忙,唱第三曲《朋友来了多高兴》

小　　熊　把地扫干净,桌子凳子擦干净,

　　　　　　朋友来了多高兴！

　　　　　　啦啦啦,啦啦啦,

　　　　　　朋友来了多呀多高兴！

【砰砰砰,响起了敲门声

小　　熊　谁呀？

小　　猫　我是小猫咪。

【小熊高兴地去把门打开,亲切地把小猫请进来,又把门关好

【小熊唱第四曲《欢迎曲》

小　　熊　欢迎你,欢迎你！

　　　　　　好朋友,我欢迎你！

小　　猫　（唱）看见你真高兴！

　　　　　　（白）小熊！

　　　　　　这一包点心送给你！

【小猫把点心递给小熊

小　　熊　（唱）谢谢你,

　　　　　　我也请你吃东西。

这是骨头、小鱼和小虫，

随便吃点别客气！

小　猫　（唱）骨头、小虫我不爱！

小小鱼儿我最欢喜！

（小猫咪正在高兴地吃着，又响起一阵敲门的声音）

小　熊　谁呀？

小花狗　我是小花狗。

【小熊扭动着胖胖的身子要去开门，小猫已经跑到前面把门打开，让小花狗进来，又把门关好

小　熊　（与小猫齐唱）

欢迎你，欢迎你！

好朋友，我们欢迎你！

小花狗　（唱）看见你们真高兴！

（白）小熊！

这一包点心送给你！

【小花狗把带来的点心递给小熊

小　熊　（唱）谢谢你，

我也请你吃东西。

这是骨头、小鱼和小虫，

随便吃点别客气！

小花狗　（唱）小鱼、小虫我不爱！

香香的骨头我最欢喜！

【小猫咪和小花狗正在高兴地吃着，"砰砰砰"门响了

小　熊　谁呀？

小　鸡　我是小鸡！

【小花狗第一个跑过去打开门，把小鸡请进来，又把门关好

小　熊　（与小花狗、小猫齐唱）

欢迎你，欢迎你！好朋友，我们欢迎你。

小　鸡　（唱）看见你们真高兴！

(白)小熊！

这一包点心送给你！

【小鸡把带来的点心递给小熊

小　　熊　（唱）谢谢你，

我也请你吃东西。

这是骨头、小鱼和小虫，

随便吃点别客气！

小　　鸡　（唱）骨头、小鱼我不爱！

小小虫儿我最欢喜！

第三幕：智斗小狐狸

【在欢快的音乐声中，大家正吃得高兴，忽然响起了几下重重的敲门声

小　　熊　谁呀？

狐　　狸　（大声地）快开门，我是大狐狸！

小　　熊　（吓了一跳，急得团团转）哎呀！是这个坏东西来了。

狐　　狸　（把门敲得更凶了）快开门，把好吃的东西都拿来！

【大伙儿很快地凑在一块儿，小鸡、小猫不停地问：怎么办？怎么办？

小　　熊　（低声地）别急，我有办法啦！

小　　鸡　快说，快说呀！

小　　猫　（与小狗、小熊齐说）什么办法？快说！

小　　熊　我盖房子的时候，还剩下来好些石头块儿，我把它分给你们，等一开门，咱们就一块儿拿石头砸它！

大　　伙　好！快点儿！

【小熊这时好像一点儿也不笨啦，很快就把石头块分完了

小　　熊　（轻声地）好了吗……我去开门。

【门"吱呀"一声开了，狐狸一步就跨进了门

狐　　狸　快把好吃的东西拿来，别惹我生气！

大　　伙　好吧！给你！给你！给你！

【大伙儿一面喊着,一面把石头狠狠地朝狐狸扔过去,狐狸抱起头,狼狈地叫起来

狐　狸　哎哟、哎哟……疼死我喽……快点儿逃走吧……

【狐狸夹起尾巴,想夺门逃走,它猛一转头,一下子碰在了石头墙上,痛得它倒退了两步,才看准门口,一溜烟跑了出去

第四幕：快乐的聚餐

【紧接着响起一阵欢快的笑声

小　熊　现在咱们大家可以好好地玩玩啦!

【大家一边唱歌,一边跳起舞来

【唱第五曲《赶走大狐狸》

小　猫　喵喵喵!

小　狗　汪汪汪!

小　鸡　叽叽叽、叽叽叽!

大　伙　哈哈哈哈哈哈!

小　熊　赶走大狐狸!

大　伙　心里多欢喜!

小　熊　跳起舞来唱起歌。

大　伙　高高兴兴来游戏,

　　　　啦啦啦啦啦啦!

　　　　啦啦啦啦啦啦!

　　　　赶走大狐狸,

　　　　心里多欢喜,

　　　　跳起舞来唱起歌,

　　　　高高兴兴来游戏,

　　　　啦啦啦啦啦啦!

　　　　啦啦啦啦啦啦!

【欢腾的尾声音乐清脆地响起来了……幕慢慢地落下啦

（七）亲子戏剧排演

角色的最终呈现是演员在经历了排演之后，在舞台艺术各个部门的配合下和同演者一起在舞台上呈现出来的。因此，可以说排演是呈现的过渡阶段，演出则是真正的呈现阶段。幼儿园亲子戏剧排演是幼儿及家长在教师的组织领导下，经过剧本分析、道具制作等准备工作之后，在共同认识的基础上，通过想象、模仿，创作出真实、鲜明、生动的舞台人物形象，最终完成整个演出的总体构思的一个阶段。排演共分为初排、细排、合成三个阶段，每个阶段所要完成的主要任务见本书"表4-7　亲子戏剧活动——排演工作一览表""表4-8　亲子戏剧活动——排演环节角色竞争告家长书""表4-9　亲子戏剧活动——排演环节告家长书"。

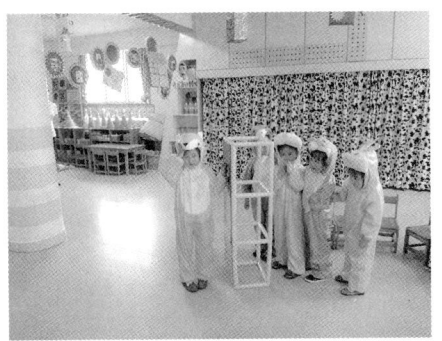

戏剧排演

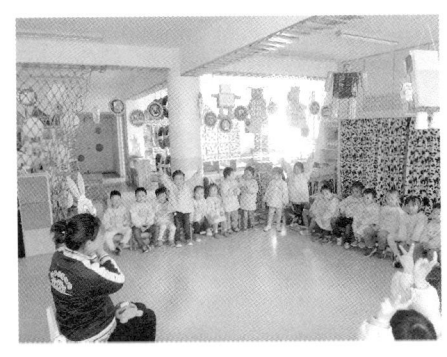

角色竞争

（八）亲子戏剧展演

幼儿园亲子戏剧展演并非专业的演出团队，编剧、导演、演员、剧务等所有工作都是教师、家长、幼儿及行政人员来承担，因此，各部门必须抱团合作，制定详细的活动方案及工作进度安排表、人员分工安排表，落实到人，反复整改，督促跟进，以最佳的姿态、最优的节目、最高的效率迎接正式演出。演出前，活动总指挥要考察场地及人员，熟悉整个活动流程，确保各部门的协同运作，做好各项准备工作；观演过程中，要体察小观众复杂而微妙的感受反应，检查并调整自己的艺术构思和舞台处理，虚心听取观众的意见，将演出推向更高的水平。幼儿园亲子戏剧展演各部门工作任务见本书"表4-10　亲子戏剧活动展演环节部门工作一览表""表4-11　亲子戏剧活动展演环节——家长注意事项"。

二、青蛙卖泥塘（亲子舞剧）

（一）故事背景

小青蛙一心想把自己住的泥塘卖了搬到城里去住。为了尽快卖掉泥塘，它听取小动物们的意见，改造了泥塘。小青蛙能卖掉泥塘吗？随着小青蛙的吆喝声，我们一起去看看到底发生了什么故事。

（二）主题说明

本主题选自童话故事《青蛙卖泥塘》。故事讲述了一只不愿住在烂泥塘的青蛙，很想卖掉泥塘。在卖的过程中，它听取了老牛、天鹅、小鸟、小兔子、蝴蝶、小猴子的建议，分别为泥塘注满了水，在泥塘边种了草、栽了花、还铺了路、盖了房子。焕然一新的泥塘，让小青蛙再也不愿卖掉泥塘，去城里居住了。这个故事告诉幼儿"美是我们勤劳的双手创造的"。《青蛙卖泥塘》所叙述的故事情节简单、主旨明了、角色生动、线索清晰、动作夸张，易于幼儿模仿、表现，为幼儿进行戏剧创作与戏剧表演提供有益的支撑。

首先，以欣赏故事《青蛙卖泥塘》为起点来开展活动。通过故事欣赏，激发幼儿模仿角色的兴趣。单独列出"我是小青蛙"这一典型形象的模仿创作，让幼儿对"青蛙"的外观特征、生活习性、肢体动作等有着直观的理解，为接下来的创编活动和表演活动奠定基础。其次,在戏剧创编环节,引导幼儿想象与创编"老牛买泥塘""天鹅买泥塘""动物买泥塘"时,分别提了哪些不同的意见,大胆想象角色之间的对话,并对后续改造泥塘不同意见的肢体表达和造型产生兴趣。最后,围绕"朋友来帮忙"的话题改造泥塘。结合幼儿已有的经验用肢体动作和语言表现角色典型特征,并辅以动物服饰、道具,以及合适的背景音乐烘托劳动时的场景和引发幼儿表现。

因这一主题活动主要通过演员的肢体动作,即身体的各种舞姿来表现剧情、塑造人物、揭示主题,据此,本戏剧定位为"亲子舞剧"。

(三) 亲子戏剧准备

幼儿园亲子戏剧"青蛙卖泥塘"活动的开展,首先需要教师通过主题渗透、环境创设、区角设置、文学知识搜集等相关准备工作丰富幼儿的戏剧经验。同时,家长也要协助教师,通过亲子阅读、亲子手工、亲子观影等方式,与幼儿一起感受戏剧活动的乐趣、益处。

表 4-24 "青蛙卖泥塘"亲子戏剧活动准备环节工作一览表

亲子戏剧流程	活动内容	活动事项	责任人
戏剧准备	选择剧本,提供戏剧来源	1. 选择剧本的基本流程:首先,幼儿、家长自由组合,成立亲子戏剧小组,讨论戏剧主题。其次,班级集体讨论,公开投票每个戏剧小组拟选的戏剧剧本。最后,家园合作、共同探讨、确定剧本 2. 选择剧本需注意:剧本要来源于幼儿生活、剧本要符合幼儿心理特点、剧本要适合舞台表演、剧本选择要有家长的参与	教师
	主题渗透,设计戏剧活动	1. 设计系列戏剧教学活动:青蛙卖泥塘、我是小青蛙、老牛买泥塘、天鹅买泥塘、动物买泥塘、朋友来帮忙、我们一起编剧本 2. 活动设计需注意:系列活动的设计与剧本预设框架线索一致;每一活动的设计紧紧围绕幼儿戏剧经验建构;正确理解情节预设与剧本生成的关系	

续表

亲子戏剧流程	活动内容	活动事项	责任人
戏剧准备	环境创设，营造戏剧氛围	1. 教室墙面（用卡纸、彩纸、废旧纸盒等一切可利用材料制作戏剧中的不同场景……） 2. 公共区域（包括走廊、门厅……）粘贴、制作、布置与"青蛙卖泥塘"戏剧主题相关的元素，营造戏剧情境 3. "青蛙卖泥塘"亲子戏剧宣传海报（可以喷绘，也可以利用 KT 板、废旧纸板等制作。） 4. "青蛙卖泥塘"亲子戏剧主题活动墙（备注：以"青蛙卖泥塘"戏剧主题内容为中心，依照亲子戏剧准备、创编、排演、展演、延伸的戏剧经验的完整建构过程，呈现出活动流程每一环节的实践情况，形成主题网络图，包括每一环节的任务、目标、责任人，实施概况的文字表述及实施过程中师生、亲子精彩照片；也可呈现本班在预设基础上生成的其他特色创意活动。）	教师
	区角设置，体验戏剧情境	1. **语言区**：（1）阅读与买和卖相关的图书；（2）师幼自制"青蛙卖泥塘"连环画剧本，并分享阅读 2. **美工区**：制作"青蛙卖泥塘"中相关角色的手偶、头饰；泥塑制作：烂泥塘；师幼共同创作泥塘的场景 3. **表演区**：粘贴教师与幼儿共同制作的剧本《青蛙卖泥塘》；幼儿分角色扮演，教师可提供各种服装、道具等 4. **科学区**：提供森林地貌等图片，湿地沼泽公园等图片	
	搜集文献，整理戏剧常识	以专题 PPT 或者给家长一封信的形式，帮助家长了解戏剧常识，了解国内外戏剧教育动态，引领家长树立正确的戏剧教育理念	
	了解国内外戏剧教育动态	1. 了解西方发达国家学校戏剧教育的历史和现状 2. 了解我国戏剧教育的传统和我国港台地区的戏剧教育实践	
	树立正确的戏剧教育理念	1. 戏剧教育的终极目标是人格教育，而非才艺培养 2. 戏剧教育是实施人文素质教育的重要载体 3. 开展戏剧教育是为了造就全面发展的人	

续表

亲子戏剧流程	活动内容	活动事项	责任人
戏剧准备	明确戏剧教育的具体任务	与教师积极沟通,明确每一环节需承担的任务	家长
	家庭内开展亲子互动游戏	亲子阅读、亲子手工、亲子观影等	
	了解基本的戏剧常识	根据幼儿年龄特征,引导其了解戏剧常识:故事情节、角色、场景、道具等	幼儿
	参观剧场,实际体验	有条件的地区,可以组织幼儿参观剧场,实际体验,条件不足的地区,可以组织幼儿观看与剧场相关的影视、图片等资料,丰富其感性认识,为开展戏剧活动、模拟剧场奠定认知基础	
	发挥主体作用,参与剧本选择	自由成立亲子戏剧小组,产生"强强组合""弱弱组合"和"强弱组合"。参与剧本选择	
	了解选定戏剧主题的相关知识	营造环境、提供材料,引导幼儿做好相应的知识经验准备	
	角色竞争,选择喜爱的角色	需注意的是,这里的"竞争"是趣味的、融洽的、民主的,形式是亲子共同参与的快乐游戏,切不可搞成"选拔式""竞赛式",让幼儿产生畏难、恐惧、抵触心理	

美工区

表 4-25 "青蛙卖泥塘"亲子戏剧活动准备环节——家长工作一览表

1. 通过校讯通、网络平台、家长园地及日常交流,进一步认识到幼儿园亲子戏剧教育对于幼儿的认知拓宽、言语表达、肢体表现、创造想象、社会性发展的价值,以及对和谐家庭、家园、社会的功能,鼓励幼儿踊跃参与亲子戏剧活动。
2. 给家长的一封信。

  亲爱的家长:

    您好!

    我们即将开展"青蛙卖泥塘"戏剧活动。该故事讲述的是小青蛙一心想把自己住的泥塘卖了搬到城里去住。为了尽快卖掉泥塘,它听取小动物的意见,经过一番努力改造了泥塘。

    孩子们能根据自己的已有经验创作故事的情节。在模仿、创作、扮演中,他们愿意用表演的形式表达出小青蛙卖掉泥塘想成为城里人的心理,以及小动物们分别根据自己的生活习性建议小青蛙进行泥塘改造的故事,从而获得丰富的情感体验,同时也能感受到与同伴合作表演的快乐!

    在主题开展过程中,我们希望您踊跃报名,与孩子一起参与并协助我们,与孩子共同尝试创编剧本,制作道具、装饰物等。在参与过程中,孩子们会增强对音乐的感受能力和表现能力,体验创作的乐趣,并学会与同伴分享自己的经验。他们也会在肢体表达、想象力、创作力、语言表达能力等方面得到更大的提升。同时,您自己不仅获得表演的乐趣,重获童年的体验,而且与孩子的关系将更加亲密,利于您家庭和谐氛围的营造。

    为了丰富孩子们的相关经验,挖掘丰富的教育资源,请您协助我们做好以下相关工作:

    (1) 请您以孩子喜欢喜爱和能接受理解的方式帮助他们熟悉故事内容,了解小青蛙的形象、表情等外观特点以及生活习性;了解泥塘的特征及周围可能生活的动植物;鼓励他们尝试用动作表达青蛙劳动时的情景……

    (2) 了解自己孩子扮演的角色,和孩子一起进行装扮,包括制作服装、头饰、面具等。

    (3) 收集有小青蛙、老水牛、小兔子等角色造型的头饰或服饰。

    (4) 协助教师收集相关的音乐磁带或碟片等。

    我们非常期待您和您的孩子在我园"青蛙卖泥塘"戏剧主题活动中的精彩表现!对您的积极支持和配合给予诚挚的感谢!

                     ××幼儿园×班

                       ×年×月×日

表 4-26 "青蛙卖泥塘"亲子戏剧活动准备环节——教学活动一览表

亲子戏剧流程	活动名称	活动内容	活动目标
戏剧准备	青蛙卖泥塘	故事欣赏 动作模仿	1. 理解故事《青蛙卖泥塘》的内容,知道其中的主要角色 2. 能用肢体动作模仿简单的故事情节 3. 体验戏剧表演的快乐

（四）具体活动设计

活动 1　青蛙卖泥塘

活动目标

1. 理解故事《青蛙卖泥塘》的内容，知道其中的主要角色。
2. 能用肢体动作模仿简单的故事情节。
3. 体验戏剧表演的快乐。

活动准备

1. 青蛙、老牛、天鹅、鸟妈妈等角色头饰。
2.《青蛙卖泥塘》课件及图片。
3. 轻松活泼的音乐。

活动过程

1. 导入：戏剧游戏"动物 T 台秀"。

教师划分 T 台区域，每个小朋友戴上各自想演的角色头饰，在活泼的音乐中，教师喊口令：小小动物伸伸胳膊（T 台上的角色就要做出伸伸手臂的动作）；小小动物转转圈（T 台上的角色就要做出转圈的动作）；小小动物摆个酷酷的 Pose（T 台上的角色就要摆出很酷很有个性的 Pose）……

2. 故事欣赏：初步感受《青蛙卖泥塘》中的不同角色。

（1）初步欣赏故事作品。

师：这个故事里有谁？青蛙想做一件什么事？它想卖给哪些小动物？小动物们和它说了什么？

（2）教师向幼儿介绍故事作品的主要内容。

3. 在背景音乐下模仿故事中自己喜欢的角色的肢体动作。

（1）自由模仿自己喜欢的角色，并尝试肢体表达，相互欣赏。

师：你喜欢故事中的哪只小动物？它是什么样子的？用动作做出来。

（2）仔细观察主要角色的外形特征（小青蛙、天鹅、老牛），共同模仿。

教师逐一出示每个主要角色的画面，观察其肢体动作及局部典型特征，鼓励幼儿集体模仿或请个别幼儿在集体面前展示，相互学习。

师：青蛙什么样子？大家来做做它的动作。老牛的身体是什么样子的？有一条长长的什么？天鹅是什么样子？飞起来的时候翅膀是什么样子？大家一起学一学。

4. 结束游戏："和小青蛙一起晒太阳"。

（1）所有小朋友分别戴上头饰，扮演小动物。

（2）播放轻松的背景音乐，全体幼儿安静地躺在地上，自由地放松身体。

师：小动物们，泥塘边的草地上，太阳照得暖暖的，我们一起躺下晒太阳吧！

和小青蛙一起晒太阳

动物T台秀

（五）亲子戏剧创编

亲子戏剧剧本的创编，主要是在教师的精心组织下，将戏剧主题融入幼儿园学期主题课程，通过一系列贴近戏剧主题的教学活动，师幼共同创编。在此过程中，"亲子编戏"同步进行。幼儿园亲子戏剧"青蛙卖泥塘"戏剧创编环节具体实施模式见下表。

表4-27 "青蛙卖泥塘"亲子戏剧活动创编环节——教师工作一览表

戏剧创编	创编原则	1. 亲子戏剧创编要符合幼儿年龄特征 2. 亲子戏剧创编要符合幼儿文学创作规律 3. 亲子戏剧创编要体现幼儿的主体地位
	结构创编	1. 系列教学活动的设计与剧本预设框架线索一致 2. 每一教学活动的设计与幼儿戏剧经验建构紧密相连 3. 正确理解情节预设与剧本生成的关系

续表

戏剧创编	结构创编	确立主旨	一出戏要讨论的中心话题	
		确立提纲	1. 出现矛盾（冲突） 2. 矛盾双方的相互博弈 3. 矛盾被解决	大致故事发生的背景是什么？开始是什么？接着又发生什么？结局怎样？
	文本创编	剧情创编	剧情是由"人"和"事"构成，在剧中，什么人做了一件什么事，这就是一段剧情。幼儿园亲子戏剧活动任何环节都要体现幼儿"主体性"的指导思想，尊重幼儿，引导幼儿充分发挥想象力。每一幕剧情创编都应如此	如创编亲子戏剧"青蛙卖泥塘"第一幕"老牛买泥塘"，教师引导幼儿：青蛙卖泥塘，第一个遇到了谁？青蛙说出自己卖泥塘的想法时，牛爷爷说了什么？青蛙听取牛爷爷的建议了吗？它是怎么做的？
		人物创编	为使剧情丰满，在前期预设主要角色的基础上，引导幼儿大胆想象，生成更多的角色，也可以根据情节发展需求，适当增加新角色，满足更多幼儿的表演需要	在"青蛙卖泥塘"中，设置主要的角色和场景，并浓墨重彩地描述，如"老牛买泥塘""天鹅买泥塘"，也设置蝴蝶、小鸟等戏份不是很重的角色，却能满足更多幼儿的表演需要
		语言创编	一部剧本主要由两部分组成：人物的台词和剧作家的舞台提示。在舞台演出时，剧本中人物的台词，由演员辅以表情、动作直接讲给观众听。剧作家的舞台提示是以剧作者的口气来写的叙述性文字说明，一般包括：(1) 对剧情发生的时间、地点的交代；(2) 对剧中人物的形象特征、形体动作及内心活动的描述；(3) 对人物活动环境的提示，如对场景、气氛的说明，对布景、灯光、音响效果等方面的要求	引导幼儿想象角色之间的对话。如教师：我是快乐的小青蛙，我想卖泥塘了，大家来看看我的泥塘，漂亮吗？还要加些什么呢？
		剧本书写	剧本的书写也就是文面，是指剧本呈现的样式，它是由语言符号组成的，与儿歌、故事、童话、诗歌等题材的语言组合全然不同。剧本改编后，有其自己的书写要求，我们一定要按标准规范书写	具体格式要求见文中第三章第二节

表4-28 "青蛙卖泥塘"亲子戏剧活动创编环节——家长工作一览表

1. 亲子戏剧活动每一环节都离不开家长的支持与配合,为保持家长参与的积极性,提升活动开展的效率,每一环节结束后,教师都应布置明确清晰的任务,最好以家长会或书面告知的形式,让家长知道戏剧开展的进度、内容、他们需要从哪些方面进行配合等。如亲子戏剧"青蛙卖泥塘"在经过前期"亲子阅读""亲子手工"的共同熟悉、感知后,进入戏剧创编环节,家长需要如何进一步配合幼儿园的工作?家长自身要承担什么角色?我们仍旧用书信形式向家长汇报学习进度及后继学习的计划、任务。

2. 给家长的一封信。

亲爱的家长:

您好!

相信您对"青蛙卖泥塘"的故事已经耳熟能详了,孩子们也已经知道了"青蛙卖泥塘"的故事内容,知道小青蛙一心想卖掉泥塘是因为想搬到城里居住,然而在小动物们的建议下,泥塘变成了有花有草、有树有水、有路通往城里的绝佳胜地,以至于小青蛙不舍得再卖泥塘。

目前,经过全体师生的共同探讨、想象、创造,我们已经大致创编出本戏剧的结构框架:第一幕——戏的开端部分,晴朗的早晨,小青蛙声音嘹亮地叫卖着它的泥塘,老牛爷爷建议它种上草才会有人买;第二幕戏讲述的是小青蛙在天鹅姑娘的建议下给泥塘又注满了水;第三幕戏讲述的是小青蛙分别在鸟妈妈、蝴蝶、兔爸爸、猴爷爷的建议下,将泥塘打造成了有树、有花、有房子、有路的美丽家园;第四幕戏讲述的是在眼见泥塘大变样后,小青蛙不舍得再卖泥塘,并和小伙伴们一起分享,共同生活在和谐的家园里。

本剧在给幼儿呈现欢乐有趣的戏剧情节的同时,教育幼儿大自然里有树、有草、有水、有房、有路,那是我们的美丽村,我们共同生活的美丽家园,就应呈现这样一片和谐共生的景象。同时,教育幼儿虚心接受别人善意的建议,美的事物都是自己创造的,并愿意与大家一起分享劳动果实。

以上是我们开展戏剧教学的进度安排,为了让您进一步了解您孩子的学习心得及掌握效果,以便"青蛙卖泥塘"亲子戏剧工作有条不紊地开展,特布置以下亲子学习任务,请您及时向班级老师反馈学习情况。谢谢!

(1)请您利用闲暇时间,和幼儿一起回忆、讨论、想象、创编每一幕戏具体发生的故事(人物、时间、地点、语言、情节等)。

(2)和幼儿一起利用家里废旧物品制作人物头饰、服饰等装饰物以及剧中可能需要的道具。

再次谢谢您对我园工作的支持与配合,谢谢!

××幼儿园×班

×年×月×日

表 4-29 "青蛙卖泥塘"亲子戏剧活动创编环节——教学活动一览表

亲子戏剧流程	活动名称	活动重点	活动目标
戏剧创编	我是小青蛙	肢体造型表达创造	1. 模仿青蛙的叫声,表演青蛙跳跃的姿势与角色特征 2. 能通过肢体动作与言语表达简单创编情节 3. 运用服装、道具简单即兴装扮,塑造情节中的角色
	老牛买泥塘	情节创编 肢体模仿	1. 能通过肢体动作、装扮等来表现自己所扮演的角色 2. 能创作与表现角色之间的对话
	天鹅买泥塘	情节创编 肢体模仿 情感体验	1. 能通过肢体动作、装扮等来表现自己所扮演的角色 2. 能创作与表现角色之间的对话 3. 乐于参加戏剧活动,喜欢用语言和肢体动作表现角色
	动物买泥塘	情节创编 肢体模仿 合作表演	1. 能大胆想象自己扮演的角色,并根据角色特点来给青蛙提建议 2. 尝试创编合适的对话,巩固合作表演的能力
	朋友来帮忙	肢体模仿 合作表演	1. 能与同伴合作用肢体表现房子、树、花、草的造型 2. 体验合作与表达的乐趣
	我们一起编剧本	剧本创作	1. 能根据道具、头饰或照片等,完整讲述剧情 2. 知道戏剧表演需要剧本,能用添画的方式自制剧本 3. 体验剧本创作的快乐

(六)具体活动设计

活动2　我是小青蛙

活动目标

1. 模仿青蛙的叫声,表演青蛙跳跃的姿势与角色特征。
2. 能通过肢体动作与言语表达简单创编情节。

3. 运用服装、道具简单即兴地装扮,塑造情节中的角色。

活动准备

1. 舒缓的音乐。

2. 纸和笔。

3. 青蛙跳跃的视频。

活动过程

1. 导入:戏剧游戏"青蛙跳池塘"。

游戏开始时可以两个幼儿一组,假设自己是一只青蛙。其中一个幼儿向前跳了一下,另一个幼儿在对方双脚落地时,想象着由于池塘里的水被跳下来的青蛙震动了,受到这种影响,自己跳开一步。集体游戏时,大家都想象自己是池塘中的青蛙,只要有一个人跳动,其他人都会受到影响而跳动起来。假如你跳动后,发现别人也跳动了,你必须接着跳起来回避。因此,每个幼儿都要注意其他人的动作。既可以主动地跳动去影响别人,也要注意跟随别人的跳动及时地做出应有的反应。

2. 尝试学一学青蛙的叫声。

(1) 教师入戏,与幼儿共同模仿青蛙的叫声。

师:我是青蛙妈妈,宝宝们真可爱,老师要唱首歌给你们听(教师运用青蛙"呱呱呱"的叫声唱歌)。青蛙宝宝们,你们学会了吗?

(2) 学会控制叫声。

师:现在,请青蛙宝宝们仔细听,当青蛙妈妈说"大"时,小青蛙们就大声唱,当青蛙妈妈说"小"时,青蛙宝宝们就小声唱。

3. 尝试用肢体动作模仿青蛙。

(1) 描画青蛙的样子。

师:刚才我们学会了青蛙叫,那你们知道青蛙长什么样子吗?我们一起来说一说,老师负责记录。

(2) 用趴着跳、蹲着跳等方式表现青蛙的角色特征。

师:青蛙是什么样子的?它可以怎么跳?试一试不同的方式。

4. 结束游戏:"小青蛙游泳"。

幼儿模仿青蛙游泳的姿势(即蛙泳的姿势),趴在地上,闭上双眼,伴随着舒缓的音乐,想象着自己在池塘里游来游去。

活动3 老牛买泥塘

活动目标

1. 能通过肢体动作、装扮等来表现自己所扮演的角色。
2. 能创作与表现角色之间的对话。

活动准备

1. 青蛙卖泥塘的背景装饰,青蛙和老牛的头饰以及角色的图片。
2. 静谧舒缓的轻音乐。

活动过程

1. 导入:戏剧游戏"我是小老板"。

一组幼儿扮演顾客,一组幼儿扮演老板,在桌子上摆放好自己想要卖的物品,自由表达,甚至吆喝,招揽顾客,想尽办法,将自己的物品卖出去。教师可以适当引导幼儿思考卖出东西的方式方法。

2. 回忆已有经验和借助图片来丰富幼儿对角色的认识。

(1)幼儿根据已有经验,讲述青蛙和老牛的样子。

师: 青蛙是什么样子的?怎么走路?皮肤是什么颜色?眼睛长在哪里?

(2)欣赏青蛙和老牛不同状态下的图片,丰富幼儿的经验。

师: 这里有不同的小青蛙和老牛,你们看看它们都在干什么?

3. 能通过肢体动作、装扮等来表现自己所扮演的角色。

(1)教师将幼儿分成两组,幼儿根据自己的喜好选择想要扮演的角色,讨论如何扮演好不同的青蛙和老牛。

师: 青蛙们都在做什么?谁来扮演捉虫子的青蛙……

(2)用肢体动作自由表达不同状态下的青蛙和老牛,并相互模仿。

4. 创编角色之间的对话,集体扮演角色,表演情节。

(1)创编角色之间的对话。

师: 青蛙卖泥塘,第一个遇到了谁?青蛙说出自己卖泥塘的想法时,牛爷爷说了什么?青蛙听取牛爷爷的建议了吗?它是怎么做的?

(2)集体分角色扮演。

教师旁白,引导幼儿表演。

师:青蛙想卖掉泥塘,搬到城里去居住,这天早上,它起床后遇到了牛爷爷,它对牛爷爷说……

5. 结束游戏:"小青蛙回家"。

教师播放舒缓静谧的音乐,引导幼儿进入夕阳西下的情境,请幼儿闭眼,告诉幼儿"太阳下山了,小青蛙要回家休息了"。幼儿听音乐放松身体。

我学老牛爷爷

活动4 天鹅买泥塘

活动目标

1. 能通过肢体动作、装扮等来表现自己所扮演的角色。
2. 能创作与表现角色之间的对话。
3. 乐于参加戏剧活动,喜欢用语言和肢体动作表现角色。

活动准备

1. 青蛙卖泥塘的背景装饰,青蛙和天鹅的指偶以及角色的图片。
2. 音乐《四小天鹅》、铃鼓一只。

活动过程

1. 导入:戏剧游戏"照镜子"。

教师请幼儿两两面对面站成两排，一名幼儿做一种动物的造型，对面的幼儿模仿他的动作，并猜一猜他在演什么。结束后再交换游戏。

2. 回忆已有经验和借助图片来丰富幼儿对角色的认识。

（1）幼儿根据已有经验，讲述天鹅的样子。

师：天鹅是什么样子的？怎么飞翔？羽毛是什么颜色？嘴巴是什么颜色？在水里会做什么呢？

（2）欣赏天鹅不同状态下的图片，丰富幼儿的经验。

师：这里有不同的天鹅，你们看看它们都在干什么？

3. 创编并表演青蛙和天鹅的对话。

（1）幼儿集体讨论小青蛙和白天鹅之间的对话。

师：小青蛙在牛爷爷的建议下，在泥塘的周围种上了小草，这一天，它又出来卖泥塘了，喊着喊着，它遇到了天鹅姐姐，小青蛙看到天鹅姐姐会说什么呢？天鹅姐姐又会说什么呢？

（2）幼儿进行指偶表演和角色扮演"小青蛙和天鹅姐姐"，练习、巩固对话。

4. 幼儿分组扮演不同的角色，在教师指导下装扮自己并进行简单的情节创编。

（1）教师将幼儿分成两组，幼儿根据自己的喜好选择想要扮演的角色，讨论如何扮演好青蛙和天鹅。

师：一起跟着音乐，两两表演，并加上动作和语言。

（2）教师旁白，幼儿分角色扮演、表达创编的情节内容。

5. 结束游戏："天鹅跳舞"。

幼儿保持天鹅的形象跟着教师铃鼓的节奏移动。先让幼儿的手指跟着节奏晃动，然后是手臂、肩膀、头、腰、腿、脚，继而让他们尝试按着铃鼓的节奏全身运动。教师在拍打铃鼓时刚开始要慢，幼儿适应以后再加快速度。

活动 5 动物买泥塘

活动目标

1. 能大胆想象自己扮演的角色，并根据角色特点来给青蛙提建议。
2. 尝试创编合适的对话，巩固合作表演的能力。

活动准备

1. 各类小动物头饰。

2. 音乐《shopping》《卡农》。

活动过程

1. 导入：戏剧游戏"百变动物秀"。

师：我们现在来玩一个好玩的游戏"百变动物秀"，大家各自想一想你最想变成哪一种小动物，然后把它的特征表现出来。我看看你们的本领大不大，能不能一眼就让我看出来你变的是什么动物。

2. 教师和幼儿讨论不同动物的习性，尝试用不同动物的习性来建议小青蛙。

（1）教师和幼儿讨论不同小动物的习性，幼儿尝试表演。

师：刚才你们都变成了哪些小动物？请你来展示小动物的特长或它们喜欢的居住环境。

（2）幼儿扮演小动物，思考与表现用自己的建议帮助小青蛙卖泥塘。

师：青蛙想卖泥塘，听取牛爷爷的建议，给泥塘种了草，听取天鹅姐姐的建议，给泥塘引入了水，现在，它又遇到了谁呢？它们会给它什么建议呢？

3. 尝试创编小动物们和小青蛙之间的对话。

（1）创设情境：播放歌曲《shopping》，教师入戏扮演小青蛙。

师：我是快乐的小青蛙，我想卖泥塘了，大家来看看我的泥塘，漂亮吗？还要加些什么呢？

（2）幼儿扮演动物，教师和幼儿共同创编动物们给小青蛙提建议的对话。

师：小动物们，你们给小青蛙提建议时，对它说了什么？你们喜欢泥塘有什么？

（3）一名幼儿扮演小青蛙，其余幼儿自选小动物角色，分组表演小动物们帮助小青蛙的片段。

师：每一种小动物作为一个小组，一起来到小青蛙面前，对小青蛙说怎么样可以让泥塘更美。

4. 结束游戏："美丽的泥塘"。

教师播放钢琴曲《卡农》，幼儿自由放松全身，闭眼想象。教师用轻柔的声音讲述："在美丽的大森林里，有一个美丽的泥塘，泥塘边，有高大的树木、漂亮的花朵，泥塘里的水好干净呀,小动物们都进来洗澡吧!"

活动6　朋友来帮忙

活动目标

1. 能与同伴合作用肢体表现房子、树、花、草的造型。
2. 体验合作与表达的乐趣。

活动准备

1. 青蛙卖泥塘的背景装饰。
2. 轻音乐,儿歌《粉刷匠》。
3. 各种动物头饰。

活动过程

1. 导入:戏剧游戏"粉刷匠"。

教师播放儿歌《粉刷匠》,幼儿分成四组,每组围成一个圈,在固定的空间里,假想面对一堵墙,跟随音乐声中,运用肢体自由表达刷墙的过程。"我是一个粉刷匠,粉刷本领强,我要把那新房子,刷得更漂亮,刷完屋顶又刷墙,刷子飞舞忙,哎呀我的小鼻子,变呀变了样。"

2. 讨论小鸟、蝴蝶等动物帮助小青蛙的办法。

（1）讨论小鸟的办法。

师:小鸟会想出什么好办法呢？需要什么工具帮忙吗？它们是怎么种树的？

（2）讨论蝴蝶的办法。

（3）讨论兔爸爸的办法。

（4）讨论猴爷爷的办法。

3. 教师旁白创设情境,幼儿表演种树、栽花、铺路、盖房子的场景。

（1）幼儿自由选择工作组,帮助青蛙改善泥塘环境。

师:小青蛙听取了朋友们的建议,它决定在泥塘周围种上许多树、栽上许多花、铺上一条路,再盖上一座房子,可是,它一个人做不了这么多事情呀,你们愿意帮它吗？

（2）幼儿集体表演劳动的情景。

4. 结束游戏："朋友的拥抱"。

教师扮演小青蛙，其余幼儿扮演小青蛙的动物朋友。在轻音乐的伴随下，小青蛙给帮助它的朋友们每人一个温暖的拥抱，以表示感谢。

活动7　我们一起编剧本

活动目标

1. 能根据道具、头饰或照片等，完整讲述剧情。

2. 知道戏剧表演需要剧本，能用添画的方式自制剧本。

3. 体验剧本创作的快乐。

活动准备

1. 小青蛙、老牛、天鹅、小鸟、猴子、兔子、蝴蝶的头饰、道具。

2. 剧本的背景图。

第一幕：老牛爷爷买泥塘；

第二幕：天鹅姐姐买泥塘；

第三幕：动物朋友买泥塘；

第四幕：朋友来帮忙。

活动过程

1. 教师依次出示道具或头饰，回忆故事发展线索。

（1）出示道具或头饰。

师：这是什么？谁用的？它做了什么？

（2）出示剧本背景图，幼儿根据背景图讲述完整情节。

2. 明确剧本内容和主要角色。

（1）根据背景图，讨论剧中的各个主要部分。

师：请看这一幅图，讲的是什么故事？

师：这就是剧本的第一部分，也叫第一幕。

（2）讨论剧本各个部分的主要角色，教师用简笔画做记录。

3. 幼儿分组，自制剧本。

（1）分组绘画。

师：这一幅图上还缺什么？可以画在哪里？

（2）展示与分享。

剧本《青蛙卖泥塘》

【剧情介绍】 小青蛙一心想把自己住的泥塘卖了搬到城里去住。为了尽快卖掉泥塘，它听取小动物们的意见，改造了泥塘。小青蛙能卖掉泥塘吗？随着小青蛙的吆喝声，我们一起去看看吧。

【人　　物】 小青蛙、小青蛙的朋友们、牛、天鹅、小草、小花、小鸟、兔子、猴子、蝴蝶、家长扮演的背景树。

【舞台提示】 舞台布景是一个泥塘，泥塘周围有树林和一座房子。

第一幕

【随着音乐《森林狂想曲》，小青蛙和朋友们出场，音乐结束，小青蛙的朋友们下场

【小青蛙出场

小青蛙　卖泥塘嘞，卖泥塘！卖泥塘嘞，卖泥塘！

【老牛出场

老　牛　（单手向小青蛙挥挥，打哈欠并将两手打开做起床动作。）你好啊！小青蛙！这么早起来，在这儿干吗呢？

小青蛙　哦，是牛爷爷啊，我想把这泥塘卖了搬到城里去。

老　牛　嗯，这个水坑坑嘛，在里边打打滚儿倒确实挺舒服的。

【说完在泥塘里打了个滚

老　牛　（手指池塘，双手摇摇并向前方摊开）可是，你看，这周围连棵草都没有，谁来买你的泥塘啊！

小青蛙　（朝老牛挥手）牛爷爷，再见！

老　牛　（背对小青蛙，边走边说）小青蛙，再见！

【小青蛙种草】

小青蛙　　牛爷爷说得对,要是我在泥塘周围种些草,相信就能把这泥塘卖出去了。

【小草舞,随着音乐《小草舞》,小草上场跳舞,将小草的道具放置于舞台前方

第二幕

【天鹅出场(音乐《四小天鹅》)

小青蛙　　卖泥塘嘞,卖泥塘!卖泥塘嘞,卖泥塘!

天　鹅　　你好啊,小青蛙!你在这儿干吗呢?

小青蛙　　你好啊,天鹅姐姐!我想把这泥塘卖了搬到城里去。

天　鹅　　嗯……这地方好是好,就是泥塘里的水太少了,要是我有客人来,那这里连站的地方都没有,哎,这泥塘我没法要。我走了,小青蛙。

【小青蛙引水

小青蛙　　天鹅姐姐再见!天鹅姐姐说的也是,让我往泥塘里引些水,相信就可以把这泥塘卖出去了。

天　鹅　　嗯,就这么定了。

【青蛙引水舞(音乐《森林狂想曲》)

第三幕

小青蛙　　(站在泥塘后面)卖泥塘嘞,卖泥塘!卖泥塘嘞,卖泥塘!

【小鸟买泥塘

鸟妈妈　　这连棵树都没有,我们住哪儿啊?

【蝴蝶买泥塘

蝴　蝶　　要是这里有漂亮的花该多好啊!

【兔子买泥塘

兔爸爸　　咦,这儿怎么没有路了,没有路我们怎么回家啊?我们得赶快走出去。

【猴子买泥塘】

猴爷爷　要是有座房子该多好啊!

【建造美丽家园】

小青蛙　哎,对呀,我只要在这里种上树、种上花,还要盖上一座大房子,再铺上一条小路,相信就会有人来买这个泥塘了吧,朋友们,快来帮忙吧!

【劳动舞(音乐《shopping》)】

第四幕

【小青蛙再次卖泥塘】

小青蛙　多好的地方啊!你们瞧:有花有草有大树,还有一个大泥塘,蝴蝶飞、鸟儿唱,游泳晒太阳样样行,还有小路通向城里。(背景乐,小青蛙单手撑着头做思考状)这么好的地方自己住挺好的,为什么要卖掉呢,让我多叫点小伙伴住在这里吧,朋友们,快来呀。

【动物们生活在一起(音乐《匹诺曹》)】

(七)亲子戏剧排演

角色的最终呈现是演员在经历了排演之后,在舞台艺术各个部门的配合下和同演者一起在舞台上呈现出来的。因此,可以说排演是呈现的过渡阶段,演出则是真正的呈现阶段。幼儿园亲子戏剧排演是幼儿及家长在教师的组织领导下,与舞台各部门一起合作,在经过剧本分析之后有了共同的认识的基础上,通过想象、模仿,创作出真实、鲜明、生动的舞台人物形象,最终完成整个演出的总体构思的一个阶段。排演共分为初排、细排、合成三个阶段,每个阶段所要完成的主要任务见本书"表4-7　亲子戏活动——排演工作一览表""表4-8　亲子戏剧活动——排演环节角色竞争告家长书""表4-9　亲子戏剧活动——排演环节告家长书"。

亲子录音

亲子合戏

（八）亲子戏剧展演

　　幼儿园亲子戏剧展演并非专业的演出团队，编剧、导演、演员、剧务等所有工作都是教师、家长、幼儿及行政人员来承担，因此，各部门必须抱团合作，制定详细的活动方案及工作进度安排表、人员分工安排表，落实到人，反复整改，督促跟进，以最佳的姿态、最优的节目、最高的效率迎接正式演出。演出前，活动总指挥要考察场地及人员，熟悉整个活动流程，确保各部门的协同运作，做好各项准备工作；观演过程中，要体察小观众复杂而微妙的感受反应，检查并调整自己的艺术构思和舞台处理，虚心听取观众的意见，将演出推向更高的水平。幼儿园亲子戏剧展演各部门工作任务见本书"表4-10　亲子戏剧活动展演环节部门工作一览表""表4-11　亲子戏剧活动展演环节——家长注意事项"。

戏剧演出

第三节　大班亲子戏剧活动方案

一、三只小猪盖房子（亲子话剧）

（一）故事背景

在一个遥远的山村里,住着一位猪妈妈和三只可爱的小猪。猪妈妈每天很辛苦,小猪们一天天长大了,可还是什么事都不做。一天晚饭过后,猪妈妈把孩子们叫到面前郑重其事地说:"你们已经长大了,应该独立生活了,等你盖好自己的房后就搬出去住吧。"三只小猪谁也不想搬出去住,更不想自己动手盖房子,但又不能不听妈妈的话。于是,它们开始琢磨盖什么样的房子。老大先动手了。它首先扛来许多稻草,选择了一片空地,在中间搭了一座简易的稻草屋,然后用草绳捆了捆。"哈哈!我有自己的房子了!"老大乐得欢蹦乱跳。第二天老大搬进了自己的新家,老二和老三好奇地前来参观。老二说:"老三,你看大哥的房子,也太简陋了,我要盖一座又漂亮、又舒适的房子!"老二跑到山上砍下许多木头回来,锯成木板、木条,叮叮当当地敲个不停。不久,老二也盖好了自己的木房子。显然这比老大的要漂亮、结实得多。老二很快搬到自己的新家住了,老大和老三也过来参观。老大赞不绝口,深感自己的房子过于简陋;老三看后说:"我盖的房子还会更好的。"老三回到家左思右想,终于决定建造一栋用砖头砌成的房子,因为这种房子非常坚固,不怕风吹雨打,可这需要付出许多努力啊!老三每天起早贪黑,一趟一趟地搬回一块一块的石头,堆在一旁,再一块一块地砌成一面面墙。哥哥们在一旁取笑道:"只有傻瓜才会这么做!"小弟毫不理会,仍夜以继日地工作。哥哥们休息了,它还在不停地干。这样整整过了三个月,老三的新房子也盖好了!它好高兴啊!

有一天,大灰狼来了,将会发生什么故事呢……

(二) 主题说明

幼儿园大班亲子话剧"三只小猪盖房子"取材于英国经典童话《三只小猪》,故事构思简洁、主题鲜明,满足幼儿的兴趣和愿望。幼儿不仅喜爱看动画片,还总是乐于模仿或创造性地表达其中的角色、情节或场景等。《三只小猪》就是一部一直为幼儿所津津乐道的经典动画片,片中憨态可掬的小猪深深地吸引着幼儿,它们和大灰狼斗智斗勇的情节对于幼儿更具有刺激、紧张感。在对经典动画片的创编过程中,幼儿总是对剧情的发展有着无尽的遐想:三只小猪长什么样子?它们会盖什么样的房子?它们和大灰狼之间会发生什么故事?它们如何打败大灰狼的?这些激发了幼儿一连串的想象。

大班幼儿喜欢和同伴一起欣赏、交流自己对角色的好恶,并能够综合自己的已有经验进行创造性地模仿、表达、表演。而这部动画片中可以让幼儿发挥想象和创造的地方很多,为幼儿的自由表达和创作提供了很大的空间。

首先,本主题以欣赏动画片《三只小猪》导入,引发幼儿对剧中各种角色进行模仿、造型的兴趣。其次,戏剧创编环节围绕"猪大哥的稻草房""猪二姐的木头房""猪小妹的砖头房""灰太狼一家""被吹倒的稻草房""被推倒的木头房""撞不倒的砖头房"等活动展开。情节的开端部分,让幼儿在经典的格林童话中对憨厚可爱的小猪一家产生模仿、探索的兴趣。情节的发展部分,环环紧扣戏剧主题,引导幼儿认识个性特征迥异的猪家兄妹分别盖了稻草房、木头房、砖头房,在面临灰太狼一家的侵犯后产生的不同结局,在轻松快乐的思考、想象、创造、模仿、合作表演中感受到只有勤劳才能收获丰硕的果实,遇事机智灵活,才能化险为夷。再次,戏剧排演环节,教师预设场景及背景音乐,幼儿在音乐中用肢体动作和表情等戏剧语言大胆表现自己想象的角色以及猪爸爸、妈妈、兄妹、大灰狼一家等的典型特征和造型;幼儿能在表演中体验和表达助人的快乐,感受美好的亲情,从而获得丰富的情感体验,提高解决问题的能力。

因大班幼儿语言已比较生动,能根据故事的部分情节或图书画面的线索猜想故事情节的发展,能够续编、创编故事,且语言与动作配合的协调性已显著提高,因此,本戏剧更为注重幼儿的戏剧参与、戏剧体验及戏剧表达,为幼儿创设自由、宽松的语言交往环境,鼓励和支持幼儿与家长、同伴交流,让幼儿想说、敢说、喜欢说并能得到积极回应。据此,本戏剧定位为"亲子话剧"。

(三) 亲子戏剧准备

戏剧是包括编剧、导演、演员、舞美等多方面人员配合的综合艺术活动,充足的准备工作是后续戏剧环节有序、稳进开展的前提。教师根据故事《三只小猪》,初步预设剧本框架及主要角色,通过环境创设、区角设置,让幼儿感受与认识剧中主要人物特征,体验大胆想象与合作表演的乐趣;通过系列戏剧教学活动,引导幼儿及家长循序渐进地熟悉故事大致情节,并在此基础上能够生成更多的故事内容和角色;在建构戏剧经验的过程中,分别从健康、语言、科学、艺术、社会五大领域的角度引领幼儿对故事内容有整体的认知,并学习体验用语言描述想象,用肢体动作表达情感,实现预期主题活动目标。

幼儿园亲子戏剧"三只小猪盖房子"戏剧准备环节具体实施模式见下表。

表4-30 "三只小猪盖房子"亲子戏剧活动准备环节工作一览表

亲子戏剧流程	活动内容	活动事项	责任人
戏剧准备	选择剧本,提供戏剧来源	1. 选择剧本的基本流程:首先,幼儿、家长自由组合,成立亲子戏剧小组,讨论戏剧主题。其次,班级集体讨论,公开投票每个戏剧小组拟选的戏剧剧本。最后,家园合作、共同探讨、确定剧本 2. 选择剧本需注意:剧本要来源于幼儿生活、剧本要符合幼儿心理特点、剧本要适合舞台表演,剧本选择要有家长的参与	教师
	主题渗透,设计戏剧活动	1. 设计系列戏剧教学活动:三只小猪、小猪的一家、猪大哥的稻草房、猪二姐的木头房、猪小妹的砖头房、灰太狼的一家、被吹倒的稻草房、被推倒的木头房、撞不倒的砖头房、战胜灰太狼一家、我们一起编剧本 2. 活动设计需注意:系列活动的设计与剧本预设框架线索一致;每一活动的设计紧紧围绕幼儿戏剧经验建构;正确理解情节预设与剧本生成的关系	

续表

亲子戏剧流程	活动内容	活动事项	责任人
戏剧准备	环境创设，营造戏剧氛围	1. 教室墙面（用卡纸、彩纸、废旧纸盒等一切可利用材料制作小猪一家以及灰太狼一家的舞台背景……） 2. 公共区域（包括走廊、门厅……）粘贴、制作、布置与"三只小猪盖房子"戏剧主题相关的元素，如卡通形象、连环画报等 3. "三只小猪盖房子"亲子戏剧宣传海报（可以喷绘，也可以全班自主设计，以此吸引更多的人关注本戏剧主题） 4. "三只小猪盖房子"亲子戏剧主题活动墙（备注：以"三只小猪盖房子"戏剧主题内容为中心，依托亲子戏剧准备、创编、排演、展演、批评、延伸的戏剧经验的完整建构过程，呈现出活动流程每一环节的实践情况，形成主题网络图，包括每一环节的任务、目标、责任人，实施概况的文字表述及实施过程中师生、亲子精彩照片；也可呈现本班在预设基础上生成的其他特色创意活动。）	教师
	区角设置，体验戏剧情境	1. 阅读区：班级设置阅读区，让幼儿有机会在各种不同的活动中能随时阅读，培养幼儿的阅读兴趣、习惯、能力。（1）提供"三只小猪"的故事书，理解并体会作品中的内容。（2）将"三只小猪盖房子"每一幕戏以图文并茂的形式贴在阅读区，供幼儿随时欣赏与阅读 2. 美工区：幼儿自主地进行绘画和手工制作的场所。既为幼儿提供了精细动作练习的机会，也为幼儿审美表征能力的发展创造条件，更是创造性教育的场所。（1）提供材料，制作小猪一家、大灰狼一家的头饰。（2）使用纸板、油画棒、卡纸等材料制作大森林背景及各种造型的房子 3. 建构区：提供积木、插塑、稻草以及其他各种结构元件，为幼儿进行结构造型"搭房子"创造条件。在积搭和接插各种房子造型的过程中，使幼儿获得有关图形以及空间的核心经验 4. 装扮区：设置戏剧小舞台，制作舞台布景，为幼儿自发地进行故事表演和歌舞表演创造条件，提供三只小猪及灰太狼一家的头饰及辅助性道具、背景音乐等，鼓励幼儿尝试模仿小猪憨态可掬的样子及大灰狼的凶狠模样	
	搜集文献，整理戏剧常识	以专题PPT或者给家长一封信的形式，帮助家长了解戏剧常识，了解国内外戏剧教育动态，引领家长树立正确的戏剧教育理念	

续表

亲子戏剧流程	活动内容	活动事项	责任人
戏剧准备	了解国内外戏剧教育动态	1. 了解西方发达国家学校戏剧教育的历史和现状 2. 了解我国戏剧教育的传统和我国港台地区的戏剧教育实践	家长
	树立正确的戏剧教育理念	1. 戏剧教育的终极目标是人格教育,而非才艺培养 2. 戏剧教育是实施人文素质教育的重要载体 3. 开展戏剧教育是为了造就全面发展的人	
	明确戏剧教育的具体任务	与教师积极沟通,明确每一环节需承担的任务	
	家庭内开展亲子互动游戏	在家庭内开展"亲子阅读、亲子手工、亲子集体舞"等活动,与幼儿共同探讨剧中主要人物、场景、主题等,延伸并巩固在园知识	
	了解基本的戏剧常识	根据幼儿年龄特征,引导其了解戏剧常识:故事情节、角色、场景、道具等	幼儿
	参观剧场,实际体验	有条件的地区,可以组织幼儿参观剧场,实际体验;条件不足的地区,可以组织幼儿观看与剧场相关的影视、图片等资料,丰富其感性认识,为开展戏剧活动、模拟剧场奠定认知基础	
	发挥主体作用,参与剧本选择	自由成立亲子戏剧小组,产生"强强组合""弱弱组合"和"强弱组合"。参与剧本选择	
	了解选定戏剧主题的相关知识	营造环境、提供材料,引导幼儿做好相应的知识经验准备	
	角色竞争,选择喜爱的角色	需注意的是,这里的"竞争"是趣味的、融洽的、民主的,形式是亲子共同参与的快乐游戏,切不可搞成"选拔式""竞赛式",让幼儿产生畏难、恐惧、抵触心理	

表4-31 "三只小猪盖房子"亲子戏剧活动准备环节——家长工作一览表

1. 通过校讯通、网络平台、家长园地及日常交流,进一步认识到幼儿园亲子戏剧教育对于幼儿的认知拓宽、言语表达、肢体表现、创造想象、社会性发展的价值,以及对和谐家庭、家园、社会的功能,鼓励幼儿踊跃参与亲子戏剧活动。
2. 给家长的一封信。

    亲爱的家长:

    您好!

    我园即将开展"三只小猪盖房子"戏剧活动。该戏剧活动取材于伴随几代人童年生活的英国经典童话《三只小猪》,故事讲述的是三只小猪要建房子。懒惰的大宝选择了用茅草建房子,因为那样省力;同样懒惰的二宝选择了用木头建房子,因为那样不必多花多少力气就可以建一座结实的房子;只有勤劳的三宝选择了用砖头建房子,因为那样最坚固。房子建好,大灰狼也来了。结果大宝的房子不堪一击,它跑到了二宝家。二宝的房子也同样抵挡不住大灰狼的进攻,落荒而逃的大宝、二宝逃进了三宝家。砖头盖的房子再也不怕大灰狼,大宝、二宝这时才知道自己错了。在欢乐和惊险中教给了幼儿做人要勤劳勇敢、聪明机智、自力更生的人生道理。小猪的憨态可掬及大灰狼的凶狠霸道,深受大班幼儿的喜爱。我们鼓励幼儿结合日常生活经验进行大胆改编,如迷恋IPAD游戏的猪大哥、自恋的无可救药的猪二姐、饥饿的灰太狼一家,以发展幼儿的戏剧想象、创作能力。尤其在表演阶段,幼儿愿意用表演的形式表达出猪大哥的贪玩、猪二姐的爱美、猪小妹的勤劳,以及灰太狼一家居心叵测、屡次施计加害猪家兄弟姐妹的险恶心理与丑恶嘴脸。这不仅要求幼儿学会遵守表演规则,根据角色特征大胆表现,还要尝试与同伴有效合作,顺利表演,这对幼儿来说将是表演能力、人际关系、社会适应的考验。

    在此,我们希望家长们踊跃报名,与孩子一起参与并协助我们,与孩子共同尝试创编剧本、制作道具、扮演角色等奇妙的体验。况且,相信"三只小猪"也是您童年的美好回忆,在参与的过程中,您自己不仅获得表演的乐趣,重获童年的体验,而且与孩子的关系将更加亲密,利于您家庭和谐氛围的营造。

    为了丰富孩子们的相关经验,挖掘丰富的教育资源,请您协助我们做好以下相关工作:

    (1)请您以孩子们喜欢喜爱和能接受理解的方式帮助他们熟悉故事内容,了解猪大哥、猪二姐、猪小妹的人物神态与脾性;了解灰太狼一家的外观特征;鼓励他们尝试用动作表达猪家兄弟姐妹的可爱善良、灰太狼一家的丑恶狠毒,以及他们斗智斗勇的情景……

    (2)了解剧中角色,和幼儿一起进行装扮,包括制作服装、头饰、面具等。

    (3)收集有猪哥哥、猪姐姐、猪妹妹、狼家族等角色造型的头饰或服饰。

    (4)协助教师收集相关的音乐磁带或碟片等。

    我们非常期待您和您的孩子在我园"三只小猪盖房子"戏剧主题活动中的精彩表现!对您的积极支持和配合给予诚挚的感谢!

    ××幼儿园×班

    ×年×月×日

表4-32 "三只小猪盖房子"亲子戏剧活动准备环节——教学活动一览表

亲子戏剧流程	活动名称	活动内容	活动目标
戏剧准备	三只小猪	动画欣赏 肢体模仿	1. 了解故事,知道动画片里的角色 2. 能初步运用肢体动作模仿主要角色 3. 体验表演的乐趣
	小猪的一家	角色塑造 肢体造型 体验情感	1. 知道小猪一家的成员,了解猪家兄妹的性格特征 2. 尝试用肢体动作表现小猪一家的典型形象特征 3. 体验表演的乐趣

(四)具体活动设计

活动1 三只小猪

活动目标

1. 了解故事,知道动画片里的角色。

2. 能初步运用肢体动作模仿主要角色。

3. 体验表演的乐趣。

活动准备

动画片《三只小猪》视频资料,猪八戒娶媳妇的音乐、恐怖紧张的音乐。

活动过程

1. 导入:戏剧游戏"猜猜我是谁"。

教师引导幼儿表现不同状态下的小猪或大灰狼,如"臭美的小猪""懒洋洋的小猪""胖胖的小猪""吃东西的小猪"等,或是"饥饿的大灰狼""嘴馋的大灰狼""凶狠的大灰狼""生气的大灰狼""爬树的大灰狼"等,让其他幼儿猜一猜,说一说。

2. 欣赏动画片《三只小猪》:初步感受《三只小猪》的故事中不同角色的特征。

(1)初步欣赏动画片。

师:这部动画片的名字叫《三只小猪》,你们看看动画片里有谁?讲了什么事情?

（2）教师向幼儿讲述故事的主要内容。

3. 幼儿在背景音乐下模仿作品中自己喜欢的角色。

（1）自由模仿喜欢的角色，并尝试肢体表达，相互欣赏。

师：你最喜欢故事中的哪只小动物？它是什么样子的？

（2）仔细观察小动物的外形特征，共同尝试模仿。

当幼儿模仿某种动物，教师就出示该图片，鼓励幼儿集体模仿或请个别幼儿在集体面前展示，并相互学习。

4. 分组扮演不同的角色，用肢体动作展示"我们是……"。

（1）小组练习，分为两组，一组演小猪，一组演大灰狼，教师巡回指导。

（2）集体展示，教师播放恐怖紧张的音乐时，大灰狼登场；播放欢快的《猪八戒娶媳妇》音乐时，小猪们登场。登场后，定格呈现不同的小动物造型，合拍集体照。

5. 结束游戏："回家休息喽"。

教师扮演猪妈妈，幼儿扮演猪宝宝，在柔和的音乐下，猪妈妈带着猪宝宝们回到家里，闭上眼睛休息。

活动延伸

幼儿之间可以互换角色多次尝试表演。

活动建议

将场景布置在装扮区，并提供角色扮演的道具——幼儿自由进入区域，扮演自己喜欢的角色，进行自主创编、表演。

可爱的小猪

凶猛的大灰狼

活动2 小猪的一家

活动目标

1. 知道小猪一家的成员,了解猪家兄妹的性格特征。
2. 尝试用肢体动作表现小猪一家的典型形象特征。
3. 体验表演的乐趣。

活动准备

1. 绘本《三只小猪》的角色形象图片。
2. 音乐:《快乐小猪》、打游戏机的音乐、《你那么美》、《嘻唰唰》。

活动过程

1. 导入:音乐游戏"快乐小猪"。

教师扮演猪妈妈,幼儿扮演猪宝宝。清晨,它们来到院子里,听着音乐《快乐小猪》,锻炼身体,猪宝宝们在猪妈妈的带领下,跟随着音乐的节奏扭扭腰、伸伸腿,甩甩胳膊、扭扭屁股。

2. 故事欣赏:初步感受《三只小猪》的不同角色及形象特征。

(1) 熟悉故事内容。

师:这个故事里有谁? 猪妈妈有几个宝宝? 它们分别叫什么名字?

(2) 幼儿尝试用身体模仿小猪的造型。

师:你们见过小猪吗? 小猪是什么样子的? 请你们学一学,小猪吃饭时是什么样子? 怎样模仿睡觉时的小猪? 偷懒的小猪又是什么样子?

3. 角色塑造:小猪一家。

(1) 教师出示小猪一家图片,幼儿扮演猪宝宝。

师:清晨,小鸟叽叽喳喳,太阳公公露出了慈祥的笑脸,猪宝宝们都睡醒了,它们先穿上了衣服,再穿好裤子,然后穿上袜子和鞋子,走到卫生间,刷牙,洗脸。现在,它们在干什么呢? 哦,原来猪宝宝一家正在院子里做锻炼身体的游戏呢,请你想象一下,它们在做什么游戏呢? 用动作表现出来。

(2) 分别出示猪兄妹的图片,根据不同节奏的音乐,幼儿表现猪宝宝们不同的动作。

① 想象猪大哥的典型形象特征并表现出来。

师：小猪宝宝们锻炼完身体，回到家里吃完猪爸爸准备的香喷喷的早饭后，它们各自开始了美好的一天，瞧，猪大哥来了，它正躺在草地上做什么呢？（打游戏机的音乐响起）请你们跟着音乐想一想猪大哥在做什么，并表演出来，当音乐停下来时，你们不能再动了哦。

师：你们喜欢爱打游戏的猪大哥吗？为什么？我们一起模仿一下打游戏的动作。

② 想象猪二姐的典型形象特征并表现出来。

师：原来猪大哥正躺在草地上懒洋洋地打游戏呢，我们再来看看猪二姐在房间里做什么呢？（《你那么美》音乐响起）请你们跟着音乐想一想猪二姐在做什么，并表演出来，当音乐停下来时，你们可不许再动了哦。

师：你们喜欢爱臭美的猪二姐吗？为什么？我们一起模仿一下梳妆打扮的动作。

③ 想象猪小妹的典型形象特征并表现出来。

师：猪妈妈生了三个宝宝，猪大哥只知道打游戏，猪二姐只顾着化妆打扮，我们再来看看猪小妹在家里做什么呢？（《嘻唰唰》音乐响起）请你们跟着音乐想一想猪小妹在做什么，并表演出来，当音乐停下来时，你们不能再动了哦。

师：你们喜爱勤劳的猪小妹吗？为什么？我们一起模仿一下正在打扫卫生的猪小妹。

4. 集体装扮游戏。

教师切换不同的音乐，幼儿根据音乐做不一样的动作，音乐停，动作停。

5. 结束游戏"和猪妈妈一起晒太阳"。

教师戴上猪妈妈的头饰，幼儿戴上猪宝宝的头饰，播放轻柔的背景音乐，全体幼儿安静地躺在地上，自由地放松身体。

爱照镜子的猪二姐

打扫卫生的猪小妹

（五）亲子戏剧创编

"剧本,剧本,一剧之本",说法虽朴素,却道出了剧本在整个戏剧活动中占据的重要地位。幼儿园亲子戏剧相对于成人戏剧,内容富于游戏性和童趣;冲突单纯,主题浅显、鲜明;语言口语化、动作化。幼儿园亲子戏剧剧本的创编过程主要是在教师的精心组织下,将戏剧主题融入幼儿园学期主题课程,通过一系列贴近戏剧主题的教学活动,师幼共同创编,在此过程中,"亲子编戏"同步进行。幼儿园亲子戏剧"三只小猪盖房子"戏剧创编环节具体实施模式见下表。

表4-33 "三只小猪盖房子"亲子戏剧活动创编环节——教师工作一览表

戏剧创编	创编原则	1. 亲子戏剧创编要符合幼儿年龄特征 2. 亲子戏剧创编要符合幼儿文学创作规律 3. 亲子戏剧创编要体现幼儿的主体地位	
	结构创编	确立主旨	一出戏要讨论的中心话题
		确立提纲	1. 出现矛盾（冲突） 2. 矛盾双方的相互博弈 3. 矛盾被解决	大致故事发生的背景是什么？开始是什么？接着又发生什么？结局怎样？
	文本创编	剧情创编	剧情是由"人"和"事"构成,在剧中,什么人做了一件什么事,这就是一段剧情。幼儿园亲子戏剧活动任何环节都要体现幼儿"主体性"的指导思想,尊重幼儿,引导幼儿充分发挥想象力。每一幕剧情创编都应如此	如"三只小猪盖房子"第四幕,教师引导幼儿创编灰太狼推倒猪二姐的木头房后,将会发生的情节。教师猪大哥、猪二姐的房子被灰太狼推倒了,它们该怎么办？逃跑时走路是什么样子？心情怎么样？说话声音会是什么样子？

续表

戏剧创编	文本创编	人物创编	为使剧情丰满，在前期预设主要角色的基础上，引导幼儿大胆想象，生成更多的角色，也可以根据情节发展需求，适当增加新角色，满足更多幼儿的表演需要	如创编亲子戏剧"三只小猪盖房子"时，原著中只有大灰狼一个角色，但实际上，因为幼儿对动画片《喜羊羊与灰太狼》中的角色关系很熟悉，便增加了"红太郎""小灰灰"角色，更加贴近幼儿已有经验与生活实际
		语言创编	一部剧本主要由两部分组成：人物的台词和剧作家的舞台提示。在舞台演出时，剧本中人物的台词，由演员辅以表情、动作直接讲给观众听。剧作家的舞台提示是以剧作者的口气来写的叙述性文字说明，一般包括：(1)对剧情发生的时间、地点的交代；(2)对剧中人物的形象特征、形体动作及内心活动的描述；(3)对人物活动环境的提示，如对场景、气氛的说明，对布景、灯光、音响效果等方面的要求	1. 语言内容创编 如"三只小猪盖房子"中，引导幼儿想象角色之间的对白。教师：饥饿的灰太狼一家首先来到猪大哥的稻草房前，它们想吃掉猪大哥，你们猜一猜，小灰灰会说什么呢？教师：小灰灰说，它要和猪大哥做好朋友，要和他一起玩 IPAD，你们觉得猪大哥会说什么呢？教师：猪大哥说它不相信小灰灰的话，坚决不开门，这个时候，灰太狼会说什么呢？灰太狼说话的声音和表情会是什么样子？ 2. 语言形式创编 在灰太狼想进入猪家兄妹的房间时，它们的回答以儿歌创编的形式：(与猪二姐齐唱)不开，不开，我不开，你是大灰狼，不能把门开
		剧本书写	剧本的书写也就是文面，是指剧本呈现的样式，它是由语言符号组成的，与儿歌、故事、童话、诗等题材的语言组合全然不同。剧本改编后，有其自己的书写要求，我们一定要按标准规范书写	具体格式要求见文中第三章第二节

表 4-34 "三只小猪盖房子"亲子戏剧活动创编环节——家长工作一览表

1. 亲子戏剧活动每一环节都离不开家长的支持与配合，为保持家长参与的积极性，提升活动开展的效率，每一环节结束后，教师都应布置明确清晰的任务，最好以家长会或书面告知的形式，让家长知道戏剧开展的进度、内容、他们需要从哪些方面进行配合等。如亲子话剧"三只小猪盖房子"在经过前期"亲子阅读""亲子手工"的共同熟悉、感知后，进入戏剧创编环节，家长需要如何进一步配合幼儿园的工作？家长自身要承担什么角色？我们仍旧用书信形式向家长汇报学习进度及后继学习的计划、任务。

续表

2. 给家长的一封信。
亲爱的家长:
您好!
经过前期的精心准备,以及您的积极配合,孩子们已经知道了"三只小猪盖房子"的故事内容,知道长大后的猪家兄弟姐妹在爸爸妈妈的期许中,离开家庭,用自己的勤劳双手为自己盖了一所房子,然而他们个性迥异,自然盖房子的结局也不一样。这直接关系到自身住在房子里的安全,比如,当他们遇到自己的天敌之后……
目前,经过全体师生的共同探讨、想象、创造,我们已经大致创编出本戏剧的结构框架:第一幕——戏的开端部分,晴朗的早晨,猪爸爸、猪妈妈开始到处炫耀自家聪明能干的三个孩子,分别是猪大哥、猪二姐、猪小妹,猪大哥迷恋电脑游戏,猪二姐爱臭美,猪小妹勤劳质朴,在爸爸妈妈的期许下,它们准备离开爸爸妈妈为它们创造的家,独自出门创造出自己的天地;第二幕戏讲述的是贪玩的猪大哥看到一堆金灿灿的稻草,便急匆匆地盖好稻草房进去打游戏了,爱美的猪二姐看到一块块木头,便为自己盖好一所木头房就进去打扮了,而勤劳的猪小妹踏踏实实地用砖头为自己搭建了一所不怕风吹雨打、不怕敌人侵犯的结实的砖头房;第三幕戏讲述的是饥饿的灰太狼一家到处搜寻猎物;第四幕戏讲述的是灰太狼侵犯猪大哥、猪二姐不结实的稻草房、木头房成功,却没料想,在猪小妹的砖头房前处处碰壁,最终夺路而逃。这样的情节设置,高潮迭起,冲突有序,深受小朋友们的喜爱。
本剧在给小朋友们呈现欢乐有趣的戏剧情节的同时,教育小朋友:如果只顾贪玩、懒惰,终将一事无成,只有脚踏实地、勤勤恳恳换来的劳动果实才能长久。
以上是我们开展戏剧教学的进度安排,为了让您进一步了解您孩子的学习心得及掌握效果,也为了进一步丰富孩子们的相关经验,挖掘丰富的教育资源,以便"三只小猪盖房子"亲子戏剧工作有条不紊地开展,特布置以下亲子学习任务,请您及时向班级老师反馈学习情况。谢谢!
(1) 请您利用闲暇时间,和幼儿一起讨论、想象、再现每一幕戏具体发生的故事(人物、时间、地点、语言、情节等),知道故事情节,感受角色内心活动。
(2) 请您和幼儿一起利用家里废旧物品制作人物头饰、服饰等装饰物以及剧中可能需要的道具,以协助我们丰富区角内容及环境创设,也锻炼亲子动手能力、协作能力。
(3) 搜集各种版本的图书《三只小猪》,我们将投放在阅读区内供幼儿阅读与欣赏。
再次谢谢您对我园工作的支持与配合,谢谢!
××幼儿园×班
×年×月×月

表 4-35　"三只小猪盖房子"亲子戏剧活动创编环节——教学活动一览表

亲子戏剧流程	活动名称	活动重点	活动目标
戏剧创编	猪大哥的稻草房	科学认知 情感体验 动手操作	1. 认识稻草,了解稻草的特征和用途 2. 利用稻草进行各种造型,搭建房子并想象猪大哥用稻草搭建房子的身体表现 3. 体会相互合作获得的成功感

续表

亲子戏剧流程	活动名称	活动重点	活动目标
戏剧创编	猪二姐的木头房	艺术创作 情感体验 场景创作	1. 通过观察和触摸,探索木头的特征 2. 利用木头进行结构造型,搭建房子,运用肢体动作模仿猪二姐用木头搭建房子时的姿态和行为表现 3. 体会合作表演的乐趣
	猪小妹的砖头房	动手操作 肢体表现 场景创作	1. 观察各种各样砖头建造的建筑物特征,了解砖头的特征与性能 2. 配合音乐,用肢体动作想象猪小妹搬砖头盖房子时的情景 3. 比较稻草房、木头房、砖头房的优劣
	灰太狼的一家	肢体模仿 情节创作 体验合作	1. 想象和描绘大灰狼一家的外貌和行为特征 2. 能用肢体动作和声音表达大灰狼一家的外貌、行为和声音特征 3. 愿意为剧中角色进行简单的装扮
	被吹倒的稻草房	情节创编 言语表达 肢体表达	1. 能在教师指导下,创编简单的情节,并用肢体动作、言语表达出来 2. 创编大灰狼一家与猪大哥之间的对话,进行两两角色的呼应 3. 体验凶狠的语调和害怕的语调之间的差异
	被推倒的木头房	情节创作 肢体表达	1. 能在教师指导下,创编简单的情节,并用肢体动作、言语表达出来 2. 创编大灰狼一家与猪二姐之间的对话,进行两两角色的呼应 3. 运用肢体模仿角色行为特征,随音乐合拍地学做逃跑的样子
	撞不倒的砖头房	情节创作 肢体造型	1. 能在教师指导下,创编简单的情节,并用肢体动作、言语表达出来 2. 创编大灰狼一家与猪小妹之间的对话,进行两两角色的呼应 3. 感受撞疼的心理状态和面部表情
	战胜灰太狼一家	情节创作 肢体造型	1. 创编灰太狼一家想进砖头房的情节,并用肢体动作、语言表达出来 2. 跟随音乐做律动游戏,体验战胜大灰狼一家的快乐
	我们一起编剧本	剧本创作	1. 能在教师带领下复述主要的故事情节和内容 2. 用拼贴的方式将故事完整串联

（六）具体活动设计

活动3　猪大哥的稻草房

活动目标

1. 认识稻草,了解稻草的特征和用途。
2. 利用稻草进行各种造型,搭建房子并想象猪大哥用稻草搭建房子的身体表现。
3. 体会相互合作获得的成功感。

活动准备

1. 稻草。
2. 关于水稻生长及收割、加工成米粒、米饭过程的图片。

活动过程

1. 导入:戏剧游戏"三只小猪"。

教师带领幼儿围成一个圆圈,念儿歌:有三只小猪,和猪爸爸、猪妈妈住在一起,猪爸爸很强壮,猪妈妈很苗条,猪大哥只爱玩游戏,猪二姐最爱打扮,猪小妹最勤劳,猪宝宝们一天一天长大了。

2. 教师出示田野里稻谷的图片及收割的稻草图片,让幼儿了解稻草的特点。

师:我们每天都要吃米饭,米饭是由加工后的稻谷做成的,稻谷小时身穿绿衣裳,长大了换上黄衣裳,秋天到了,农民伯伯喜洋洋地收获了劳动果实。请你们闻一闻、摸一摸稻草,感觉如何?

3. 教师出示稻草经加工后产生不同用途的图片,让幼儿了解稻草的用途。

师:请你们想象稻草可以用来做什么?农民伯伯将稻谷进行加工变成大米,剩下来稻草,稻草可以做燃料,可以煮饭、烧菜,烧成灰可以做肥料,草根留在田里也可以做肥料。

4. 教师出示稻草燃烧后的图片,让幼儿了解随意焚烧稻草会引起大气污染。

师:虽然稻草有很多用途,但是使用不当,随意燃烧的话,会污染环境,引起雾霾。雾霾时,我们心情如何?我们出门时应该怎样保护自己?

5. 引导幼儿自由做稻草造型,互相模仿。

师:我们知道稻草是稻谷收割后剩下的,它有很多的用途,可以煮饭、烧菜,可以编制草席、草鞋,可以做肥料,也可以搭建房子,现在,你能用身体做出稻草的造型吗?

教师入戏,饰演风婆婆,幼儿扮演稻草宝宝,教师在幼儿中间穿梭,并说:风大了,风小了,风停了。幼儿根据教师的语言提示控制身体动作,想象并表现风大时稻草被刮倒在地的情形。

6. 分组区域游戏,提供材料,幼儿合作"搭建稻草房"。

师:猪妈妈眼看着猪宝宝们一天天长大,该出去闯世界了,于是,猪妈妈叫来猪家兄妹,让它们自己建造房子。猪大哥想建一间稻草房子,我们一起动手为猪大哥搭建一间稻草房吧。

风中摇摆的稻草

活动4　猪二姐的木头房

活动目标

1. 通过观察和触摸,探索木头的特征。

2. 利用木头进行结构造型,搭建房子,运用肢体动作模仿猪二姐用木头搭建房子时的姿态和行为表现。

3. 体会合作表演的乐趣。

活动准备

1. 木头,装满水的盆子。

2. 木头制作的各类物品图片。

活动过程

1. 导入:戏剧游戏"我们都是木头人"。

师: 老师现在和小朋友们一起玩"木头人"游戏。我们一起喊口令:我们都是木头人,不许说话不许动,不许走路不许笑!当口令完毕,立即保持静止状态,无论本来是什么姿势,都必须保持不动。如果有人先忍不住说话,或者笑,或者行动,则这个人是游戏失败者。暂停游戏一次,然后再开始下一轮木头人游戏。

2. 通过观察、触摸,感知木头的特性及在水中的特点。

(1)感知木头的外观特征。

师: 刚才我们做完"木头人"的游戏,老师在桌上为你们准备了好多木块,请小朋友摸一摸、捏一捏,用眼睛仔细看一看,还可以玩一玩,然后告诉老师你们发现了什么。(引导幼儿认识木头粗糙、较硬,木头表面有纹理的特点)

(2)幼儿操作实验,感知木头在水中的特点。

师: 刚才我们认识到木头的特点,现在请我们小朋友将木头放到面前的水盆里,观察木头在水里时是什么样子的?请小朋友轻轻地将木头放入水中。(引导幼儿认识木头是浮在水面上的特点)

(3)幼儿用肢体动作表达水中漂浮的木头的样子。

师: 小朋友知道木头是漂浮在水面上的,现在请你们想象一下,你们是木头宝宝,漂浮在平静的海面上,请用肢体动作表演,这时,风婆婆来了,木头宝宝又是什么样的呢?

3. 观察图片,了解木头在生活中的广泛用途。

(1)出示PPT,欣赏木头制品的图片。

师: 在我们的生活中,你们见过哪些东西是木头做的呢?木头做的东西有什么特点呢?引导幼儿认识生活中木头做成的东西(桌子、椅子、床、玩具柜等)。

(2)引导幼儿合作表现木头制品的造型。

师: 如果让你们和好朋友合作,两个人或三个人一起模仿我们生活中常见的木头制品,你们会吗?比如,椅子、桌子、床。

4. 分组区域游戏,提供材料,幼儿合作搭建"木头房"。

师:猪妈妈眼看着猪宝宝们一天天长大,该出去闯世界了,于是,猪妈妈叫来猪家兄妹,让它们自己建造房子。猪大哥想建一间稻草房子,我们已经帮助它完成了,现在,猪二姐打算建造一间木头房,我们一起动手为猪二姐搭建一间木头房吧。

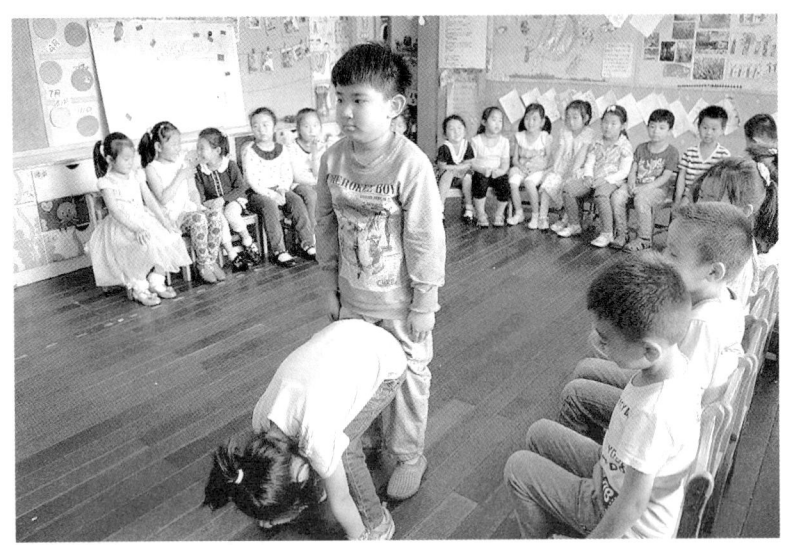

合作表演椅子造型

活动5 猪小妹的砖头房

活动目标

1. 观察各种各样砖头建造的建筑物特征,了解砖头的特征与性能。

2. 配合音乐,用肢体动作想象猪小妹搬砖头盖房子时的情景。

3. 比较稻草房、木头房、砖头房的优劣。

活动准备

1. 砖头建造的建筑物图片、砖块模型。

2. 音乐《快乐小猪》《我爱洗澡》。

活动过程

1. 导入：戏剧游戏"我是快乐的猪××"。

教师播放音乐《快乐小猪》，师幼一起自由律动。当音乐停止时，幼儿自由做出某小猪的造型，并在教师提问"你是谁"时回答"我是快乐的猪××"。

2. 创编猪小妹用砖头盖房子的情节。

（1）创编砖头可以盖房子的情节。

师：在《三只小猪》的故事中，我们知道猪大哥盖了稻草房，猪二姐盖了木头房，现在，猪小妹也要盖房子了，它会用什么材料盖房子呢？哪些材料可以用来盖房子？

（2）欣赏砖头建造的建筑物特征。

师：聪明的人类用很多的材料建造了房子，幼儿园就是工人叔叔用砖头建造的，现在，我们来欣赏还有哪些建筑物是砖头盖的？

3. 鼓励幼儿用不同的动作展现盖房子的情景。

师：勤劳能干的猪小妹会怎么盖房子呢？你能用动作学一学吗？

根据幼儿的回答，出示相应的图片，鼓励幼儿创编不同的肢体动作，表现盖房子的情景。分组区域游戏，选拔建筑工人领头人，其他幼儿扮演小小建筑工人，站成一圈，按顺时针方向依次传递手里的"砖块"，给领头人搭建房子，最后，各组展示自己为猪小妹建造的房子。

4. 结束游戏："我爱洗澡"。

师：今天，阳光灿烂，我们帮猪小妹也盖好了房子，出了不少汗，我们一起跟着音乐，扭扭身体，洗洗澡吧。洗得干干净净，美美地吃饭、睡觉。

快乐小猪

集体搭建房子

活动6 灰太狼的一家

活动目标

1. 想象和描绘灰太狼一家的外貌和行为特征。
2. 能用肢体动作和声音表达大灰狼一家的外貌、行为和声音特征。
3. 愿意为剧中角色进行简单的装扮。

活动准备

1. 灰太狼一家的头饰。
2. 动画片《喜羊羊与灰太狼》。

活动过程

1. 导入:戏剧游戏"老狼老狼几点了"。

教师扮演老狼,站在划定好的横线前,幼儿扮演小猪,站在横线后。游戏开始时幼儿与扮演老狼的教师一起往前走,并齐声问:老狼老狼,几点了?老狼回答说:一点了。然后又问:老狼老狼几点了,老狼回答说:两点了。这样继续下去,直到老狼回答"天黑了"或"十二点了"时,幼儿就转身往横线处跑,老狼转身追捕,但不能超过横线,在横线前被拍到的为被抓到者。

2. 引导幼儿表现饥饿时吃东西的样子。

师:刚才我们玩了很动感的游戏,真累呀,老狼的肚子有点饿了,你们肚子饿不饿呀?饿的时候心情怎样?说话声音什么样子?

师:现在,我们想象一下,我们每个人手里端着一碗香喷喷的面条,饥饿的小猪们,开始吃面条吧!(幼儿自由表现"哑剧",吃面条)

3. 观看动画片《喜羊羊与灰太狼》,熟悉主要角色,并理清它们之间的关系。

师:羊村里有哪些小动物呢?哪些小动物是一家人呢?它们最喜欢吃的食物是什么?

4. 分组扮演灰太狼一家,体验扮演的乐趣。

(1) 幼儿自由模仿,表达灰太狼一家的外貌和行为特征。

师:你们一起学一学灰太狼一家的样子,谁来做一做?

(2) 小组展示,将幼儿分成三组,分别扮演、体验灰太狼、红太狼、小灰灰的不同角色特征,教师给予适当指导。

5. 结束游戏:"不同的走路样子"。

教师引导幼儿表演"吃饱时走路的样子""饥饿时走路的样子""着急时走路的样子""不舒服时走路的样子""高兴时走路的样子"。也可引导一名幼儿做动作,其他幼儿猜猜他的心情和状态。

活动 7 被吹倒的稻草房

活动目标

1. 能在教师指导下,创编简单的情节,并用肢体动作、言语表达出来。
2. 创编大灰狼一家与猪大哥之间的对话,进行两两角色的呼应。
3. 体验凶狠的语调和害怕的语调之间的差异。

活动准备

1. 相关的动物头饰,《三只小猪》动画片、《我们都是粉刷匠》。
2. 打游戏的音乐,呼呼风声的音效,沉重低沉的音乐,舒缓的音乐。
3. 稻草房子一座,大树一棵。

活动过程

1. 导入:戏剧游戏"根据音乐走路的样子"。

教师播放不同节奏的音乐,幼儿跟随音乐做动作。当音乐轻柔时,幼儿用轻轻的脚步声走路;当音乐沉重时,幼儿用重重的脚步声走路;当音乐节奏加快时,幼儿加快走路的步伐,以此感受音乐节奏的快慢、强弱。

2. 在低沉的音乐背景下,尝试自由的肢体表达。

师:灰太狼走路会是很快还是很慢?灰太狼的爪子怎么摆?用动作做一做,灰太狼的声音是怎样的?请你学一学。

用类似的方法引导幼儿模仿红太郎和小灰灰走路时的动作、表情、声音。

3. 幼儿欣赏动画片片段,讨论解决的办法。

(1) 引导幼儿想象角色之间的对白语言。

师:饥饿的灰太狼一家首先来到猪大哥的稻草房前,它们想吃掉猪大哥,你们猜一猜,小灰灰会说什么呢?

师：小灰灰说，它要和猪大哥做好朋友，要和它一起玩IPAD，你们觉得猪大哥会说什么呢？

师：猪大哥说它不相信小灰灰的话，坚决不开门，这个时候，灰太狼会说什么呢？灰太狼说话的声音和表情会是什么样子？

（2）讨论：灰太狼会如何进入猪大哥的房间。

师：猪大哥的房子是用什么材料做的？它结实吗？灰太狼会用什么办法闯进猪大哥的家？

（3）创编：不结实的稻草房被灰太狼吹倒了，猪大哥会怎么做？逃跑时走路是什么样子？心情怎么样？说话声音会是什么样子？

4. 幼儿分组扮演，灰太狼吹倒稻草房的情景，猪大哥逃跑时的情景。

师：现在我们要请一位小朋友扮演猪大哥，钻进稻草房里去，其他小朋友扮演灰太狼的一家，我们一起吹倒猪大哥的稻草房。

5. 结束游戏："我们都是粉刷匠"。

师：我们现在都是小小粉刷匠，将猪大哥的稻草房一起再粉刷一下。

灰太狼一家来了

活动8 被推倒的木头房

活动目标

1. 能在教师指导下，创编简单的情节，并用肢体动作、言语表达出来。
2. 创编大灰狼一家与猪二姐之间的对话，进行两两角色的呼应。
3. 运用肢体模仿角色行为特征，随音乐合拍地学做逃跑的样子。

活动准备

1. 相关的动物头饰，《三只小猪》动画片、《喜羊羊与灰太狼》。
2. 建筑坍塌的音效，沉重低沉的音乐，舒缓的音乐。
3. 木头房子一座，大树一棵。

活动过程

1. 导入：戏剧游戏"大人物和小人物"。

幼儿两两组合，根据教师的指令，想象自己是那个角色，做出动作和表情。比如猫见到老鼠，狼见到羊，国王见到大臣，老虎见到兔子。

2. 观看《喜羊羊与灰太狼》，并模仿剧中的角色。

师：我们一起来观看《喜羊羊与灰太狼》，然后尝试模仿剧中的灰太狼、红太郎、小灰灰，其他小朋友猜猜他模仿的是谁，看看谁模仿得最像。

3. 幼儿欣赏动画片《三只小猪》，讨论解决的办法。

（1）引导幼儿想象角色之间的对白语言。

师：饥饿的灰太狼一家吹倒了猪大哥的稻草房，机灵的猪大哥逃到了猪二姐家，不甘心的灰太狼一家又来到了猪二姐的木头房前，它们想吃掉猪大哥和猪二姐，你们猜一猜，小灰灰会说什么呢？

师：小灰灰说，它要和猪二姐一起美容，你们觉得猪二姐会说什么呢？

师：猪二姐说它不相信小灰灰的话，坚决不开门，这个时候，灰太狼会说什么呢？灰太狼说话的声音和表情会是什么样子？

（2）讨论：灰太狼会如何进入猪二姐的房间。

师：猪二姐的房子是用什么材料做的？它结实吗？灰太狼会用什么办法闯进猪二姐的家？

（3）创编：不结实的木头房被灰太狼推倒了，猪大哥、猪二姐怎么办？逃跑时走路是什么样子？心情怎么样？说话声音会是什么样子？

4. 幼儿分组扮演，灰太狼推倒木头房的情景，猪大哥、猪二姐逃跑时的情景。

师：现在我们要请两位小朋友分别扮演猪大哥、猪二姐，钻进木头房里去，其他小朋友扮演灰太狼的一家，我们一起推倒猪大哥的稻草房。

木头房子

5. 结束游戏:"吃苹果"。

师:我们现在都是小灰灰,小灰灰真的很饿了,我们每个人手里都有一个又大又红的苹果,现在我们开始吃喽:先咬一小口,哇,好甜呢,再咬一大口,慢慢嚼,再慢一点,再慢一点……再咬一口,嚼快点,再快点……

活动9 撞不倒的砖头房

活动目标

1. 能在教师指导下,创编简单的情节,并用肢体动作、言语表达出来。
2. 创编大灰狼一家与猪小妹之间的对话,进行两两角色的呼应。
3. 感受撞疼的心理状态和面部表情。

活动准备

1. 不同角色头饰。
2. 沉重低沉的音乐、音乐《快乐小猪》。
3. 动画片《三只小猪》。

活动过程

1. 导入:戏剧游戏"榨果汁"。

师:今天有点热,我们小朋友要喝美味的果汁。现在,先请水果宝宝们进入榨汁机,我要开动机器了。我先开了低档,水果宝宝在里面慢慢转动;现在我把它调到中档,水果宝宝加快转动速度了;现在我开到最高档,水果宝宝被榨成汁啦。它们都躺在机器里,不能再动了哦。

2. 幼儿欣赏动画片《三只小猪》,讨论解决的办法。

(1) 引导幼儿想象角色之间的对白语言。

师:饥饿的灰太狼一家吹倒了猪大哥的稻草房,机灵的猪大哥逃到了猪二姐家,不甘心的灰太狼一家又来到了猪二姐的木头房前,推倒了猪二姐的木头房,害怕的猪大哥、猪二姐跑到了猪小妹的砖头房里,它们想吃掉猪大哥、猪二姐、猪小妹,你们猜一猜,小灰灰会说什么呢?

师:小灰灰说,它要和猪兄妹们一起玩,你们觉得猪兄妹们会说什么呢?

师:猪兄妹们说它们不相信小灰灰的话,坚决不开门,这个时候,灰太狼会说什么呢？灰太狼说话的声音和表情会是什么样子？

（2）讨论：灰太狼会如何进入猪小妹的房子。

师：猪小妹的房子是用什么材料做的？它结实吗？灰太狼能撞倒猪小妹的砖头房吗？

（3）创编：灰太狼一家撞不倒结实的砖头房时，心情怎么样？生气的灰太狼表情是什么样子？说话声音会怎样？

3. 幼儿分组扮演，灰太狼撞不倒砖头房的情景。

师：现在我们要请几位小朋友共同搭建成砖头房的造型，再请三位小朋友分别饰演猪大哥、猪二姐、猪小妹，钻进房子里去，其他小朋友扮演灰太狼的一家，我们一起来撞猪小妹的砖头房（注意安全）。

4. 结束游戏："快乐小猪"。

师：我们现在都是快乐的小猪了，我们自由快乐地在结实的砖头房里唱歌、跳舞，灰太狼一家进不来了，我们一起用动作表达我们快乐的心情吧！

活动10 战胜灰太狼一家

活动目标

1. 创编灰太狼一家想进砖头房的情节，并用肢体动作、语言表达出来。
2. 跟随音乐做律动游戏，体验战胜灰太狼一家的快乐。

活动准备

1. 各种角色头饰（灰太狼、红太郎、小灰灰、猪大哥、猪二姐、猪小妹）。
2. KT板制作的砖头模型的房子，房子里设置简单的家具。
3. 欢快喜庆的音乐和低沉的音乐。

活动过程

1. 导入：戏剧游戏"拔萝卜"。

教师扮演猪妈妈，幼儿扮演猪宝宝。小猪宝宝们听到欢快的音乐时，在草地上玩"拔萝卜"游戏；当听到低沉的音乐时，小猪宝宝们赶紧跑回家；当音乐变得欢快时，小猪宝宝们又跟着猪妈妈在场地上做游戏。

2. 讲述故事，激发幼儿感受情节中的氛围。

（1）播放音乐，教师旁述。

师：饥饿的灰太狼一家吹倒了猪大哥的稻草房，推倒了猪二姐的木头房，又气急败坏地来到猪小妹家的砖头房前，用沙哑、低沉的声音怒吼道："你敢不开门，我要把你的砖头房子撞到，（用力撞房子）嘿哟嘿哟，怎么撞不动，老婆，小灰灰快来帮帮忙。"小灰灰和红太郎赶紧上来咧着嘴、龇着牙用力地一起撞向房子，只听"轰"的一声，灰太狼、红太郎、小灰灰狠狠地摔在地上，它们的脸也肿了，躺在地上说：哎呀，疼死了，疼死了，房子却一点也没动……

师：灰太狼一家想用什么办法撞倒猪小妹的砖头房？它们成功了吗？结局是什么？灰太狼撞房子的时候嘴里喊着什么？

（2）提供图片，让幼儿欣赏，引导幼儿尝试模仿、表达灰太狼一家的动作和表情（龇着牙、咧着嘴，躺在地上抱着头说疼死了）。

师：灰太狼一家试图用身体撞倒猪小妹的砖头房，撞房子的时候手放在哪里？身体是怎样弯曲的？大家一起来模仿一下，撞的时候，嘴里还要喊着什么，说着什么？一起说一说。

拔萝卜

3. 创编猪家兄妹打败灰太狼一家的情节。

（1）想象猪小妹和猪大哥、猪二姐用什么方法赶跑了灰太狼一家。

师：房子看来撞不动了，小灰灰想到了什么办法？爬烟囱的时候手怎么放？身体要怎样配合？

师：灰太狼一家想从烟囱爬进去，猪兄妹用了什么办法赶跑它们？有烟味的时候，我们会有什么反应？手放哪里？身体姿势怎么摆？

（2）庆祝战胜灰太狼一家的喜悦。

师：大灰狼在严重的雾霾中呛得落荒而逃了，猪家兄妹终于战胜了想吃它们的灰太狼一家，我们一起跟随音乐庆祝吧。

活动11　我们一起编剧本

活动目标

1. 能在教师带领下复述主要的故事情节和内容。
2. 用拼贴的方式将故事完整串联。

活动准备

1. 各个角色的头饰或服饰(猪爸爸、猪妈妈、猪家兄妹、灰太狼一家)。
2. 每一幕场景图(快乐小猪一家,猪大哥的稻草房……)。
3. 活泼快乐的音乐和低沉紧张的音乐。

活动过程

1. 教师依次展示道具或头饰,引导幼儿回忆故事中的角色。

师:这是什么?谁用的?它在故事里做什么?

2. 依次出示每一幕场景图,带领幼儿共同回忆故事情节。

(1)讨论第一幕:快乐小猪一家。

师:我们要开始表演了,谁应该先出现?做些什么?说什么话?猪大哥喜爱玩什么?猪二姐喜欢做什么?猪小妹最爱什么?它们准备做什么事情?

(2)讨论第二幕:三只小猪盖房子。

师:这是谁在盖房子?它盖了什么房子?这个房子怎么样?谁能表演盖房子的情景?

(3)讨论第三幕:灰太狼一家。

师:这幅图上有谁?它们是什么关系?它们准备干什么?

(4)讨论第四幕:战胜灰太狼。

师:灰太狼一家首先来到谁的房子前?发生了什么?然后又来到谁的房子前?发生了什么?最后,又来到谁的房子前?结果怎样?

(5)讨论结束:猪家兄妹是用什么办法赶走灰太狼一家的?

3. 调整图片顺序,让幼儿一起串联故事内容。

师:老师现在讲《三只小猪》的故事,小朋友们根据老师的讲述指出是哪一幅图片,好吗?

(1) 快乐小猪一家。

(2) 三只小猪盖房子(猪大哥的稻草房、猪二姐的木头房、猪小妹的砖头房)。

(3) 灰太狼一家。

(4) 战胜灰太狼(被吹倒的稻草房、被推倒的木头房、撞不倒的砖头房、战胜灰太狼)。

活动延伸

在阅读区提供《三只小猪》的故事图画书或手绘绘本,幼儿互相阅读。

剧本《三只小猪盖房子》

【剧情介绍】 猪妈妈有三只小猪,有一天,猪妈妈对小猪们说:"现在,你们已经长大了,应该学一些本领。你们各自去盖一间房子吧!"三只小猪分别用稻草、木头、砖头盖房子。大灰狼来了……

【人　物】 猪的一家:猪爸、猪妈、猪大哥、猪二姐、猪小妹。狼的一家:灰太狼、红太狼、小灰灰。稻草、木头、砖头。

【舞台提示】 舞台布景是猪的家、稻草房、木头房、砖头房、草地、花丛、森林。

第一幕

【场　景】 猪的家、草地、花丛、大树(背景音乐《晨景》)。

猪　爸　大家好,我是猪爸爸。

猪　妈　我是猪妈妈。

猪　爸　我们有三个宝宝。

猪　妈　大家想不想认识一下我们的宝宝呀?

猪　爸　我们把它们叫出来。

猪　爸　(与猪妈齐说)我们的宝宝在哪里呀?

小　猪　(三只小猪一起跑上场)来啦,来啦,我们来啦!

【音乐起,猪的一家舞蹈《快乐的小猪》

第四章 亲子戏剧教育实践

【猪爸猪妈退场】

猪大哥　我是猪大哥。我最喜欢IPAD了,我的计划是早上玩IPAD,下午玩IPAD,晚上还是玩IPAD。(在房子前玩IPAD,打游戏机的音乐)

猪二姐　我是猪二姐。瞧,我的皮肤多好啊,这都是保养出来的,魔镜魔镜,谁是世界上最漂亮的?(得意状)当然是我喽!哎哟喂!(照镜子)怎么长了个痘痘?美美去喽!(在房子前玩照镜子,《你那么美》音乐)

猪小妹　我是猪小妹,我是家里的老小。我最喜欢帮爸爸妈妈做事啦!(在房子前扫地,《嘻唰唰》音乐)

【猪爸猪妈上场】

猪　爸　孩子们,你们长大了,出去闯世界的时候到了。

众小猪　爸爸妈妈,我们舍不得离开你们。

猪妈妈　孩子们,你们该有自己的房子了,爸爸妈妈不能再陪你们了,再见!

众小猪　爸爸妈妈再见!

【《可爱的家》背景音乐,爸爸妈妈下场,三只小猪依依不舍】

猪小妹　爸爸妈妈说得对,我们该为自己盖一个房子了,不然下雨的时候我们住哪儿啊?

猪大哥　对呀,我们用什么盖好呢?

猪二姐　我们去找找吧!

众小猪　好!(三只小猪下场)

第二幕

【《稻草舞》】

猪大哥　呀!这里有一堆金灿灿的稻草,我要用稻草盖一间美丽又舒适的房子!(音乐《加油干》,推出稻草房)

猪大哥　哇!看我的稻草房多漂亮啊,现在我累了,我要进去打游戏了。(房子推到草地上)

【《木头舞》】

猪二姐　呀！这里有这么多木头，我要用木头盖一个可爱又温暖的房子。（音乐《加油干》，推出木头房）

猪二姐　哇！看我的木头房多可爱啊，现在我累了，我要进去打扮一下。（房子推到花丛旁）

【《砖头舞》】

猪小妹　哥哥姐姐的房子都造好了，我怎么办呢？呀！这里有这么多砖头，我要用砖头盖一个砖头房子，挡风又遮雨，多好呀。（音乐《加油干》，推出砖头房子）

猪小妹　哇！看我的砖头房子多结实，住在里面肯定舒服，我要进去休息了。（房子推到树林旁）

第三幕

【《野狼舞》】

小灰灰　爸爸妈妈，我都好几天没吃东西了，好饿啊！

红太狼　咦，我怎么闻到有小猪的味道？灰太狼，你快把小猪抓来！（边走边用鼻子四周嗅，露出惊喜状）

灰太狼　是，老婆大人！

第四幕

【灰太狼一家来到了猪大哥的稻草房旁】

红太狼　这里有漂亮的房子，一间稻草房。

小灰灰　（敲门）小猪，小猪，快开门，我们一起玩 IPAD。

猪大哥　啊？是灰太狼，（唱）不开不开我不开，你是大灰狼，不能把门开。（用身体堵住门）

灰太狼　（叉腰）你敢不开门，我要把你的稻草房吹倒。（呼哈呼哈用力吹气，刮风的声音）

第四章
亲子戏剧教育实践

猪大哥　啊,我的稻草房倒了,救命啊,救命啊,猪二姐,救命啊,快开门。(逃跑音乐,慌张地向猪二姐家跑去)

【猪大哥,猪二姐一起用力抵住门,狼一家追过来】

红太狼　呦!这里有间房子,一间木头房子。

小灰灰　(敲门)小猪,小猪,快开门,我们一起做美容。

猪大哥　(与猪二姐齐唱)不开不开我不开,你是大灰狼,不能把门开。

灰太狼　你敢不开门,我要把你的木头房子推倒。(用力推房子)

猪大哥　(与猪二姐一起)啊,我的木头房子倒了,救命啊,救命啊,猪小妹,救命啊,快开门。(逃跑音乐,慌张地往猪小妹家跑)

【猪大哥、猪二姐、猪小妹一起用力抵住门,狼一家追过来】

红太狼　哟,这里有间房子,一间砖头房子。

小灰灰　(敲门)小猪,小猪,快开门,我们一起玩吧!

众小猪　(唱)不开不开我不开,你是大灰狼,不能把门开。

灰太狼　你敢不开门,我要把你的砖头房子撞倒,(用力撞房子)嘿哟嘿哟,怎么撞不动,老婆、小灰灰快来帮帮忙。(灰太狼一家用力撞,《拔萝卜》前奏)

狼齐说　哎哟,疼死我了,疼死我了。

灰太狼　让我想想办法。(《聪明的一休》)

小灰灰　我有办法了,我们从烟囱爬进去,看它们往哪逃!三只狼爬烟囱。

众小猪　我们赶快把火烧起来。(扮演雾霾的上场)

红太狼　这么大的烟。咳咳,呛死我了。

小灰灰　我什么东西都看不见了。

灰太狼　这里雾霾污染太严重。(三只狼晕倒)

众小猪　(一起欢呼)我们胜利喽,我们胜利喽!(音乐《我们不怕灰太狼》)

(七) 亲子戏剧排演

角色的最终呈现是演员在经历了排演之后,在舞台艺术各个部门的配合下和同演者一起在舞台上呈现出来的。因此,可以说排演是呈现的过渡阶段,演出则是真正的呈现阶段。幼儿园亲子戏剧排演是幼儿及家长在教师的组织领导下，经过剧本分析、道具制作等准备工作之后，在共同认识的基础上，通过想象、模仿，创作出真实、鲜明、生动的舞台人物形象，最终完成整个演出的总体构思的一个阶段。排演共分为初排、细排、合成三个阶段，每个阶段所要完成的主要任务见本书"表4-7 亲子戏剧活动——排演环节工作一览表""表4-8 亲子戏剧活动——排演环节角色竞争告家长书""表4-9 亲子戏剧活动——排演环节告家长书"。

（八）亲子戏剧展演

幼儿园亲子戏剧展演并非专业的演出团队，编剧、导演、演员、剧务等所有工作都是教师、家长、幼儿及行政人员来承担，因此，各部门必须抱团合作，制定详细的活动方案及工作进度安排表、人员分工安排表，落实到人，反复整改，督促跟进，以最佳的姿态、最优的节目、最高的效率迎接正式演出。演出前，活动总指挥要考察场地及人员，熟悉整个活动流程，确保各部门的协同运作，做好各项准备工作；观演过程中，要体察小观众复杂而微妙的感受反应，检查并调整自己的艺术构思和舞台处理，虚心听取观众的意见，将演出推向更高的水平。幼儿园亲子戏剧展演各部门工作任务见本书"表4-10 亲子戏剧活动展演环节部门工作一览表""表4-11 亲子戏剧活动展演环节——家长注意事项"。

(九) 亲子戏剧批评

戏剧批评有广义和狭义之分,狭义的戏剧批评又叫戏剧评论,是对戏剧创作、演出、欣赏活动的分析、阐释与评价。它可以评说目前发生的各种戏剧现象,促进当代戏剧艺术的发展。如果再加上戏剧理论和戏剧美学,就是广义的戏剧批评了。幼儿园亲子戏剧批评分别从教师反思、观众评价、亲子体悟三个角度对亲子戏剧活动进行反思和总结。

表 4-36 "三只小猪盖房子"亲子戏剧活动批评环节——教师反思

教师反思:
一、为什么选择"三只小猪盖房子"作为戏剧主题活动

之所以选择"三只小猪盖房子"作为戏剧主题活动,其一是该主题取材于伴随几代人童年生活的英国经典童话《三只小猪》。故事讲述的是三只小猪要建房子,懒惰的大宝选择了用茅草建房子,因为那样省力;同样懒惰的二宝选择了用木头建房子,因为那样不必多花多少力气就可以建一座结实的房子;只有勤劳的三宝选择了用砖头建房子,因为那样最坚固。房子建好了,大灰狼也来了。结果老大的房子不堪一击,它跑到了老二家。老二的房子也同样抵挡不住大灰狼的进攻,落荒而逃的大宝、二宝逃进了三宝家。砖头盖的房子再也不怕大灰狼,大宝、二宝这时才知道自己错了。在欢乐和惊险中教给了孩子做人要勤劳勇敢、聪明机智、自力更生的人生道理。

其二是小猪的憨态可掬及大灰狼的凶狠霸道,深受大班幼儿的喜爱,易于其对角色的理解与扮演,同时,我们鼓励幼儿结合日常生活经验进行大胆改编,如迷恋 IPAD 游戏的猪大哥、自恋的猪二姐、饥饿的灰太狼一家,以发展幼儿的戏剧想象、创作能力。尤其在表演阶段,幼儿愿意用表演的形式表达出猪大哥的贪玩、猪二姐的爱美、猪小妹的勤劳,以及灰太狼一家居心叵测、屡次施计加害猪家兄弟姐妹的险恶心理与丑恶嘴脸。这不仅要求幼儿学会遵守表演规则,根据角色特征大胆表现,还要尝试与同伴有效合作,顺利表演,这对幼儿来说将是表演能力、人际关系、社会适应的考验。

本剧在给幼儿呈现欢乐有趣的戏剧情节的同时,教育他们:如果只顾贪玩、懒惰,终将一事无成,只有脚踏实地、勤勤恳恳换来的劳动果实才能长久。

二、实施过程中的反思与改进

(一) 剧本的第三次改编:1. 增加戏剧开场舞蹈为剧情开展埋下伏笔。2. 增加 IPAD 游戏、雾霾等贴近幼儿现实生活的剧情。3. 对上下场和谢幕顺序进行调整完善。

(二) 录音调整:针对初排时录音方面存在音量不统一、衔接不好、幼儿口型对不上等问题,及时修正重新录制,录音合成后请专业教师提意见,按照专业教师提出的意见和建议进行不断调整,力求完美。

(三) 道具制作:在道具制作上继续完善,特别在服头饰上下了一番功夫,鉴于排演中头饰有掉落的现象,教师在头饰上反复修改,最终保证演出顺利进行,幼儿戴在头上更觉得舒服。

(四) 服装设计:为了充分体现角色特点,对服装进行改进,服装的色彩艳丽,舞台效果非常好。

(五) 排练不能忽视日常工作的正常开展,日常工作的正常开展是为我们这次活动的一个成功保障,也是我们通过不影响正常工作取得家长对活动的支持与信任的一个重要依据,本次戏剧活动的成功,能为我们今后工作的开展提供有力的帮助。

表 4 - 37　"三只小猪盖房子"亲子戏剧活动批评环节——家长感悟

> 　　生命是奇妙的,在我 30 多年的生命里,我从来没有想到自己会成为一个演员,即使是一个幼儿园里的演员,小到不能再小。可它也是一个演员,不是吗？我是学理工科的,和娱乐业从未沾边,但这好像并没有妨碍我完成这次梦一样的任务。
> 　　儿子在幼儿园所有的活动里,妈妈的参与度是远远高于我的,这次也不例外。但是在老师的鼓励下,孩子和孩子妈妈的一再要求下,我硬着头皮答应下来,参与了戏剧台词的录音和排练。我们的剧本《三只小猪盖房子》很简单,但是有歌舞、有表演动作,我担任了里面灰太狼的角色。
> 　　最后,事实证明我虽然台词不多,但是我的表演还是比较精彩的,台下的掌声和笑声一片。儿子也是积极地参与到戏剧排练中,排练、排练、再排练,最后呈现的是一场完美的演出,这次活动的成功让我很感动,甚至无形中增加了我对孩子们未来快乐成长、成才的信心。有积极的家长,才会有积极的孩子!
> 　　演出结束后,儿子见到我的第一句话就是:"爸爸,我们演得太棒了。"我抱起他,一个月的辛苦全都有了回报!
> 　　幼儿园的亲子戏剧活动,对孩子们来说,是一个快乐的节日;对家长们来说,是一个梦的工厂。
>
> ××幼儿园
××小朋友家长

（十）亲子戏剧延伸

1. 戏剧游戏:我们都是木头人。

闲暇之际,全家人可以一起玩"木头人"游戏,先定好游戏失败者将接受惩罚的规则,然后,大家一起喊口令:我们都是木头人,不许说话不许动,不许走路不许笑! 当口令完毕,立即保持静止状态,无论本来是什么姿势,都必须保持不动。如果谁先忍不住说话,或者笑,或者行动,则这个人是游戏失败者,暂停游戏一次。其他幼儿再开始下一轮木头人游戏。

2. 戏剧游戏:老狼老狼,几点了。

家长扮演老狼,站在划定好的横线前,幼儿扮演小猪,站在横线后。游戏开始时幼儿与扮演老狼的家长一起往前走,并问:老狼老狼,几点了? 老狼回答说:一点了。然后又问:老狼老狼,几点了? 老狼回答说:两点了。这样继续下去,直到老狼回答"天黑了"或"十二点了"时,幼儿转身往横线处跑,老狼转身追捕,但不能超过横线,在横线前被拍到的为被抓到者。

3. 戏剧游戏:轻重缓急。

让幼儿根据不同情境或状态做出相应的动作。

轻:泡泡飞、羽毛飘、气球升、小鸟飞、雪花或树叶飘落、高兴去上学……

重:搬很重的箱子、背着很重的书包、提着水桶、穿着铁鞋、心情沉重、有心事……

缓:慢动作、睡觉、听舒缓音乐、蜗牛爬、老人走路、火车启动……

急:上学快迟到、找地方避雨、玩具被弄坏了、失火了、赶公交车……

二、笑翻天的农场(亲子音乐剧)

(一) 故事背景

农场主遇到了大麻烦,他的母鸡们迷上了打字,而且还给他写字条——要电热毯,农场主没有答应母鸡们的要求,母鸡们就开始罢工了,农场的动物们把农场主折腾得气急败坏而又无计可施……

(二) 主题说明

《3—6岁儿童学习与发展指南》科学领域的教育建议里指出:和幼儿一起通过户外活动、参观考察、种植和饲养活动,感知生物的多样性和独特性,引导5岁以上幼儿关注和思考动植物的外部特征、习性与生活环境对动植物生存的意义,体会人与自然、动植物的依赖关系。幼儿与生俱来对动物充满好奇,动物园里,憨态可掬、俏皮可爱、面露凶猛、高大笨拙的各种各样的动物形象时常引得幼儿流连忘返。幼儿不仅喜爱动物,而且热衷于模仿动物,他们模仿小狗汪汪叫,模仿小鸭子摇摇摆摆走路,模仿小猪呼呼睡,模仿小羊咩咩叫。对幼儿来说,农场里的动物们,好玩又有趣。

本主题首先从与农场相关的图片、视频、歌曲导入,引发幼儿对农场的讨论,引导幼儿大胆表达自己的农场参观经历或农村生活体验,引起幼儿装扮及表演的兴趣。其次,戏剧创编围绕"农场里有什么、农场里的小猪、农场里的奶牛、农场里的狗门卫"等话题进行。在戏剧创编过程中,教师为幼儿提供相关的服装、道具和音乐,让幼儿自主装扮,积极地用肢体动作和声音模仿、表现不同角色的形象和特点,从中感受农场里动物们和农场主之间的复杂感情,让每一位幼儿在角色体验中思考问题、表达想法、感受快乐。

本主题重在想象、扮演、体验和感受。在知识经验层面,如农场里有什么及小动物们的生活习性等,教师可请家长配合,为幼儿做一些知识、经验铺垫。如果条件允许,教师可组织幼儿或请家长利用闲暇时间带领幼儿实际参观农场的环境、设施及动物们的面貌特征,或通过环境的创设,让幼儿感受到农场的氛围。

因这一主题活动的动作性很强,富有韵律感,舞蹈动作始终贯穿其中,人物的台词也有音乐创编的技巧,据此,本戏剧定位为"亲子音乐剧"。

(三) 亲子戏剧准备

幼儿园亲子戏剧"笑翻天的农场"活动的开展,首先需要教师通过主题渗透、环境创设、区角设置、文学知识搜集等相关准备工作丰富幼儿的戏剧经验。同时,家长也要协助教师,通过亲子阅读、亲子手工、亲子观影等方式,与幼儿一起感受戏剧活动的乐趣、益处。

表4-38 "笑翻天的农场"亲子戏剧活动准备环节工作一览表

亲子戏剧流程	活动内容	活动事项	责任人
戏剧准备	选择剧本,提供戏剧来源	1. 选择剧本的基本流程:首先,幼儿、家长自由组合,成立亲子戏剧小组,讨论戏剧主题。其次,班级集体讨论,公开投票每个戏剧小组拟选的戏剧剧本。最后,家园合作、共同探讨、确定剧本 2. 选择剧本需注意:剧本要来源于幼儿生活、剧本要符合幼儿心理特点、剧本要适合舞台表演,剧本选择要有家长的参与	教师
	主题渗透,设计戏剧活动	1. 设计系列戏剧教学活动:农场里有什么、小猪的烦恼、委屈的奶牛、爱打字的母鸡、忠诚的狗门卫、神气的农场主、冻感冒的母鸡、战胜农场主、我们一起编剧本 2. 活动设计需注意:系列活动的设计与剧本预设框架线索一致;每一活动的设计紧紧围绕幼儿戏剧经验建构;正确理解情节预设与剧本生成的关系	

续表

亲子戏剧流程	活动内容	活动事项	责任人
戏剧准备	环境创设,营造戏剧氛围	1. 教室墙面(用卡纸、彩纸、废旧纸盒等一切可利用材料制作农场里各种动物角色以及农场的舞台背景……) 2. 公共区域(包括走廊、门厅……)粘贴、制作、布置与"笑翻天的农场"戏剧主题相关的元素,如卡通形象,连环画报等 3. "笑翻天的农场"亲子戏剧宣传海报(可以喷绘,也可以全班自主设计,以此吸引更多的人关注本戏剧主题) 4. "笑翻天的农场"亲子戏剧主题活动墙(备注:以"笑翻天的农场"戏剧主题内容为中心,依照亲子戏剧准备、创编、排演、展演、批评、延伸的戏剧经验的完整建构过程,呈现出活动流程每一环节的实践情况,形成主题网络图,包括每一环节的任务、目标、责任人,实施概况的文字表述及实施过程中师生、亲子精彩照片;也可呈现本班在预设基础上生成的其他特色创意活动。)	教师
	区角设置,体验戏剧情境	1. 阅读区:班级设置阅读区,让幼儿有机会在各种不同的活动中能随时阅读,培养幼儿的阅读兴趣、习惯、能力。(1)提供"开心农场系列"绘本,理解并体会作品中的内容。(2)将"笑翻天的农场"每一幕戏以图文并茂的形式贴在阅读区,供幼儿随时欣赏与阅读 2. 美工区:幼儿自主地进行绘画和手工制作的场所。既为幼儿提供了精细动作练习的机会,也为幼儿审美表征能力的发展创造条件,更是创造性教育的场所。(1)提供材料,制作农场里各种动物的头饰。(2)使用纸板、油画棒、卡纸等材料制作农场的背景及各种造型的房子 3. 建构区:提供积木、插塑、纸箱以及其他各种结构元件,为幼儿搭建农场创造条件。在积搭和接插各种农场造型的过程中,使幼儿获得有关图形以及空间的核心经验 4. 装扮区:设置戏剧小舞台,制作舞台布景,为幼儿自发地进行故事表演和歌舞表演创造条件,提供各种动物及农场主的头饰及辅助性道具、背景音乐等,鼓励幼儿尝试模仿小猪憨态可掬的样子、母鸡感冒难受的样子及农场主骄傲小气的模样等等	

续表

亲子戏剧流程	活动内容	活动事项	责任人
戏剧准备	搜集文献，整理戏剧常识	以专题PPT或者给家长一封信的形式，帮助家长了解戏剧常识，了解国内外戏剧教育动态，引领家长树立正确的戏剧教育理念	教师
	了解国内外戏剧教育动态	1. 了解西方发达国家学校戏剧教育的历史和现状 2. 了解我国戏剧教育的传统和我国港台地区的戏剧教育实践	家长
	树立正确的戏剧教育理念	1. 戏剧教育的终极目标是人格教育，而非才艺培养 2. 戏剧教育是实施人文素质教育的重要载体 3. 开展戏剧教育是为了造就全面发展的人	
	明确戏剧教育的具体任务	与教师积极沟通，明确每一环节需承担的任务	
	家庭内开展亲子互动游戏	在家庭内开展"亲子阅读、亲子手工、亲子集体舞"等活动，与幼儿共同探讨剧中主要人物、场景、主题等，延伸并巩固在园知识	
	了解基本的戏剧常识	根据幼儿年龄特征，引导其了解戏剧常识：故事情节、角色、场景、道具等	幼儿
	参观剧场，实际体验	有条件的地区，可以组织幼儿参观剧场，实际体验；条件不足的地区，可以组织幼儿观看与剧场相关的影视、图片等资料，丰富其感性认识，为开展戏剧活动、模拟剧场奠定认知基础	
	发挥主体作用，参与剧本选择	自由成立亲子戏剧小组，产生"强强组合""弱弱组合"和"强弱组合"。参与剧本选择	
	了解选定戏剧主题的相关知识	营造环境、提供材料，引导幼儿做好相应的知识经验准备	
	角色竞争，选择喜爱的角色	需注意的是，这里的"竞争"是趣味的、融洽的、民主的，形式是亲子共同参与的快乐游戏，切不可搞成"选拔式""竞赛式"，让幼儿产生畏难、恐惧、抵触心理	

宣传海报

公共区域

表4-39 "笑翻天的农场"亲子戏剧活动准备环节——家长工作一览表

1. 通过校讯通、网络平台、家长园地及日常交流,进一步认识到幼儿园亲子戏剧教育对于幼儿的认知拓宽、言语表达、肢体表现、创造想象、社会性发展的价值,以及对和谐家庭、家园、社会的功能,鼓励幼儿踊跃参与亲子戏剧活动。
2. 给家长的一封信。

亲爱的家长:

　　您好!

　　我们即将开展"笑翻天的农场"戏剧活动。该故事讲述的是农场主遇到了大麻烦,他的母鸡们迷上了打字,而且还给他写字条——要电热毯,农场主没有答应母鸡们的要求,母鸡们不仅开始不产鸡蛋,还联合其他动物集体罢工,动物们把农场主折腾得气急败坏而又无计可施。

　　幼儿是天生的剧作家、导演、演员。在创作、指挥、模仿中,他们愿意用表演的形式表达出农场主的小气以及农场里的动物们与农场主斗智斗勇的过程,在此创编及表演的经历中,幼儿将获得丰富的情感体验,同时也能感受到与同伴合作表演的快乐!

　　在主题开展过程中,我们希望您踊跃报名,与孩子一起参与并协助我们,与孩子共同尝试创编剧本、制作道具、装饰物等。在参与过程中,孩子们会增强对音乐的感受能力和表现能力,体验创作的乐趣,并学会与同伴分享自己的经验。他们也会在肢体表达、想象力、创作力、语言表达能力等方面得到更大的提升。同时,您自己不仅获得表演的乐趣,重获童年的体验,而且与孩子的关系将更加亲密,利于您家庭和谐氛围的营造。

　　为了丰富孩子们的相关经验,挖掘丰富的教育资源,请您协助我们做好以下相关工作:

　　(1) 请您以孩子喜欢和能接受理解的方式帮助他们熟悉故事内容,了解农场里的动物及他们的外观特征及生活习性;了解农场主的形象及职能;鼓励他们尝试用动作表达母鸡的愤怒、农场主的小气,及他们斗智斗勇的情景。

　　(2) 了解剧中角色,和孩子一起进行装扮,包括制作服装、头饰、面具等。

　　(3) 收集有农场动物、母鸡、奶牛、狗、农场主等角色造型的头饰或服饰。

　　(4) 协助教师收集相关的音乐磁带或碟片等。

　　我们非常期待您和您的孩子在"笑翻天的农场"戏剧主题活动中的精彩表现! 对您的积极支持和配合给予诚挚的感谢!

××幼儿园×班

×年×月×日

表4-40 "笑翻天的农场"亲子戏剧活动准备环节——教学活动一览表

亲子戏剧流程	活动名称	活动内容	活动目标
戏剧准备	农场里有什么	动画欣赏 肢体模仿	1. 大胆讲述动画片中农场里的动物 2. 能初步运用肢体动作模仿主要角色 3. 体验表演的乐趣

(四) 具体活动设计

活动1 农场里有什么

活动目标

1. 大胆讲述动画片中农场里的动物。

2. 能初步运用肢体动作模仿主要角色。

3. 体验表演的乐趣。

活动准备

1. 动画片《农场里的故事》、农场动物图片。

2. 音效(各种动物的声音),表现农场的背景音乐,如《在农场里》。

活动过程

1. 导入:戏剧游戏"农场里的动物猜猜看"。

请一名幼儿看教师出示的农场动物图片,然后做动作,其他幼儿猜猜看是什么。

2. 动画片欣赏,初步感受农场里的丰富多彩。

(1) 初步欣赏动画片。

师:故事里有哪些角色? 讲述了一件什么样的事? 你喜欢谁? 故事发生在什么地方? 农场是什么样子的?

(2) 教师向幼儿介绍《农场里的故事》动画片的情节内容。

3. 引导幼儿说出各种动物的主要特征(外形、姿态),并用绘画的形式记录。

(1) 出示农场主的轮廓图。

(2) 出示奶牛、小猪、狗、母鸡的轮廓图。

4. 模仿各角色的典型动作。

播放音乐《在农场里》。

(1) 自由模仿自己喜欢的动物形象的动作,定格造型后相互展示。

(2) 根据教师出示的农场动物的图片,调整自己的造型。

5. 结束游戏:"我和动物说……"。

教师出示农场的图片引导幼儿观察,然后让幼儿闭上眼睛,在舒缓的音乐背景下讲述:有一天,你来到了一座秘密农场,那里有绿油油的、茂盛的麦苗,漫山遍野的野草、小花,还有各种各样的小动物,天色渐渐暗了,你的小动物们要回家了,想象一下,你对要回家的动物们说什么样的话?每人说一句。

(五) 亲子戏剧创编

"剧本,剧本,一剧之本",说法虽朴素,却道出了剧本在整个戏剧活动中占据的重要地位。幼儿园亲子戏剧相对于成人戏剧,内容富于游戏性和童趣;冲突单纯,主题浅显、鲜明;语言口语化、动作化。幼儿园亲子戏剧剧本的创编过程主要是在教师的精心组织下,将戏剧主题融入幼儿园学期主题课程,通过一系列贴近戏剧主题的教学活动,师幼共同创编,在此过程中,"亲子编戏"同步进行。幼儿园亲子戏剧"笑翻天的农场"戏剧创编环节具体实施模式见下表。

表4-41 "笑翻天的农场"亲子戏剧活动创编环节——教师工作一览表

戏剧创编	创编原则	1. 亲子戏剧创编要符合幼儿年龄特征 2. 亲子戏剧创编要符合幼儿文学创作规律 3. 亲子戏剧创编要体现幼儿的主体地位	
	结构创编	确立主旨	一出戏要讨论的中心话题
		确立提纲	1. 出现矛盾(冲突) 2. 矛盾双方的相互博弈 3. 矛盾被解决	大致故事发生的背景是什么?开始是什么?接着又发生什么?结局怎样?

续表

戏剧创编	文本创编	剧情创编	剧情是由"人"和"事"构成,在剧中,什么人做了一件什么事,这就是一段剧情。幼儿园亲子戏剧活动任何环节都要体现幼儿"主体性"的指导思想,尊重幼儿,引导幼儿充分发挥想象力。每一幕剧情创编都应如此	如《笑翻天的农场》第一幕,母鸡因寒冷潮湿感冒后将会发生的情节,教师引导幼儿:鸡窝潮湿、寒冷,母鸡感冒了,它们该怎么办?感冒时身体有什么变化?心情怎么样?说话声音会是什么样子?
		人物创编	为使剧情丰满,在前期预设主要角色的基础上,引导幼儿大胆想象,生成更多的角色,也可以根据情节发展需求,适当增加新角色,满足更多幼儿的表演需要	如创编亲子戏剧《笑翻天的农场》第一幕"咕噜咕噜农场"时,从没有"猪"到增加6只小猪,并且增加小猪想要减肥的情节,引导幼儿认识到肥胖会产生很多健康问题以及生活上的不变;从没有奶牛到增加6只奶牛,增加奶牛讨论奶粉问题的情节,意在紧扣当前社会热点话题,即奶源安全问题;从只有1只狗到增加4只狗,并增加狗热爱门卫工作的情节,引导幼儿认识到狗的职能与特征,狗的敬业与忠诚
		语言创编	一部剧本主要由两部分组成:人物的台词和剧作家的舞台提示。在舞台演出时,剧本中人物的台词,由演员辅以表情、动作直接讲给观众听。剧作家的舞台提示是以剧作者的口气来写的叙述性文字说明,一般包括:(1)对剧情发生的时间、地点的交代;(2)对剧中人物的形象特征、形体动作及内心活动的描述;(3)对人物活动环境的提示,如对场景、气氛的说明,对布景、灯光、音响效果等方面的要求	1. 语言内容创编 如《笑翻天的农场》第二幕中,引导幼儿想象角色之间的对白。教师:农场主收到母鸡要电热毯的信后,回信拒绝了它们的要求,你们觉得母鸡的心情怎么样?它们会说什么呢? 2. 语言形式创编 如《笑翻天的农场》第一幕,利用儿歌改编人物台词。群牛:伤不起,真的伤不起,我产奶产奶产到想要放弃;辛勤劳动,现在出了问题,人们竟然竟然竟然竟然还要怪你!(群牛唱歌)唉!(边叹气摇头边下场)
		剧本书写	剧本的书写也就是文面,是指剧本呈现的样式,它是由语言符号组成的,与儿歌、故事、童话、诗歌等题材的语言组合全然不同。剧本改编后,有其自己的书写要求,我们一定要按标准规范书写	具体格式要求见文中第三章第二节

表4-42 "笑翻天的农场"亲子戏剧活动创编环节——家长工作一览表

1. 亲子戏剧活动每一环节都离不开家长的支持与配合,为保持家长参与的积极性,提升活动开展的效率,每一环节结束后,教师都应布置明确清晰的任务,最好以家长会或书面告知的形式,让家长知道戏剧开展的进度、内容、他们需要从哪些方面进行配合等。如亲子话剧"笑翻天的农场"在经过前期"亲子阅读""亲子手工"的共同熟悉、感知后,进入戏剧创编环节,家长需要如何进一步配合幼儿园的工作?家长自身要承担什么角色?我们仍旧用书信形式向家长汇报学习进度及后继学习的计划、任务。
2. 给家长的一封信。

   亲爱的家长:

   您好!

   经过前期的精心准备,以及您的积极配合,孩子们已经知道了"笑翻天农场"的故事内容,知道小气的农场主唯利是图,一心剥削农场里动物的生产价值,无视它们的基本生活需求,最终造成动物们群起而攻之,以至于得不偿失,以失败而告终。

   目前,经过全体师生的共同探讨、想象、创造,我们已经大致创编出本戏剧的结构框架:第一幕——戏的开端部分,晴朗的早晨,农场里的动物们开始各自的诉苦,猪要减肥,牛要停奶,鸡要电热毯。第二幕戏讲述的是母鸡和农场主之间的第一次比拼——写信较量,第一轮母鸡失败,它们决定罢工;第三幕戏讲述的是母鸡和农场主之间的第二次比拼——罢工较量,母鸡停蛋,奶牛停奶,猪停肉,然而农场主认为这是它们的天职,并不理会,第二轮比拼依然是以母鸡的失败而告终;第四幕戏讲述的是动物们和农场主之间的第三次较量——比武较量,它们比舞姿、比嗓门、比力气,最终结局是不相上下、互不让步;第五幕戏出现转机,母鸡们伪装成禽流感来袭的病怏怏状态,农场主终于惶恐不安,乖乖地交出母鸡们朝思暮想的电热毯。这样的情节设置,高潮迭起,冲突有序,深受幼儿的喜爱。

   本剧在给幼儿呈现欢乐有趣的戏剧情节的同时,教育幼儿:每一个平凡的岗位,付出的劳动、创造的价值,都是我们社会生活所必不可少的,我们每天的快乐生活是无数人在自己的平凡岗位上兢兢业业、勤勤恳恳地付出换来的,所以,我们要善待每一位劳动者。

   以上是我们开展戏剧教学的进度安排,为了让您进一步了解您孩子的学习心得及掌握效果,以便"笑翻天的农场"亲子戏剧工作有条不紊地开展,特布置以下亲子学习任务,请您及时向班级老师反馈学习情况。谢谢!

   (1)请您利用闲暇时间,和幼儿一起讨论、想象、创编每一幕戏具体发生的故事(人物、时间、地点、语言、情节等)。

   (2)和幼儿一起利用家里废旧物品制作人物头饰、服饰等装饰物以及剧中可能需要的道具。

   再次谢谢您对我园工作的支持与配合,谢谢!

   ××幼儿园×班

   ×年×月×日

表 4－43 "笑翻天的农场"亲子戏剧活动创编环节——教学活动一览表

亲子戏剧流程	活动名称	活动重点	活动目标
戏剧创编	小猪的烦恼	肢体表达 角色塑造 装扮 音乐欣赏	1. 认识小猪,了解小猪的特征及生活习性 2. 能用肢体动作、语言、声音等方式塑造小猪吃饭、睡觉、活动时的形象 3. 能够运用语言、表情及动作表达小猪烦恼的情感
	委屈的奶牛	角色想象 肢体造型 装扮 音乐欣赏	1. 认识奶牛,了解奶牛的特征及生活习性 2. 能用肢体动作、语言、声音等方式塑造奶牛形象 3. 大胆想象奶牛委屈的原因,表现委屈奶牛的情感
	爱打字的母鸡	角色塑造 肢体表达 音乐欣赏	1. 认识母鸡,了解母鸡的特征及生活习性 2. 能用肢体动作、语言、声音等方式塑造母鸡形象 3. 知道母鸡的功能,并模仿母鸡下蛋的动作
	忠诚的狗门卫	肢体模仿 角色塑造 音乐欣赏	1. 认识狗,了解狗的特征及生活习性 2. 能用肢体动作、语言、声音等方式塑造狗的形象 3. 知道狗的性格特征,并模仿狗站岗的动作
	农场里的声音	肢体模仿 角色塑造 音乐欣赏	1. 听觉游戏:听辨不同的动物声音 2. 通过故事情景进行音乐欣赏
	神气的农场主	角色想象 肢体表达 装扮	1. 知道农场主是干什么的 2. 装扮、模仿、扮演农场主的角色形象,对农场主的外貌、心理特征有所了解
	冻感冒的母鸡	情节创作 肢体表达 言语创编	1. 能在教师指导下,创编简单的情节,并用肢体动作、言语表达出来 2. 创编母鸡冻感冒后,和动物的对话,进行两两角色的呼应 3. 运用肢体动作模仿角色行为特征,学做感冒瑟瑟发抖的样子
	母鸡给农场主写信	情节创作 场景创作 肢体造型 音乐欣赏	1. 大胆想象母鸡给农场主写信的内容,进行情节创编 2. 理解并尝试表演所创编的情节 3. 尝试自己动手写信

续表

亲子戏剧流程	活动名称	活动重点	活动目标
戏剧创编	动物集体罢工	情节创编 场景创作 肢体表现 言语表达	1. 大胆想象动物们罢工后的情节 2. 能用不同声音、语言、表情和动作表现各角色的特征
	和农场主比武	情节创编 场景创作 肢体造型 音乐欣赏	1. 了解猪、奶牛、母鸡的特点,知道它们的优势 2. 能用动作、语言表达出角色的优势
	战胜农场主	情节创编 场景创作 肢体造型 音乐欣赏	1. 大胆想象母鸡和农场主斗争的办法 2. 音乐游戏,体验战胜农场主的喜悦
	我们一起编剧本	剧本创作	1. 能按照情节发展顺序讲述故事内容 2. 能够采用不同方式记录故事片段,并将故事串联成完整的剧本

(六)具体活动设计

活动2 小猪的烦恼

活动目标

1. 认识小猪,了解小猪的特征及生活习性。
2. 能用肢体动作、语言、声音等方式塑造小猪吃饭、睡觉、活动时的形象。
3. 能够运用语言、表情及动作表达小猪烦恼的情感。

活动准备

悲伤的音乐、小猪的图片、小猪的视频,音乐《快乐小猪》。

活动过程

1. 导入:戏剧游戏"快乐小猪"。

跟随音乐《快乐小猪》,引导幼儿自由表达小猪的形象特征,并想象不同状态下小猪的样子,如吃饭的小猪、睡觉的小猪、走路的小猪等等。

2. 观看小猪图片,交流讨论小猪的外形特征和生活特点。

师:前几天,老师去养猪场参观,将可爱的小猪们拍成了录像,我们一起来欣赏一下。

(1) 观察小猪的外形特征。

师:小猪长什么样?(引导幼儿讲出小猪有着大大的耳朵、小小的眼睛、圆圆的鼻子、短短的尾巴)小猪这么可爱,我们一起来学学小猪吧。(歌表演)

(2) 了解小猪的生活习性。

师:小猪长得真可爱,那小猪都爱吃些什么呢?(引导幼儿了解小猪的生活习性,如喜欢吃蔬菜、水果、粮食、肉类等各种东西,从来不挑食和偏食,幼儿也要像它一样,爱吃饭,不挑食,才能长得壮壮的)

3. 观看小猪视频,讨论小猪的本领和用途。

(1) 知道小猪的本领。

师:小猪长得很可爱,还会很多的本领呢,你们猜猜看,小猪都会什么?

(小猪经过训练后,会游泳、会表演杂技等)

(2) 知道小猪的用途。

师:小猪不仅长得可爱,本领也很大,其实它对我们人类还有很多用处呢,老师带来一些东西,我们一起看看是用猪身上的什么做成的。幼儿自由探索:摸一摸、戴一戴。

① 猪肉制品:火腿肠、猪肉脯、猪肉松(归类:出示猪肉标志,尝一尝肉脯)。

② 出示红烧肉图片:这是什么?用什么做成的?你还吃过什么用猪肉做的菜?

教师小结:猪肉可以制成各种休闲小吃和菜肴,而且美味可口。

③ 猪皮制品:皮带、皮包、皮鞋。(归类:出示猪皮标志)

教师小结:猪皮做成的东西穿戴在我们身上既漂亮又暖和。

④ 猪毛制品:毛笔、刷子。(归类:出示猪毛标志)

教师小结:原来猪身上小小的毛也能做成许多有用的东西。

4. 教师扮演烦恼的小猪,创设问题情境。

(1) 教师扮演烦恼的小猪,幼儿大胆猜想小猪不高兴的原因。

师:小猪怎么了?它为什么会这样着急、烦恼?

(2)幼儿围坐一圈,讨论小猪解决烦恼的方法。

师:农场里有一只小猪,它每天都很快乐,吃得很多,睡得很香,可是最近,它越来越胖,以至于走路都气喘吁吁了,此时它的心里很着急、很烦恼。你们有什么办法帮它解决吗?

幼儿回答,教师做出回应,教师不断否定幼儿的猜想,激发幼儿的其他想法。

(3)小结幼儿想出的可行办法。

5.结束游戏:"小猪的烦恼"。

教师旁白,幼儿扮演小猪,在音乐中表达自己的悲伤忧愁的情绪。

烦恼的小猪

活动 3　委屈的奶牛

活动目标

1.认识奶牛,了解奶牛的特征及生活习性。

2.能用肢体动作、语言、声音等方式塑造奶牛形象。

3.大胆想象奶牛委屈的原因,表现委屈奶牛的情感。

活动准备

1.奶牛的视频及图片。

2.音乐《小奶牛》。

活动过程

1. 观看图片,了解奶牛的特征、生活习性及本领。

(1) 了解奶牛的外观特征。

师: 奶牛是什么样子的?你喜欢它吗?奶牛身体是什么颜色的?

(2) 了解奶牛的生活习性。

师: 奶牛生活在什么地方?它每天吃什么?奶牛是怎么叫的?

(3) 了解奶牛的特殊本领。

师: 我们每天都要喝牛奶,牛奶就是从奶牛身上挤出来的,我们一起来看看奶牛是怎么产奶的?

(4) 模仿挤牛奶的动作。

师: 刚才我们看视频中的叔叔用双手挤出了我们爱喝的牛奶,现在请你们模仿挤牛奶的动作,并做出造型。

2. 观看视频,创设问题情境,引导幼儿创编奶牛委屈情节。

(1) 引导幼儿知道为什么很多中国人去买外国奶粉。

师: 图片中的奶牛生活在哪里?是在中国吗?听说,最近很多中国人都要去国外买奶粉,这是为什么呢?

(2) 表现奶牛委屈的情绪。

师: 如果你是一头中国农场的奶牛,大家都不喝你产的奶,你会怎么说?怎么做?

3. 运用声音、动作,自由表现委屈的奶牛。

(1) 教师入戏,扮演奶牛,幼儿把自己的想法告诉奶牛,教师做出回应并小结。

(2) 模仿委屈的奶牛。

师: 奶牛产奶很辛苦,可是人们还嫌它们产的奶不够好,它们很伤心很难过,伤心难过时说话的声音怎样?表情怎样?请你们模仿一下。

4. 结束游戏:"挤牛奶"。

师: 教师扮演农场主,假装给每位幼儿发了一个盛放牛奶的小桶,在欢快的音乐声中,幼儿模仿挤牛奶的动作。

活动4　爱打字的母鸡

活动目标

1. 认识母鸡,了解母鸡的特征及生活习性。
2. 能用肢体动作、语言、声音等方式塑造母鸡形象。
3. 知道母鸡的功能,并模仿母鸡下蛋的动作。

活动过程

1. 出示母鸡的图片,认识母鸡。

(1) 出示图片,引出故事主人翁。

师: 瞧! 这是一个快乐丛生的农场,满满地洋溢着温情的气息,我们的主人公即将登场了。听,它是谁呢(音效,并出示图片——母鸡)?

(2) 引导幼儿认识母鸡的特征及生活习性。

师: 母鸡长什么样子? 母鸡爱吃什么?

2. 观看母鸡的视频,了解母鸡。

(1) 模仿母鸡的叫声及动作。

师: 瞧,这只母鸡在农场里悠闲地散步,请你模仿一下母鸡走路的动作以及母鸡叫的声音

(2) 了解母鸡的本领和用途。

师: 我们每天都要吃的鸡蛋是哪里来的? 母鸡除了下蛋,还可以用来做什么?

3. 创编母鸡爱打字的情节。

师: 视频里的母鸡不仅可以下蛋,可以捉虫,它还想端着电脑键盘打字呢? 你们觉得它的愿望能实现吗? 说说各自的理由。

4. 创编母鸡想要电热毯的情节。

(1) 教师:视频里的母鸡真神奇,它竟然学会了打字,可是,天越来越冷了,母鸡睡觉时觉得很冷,你们有解决的办法吗?

(2) 电热毯、空调、暖气,都可以让母鸡不再觉得冷,那母鸡应该跟谁要这些取暖的设备呢? 农场主会答应吗?

5. 结束游戏:母鸡下蛋。

师:请小朋友自己找一个喜欢的地方,做一个最舒服的姿势,我们一起来学习母鸡下蛋吧。

母鸡下蛋

活动5　忠诚的狗门卫

活动目标

1. 认识狗,了解狗的特征及生活习性。

2. 能用肢体动作、语言、声音等方式塑造狗的形象。

3. 知道狗的性格特征,并模仿狗站岗的动作。

活动准备

1. 狗的图片。

2. 一段舒缓的音乐。

活动过程

1. 导入:戏剧游戏"可爱的小狗"。

教师出示不同形态的小狗的图片。教师每出示一张图片,就引导幼儿模仿图中小狗的样子,并说出小狗在做什么。

2. 欣赏小狗的图片,感知其角色的趣味性。

（1）出示小狗的图片。

师：小朋友们，你们见过小狗吗？小狗是什么样子的？小狗是如何叫的？谁愿意学一学？

（2）欣赏图片，提出问题。

师：你们觉得小狗可爱吗？你觉得它什么时候的样子最可爱？小狗吃饭是什么样子的？睡觉又是什么样子的？谁愿意模仿给我们看？

3. 创设不同的情境，幼儿自由结伴表现狗看家的造型。

（1）鼓励幼儿借助道具等材料表现狗门卫站岗的造型。

师：现在，我们来到了美丽的农场，在农场的进门处，有狗门卫把守着，请你们模仿狗门卫看家的造型。

（2）教师入戏扮演农场主，指导幼儿扮演。

教师扮演农场主，在狗门卫当中穿梭，每到一只狗面前，都给予一定的描述：这位门卫请腰背挺直；这位狗门卫请眼睛更有神；这位狗门卫请将你的衣服整理一下。

4. 结束游戏：深呼吸。

刚才我们看守农场时好紧张呀，现在我们来深呼吸放松一下吧。教师面向幼儿，引导幼儿用鼻腔做呼气与吸气的游戏，从慢到快，从轻到重，再回到正常速度与强度，还可以在呼吸的同时加入各种有趣的声音，如学小狗汪汪叫的声音。

深呼吸

活动 6　农场里的声音

活动目标

1. 听觉游戏：听辨不同的动物声音。
2. 通过故事情景进行音乐欣赏。

活动准备

1. CD 播放器。

2. 轻松的和紧张的背景音乐。

3. 母鸡、奶牛、猪、狗、小鸟、马等图片。

活动过程

1. 导入:戏剧游戏"老鹰捉小鸡"。

师:农场里有很多的小鸡,它们在母鸡妈妈的陪伴下,悠闲地散步、找吃的,忽然,来了一只老鹰要捉小鸡。现在,我们一起来玩个游戏,小鸡们排好队,请一个小朋友演老鹰,老师扮演母鸡妈妈,老鹰来捉小鸡,小鸡们要注意了,身体的任何部位都不能被老鹰碰到,碰到就输了。音乐响起时,游戏开始,音乐停止,游戏结束。

2. 聆听各种动物的声音,猜猜是什么动物。

(1)请幼儿围坐成一个圆圈,老师提问:农场是什么样的?哪些孩子曾经去过农场?农场里有些什么?在农场里人们会做些什么?

(2)教师播放音乐《在农场里》:请孩子们闭上眼睛仔细聆听,听听有几种声音?是哪些动物的声音?请每个孩子把自己的答案放在心里,等老师提问时再回答。(母鸡、奶牛、猪、狗、小鸟、马)

当音乐结束后,教师请幼儿睁开眼睛,询问幼儿听到了哪些声音?

(3)教师再次播放音乐《在农场里》:请孩子们再闭上眼睛听一次,并且记住这些动物声音的先后顺序。(母鸡、奶牛、猪、狗、小鸟、马)

音乐结束后,教师请幼儿睁开眼睛,并回答这些声音的先后顺序,教师拿出动物图片,根据幼儿的描述将图片放在地上,如果幼儿有遗漏,教师可以在两张图片中留空以启发幼儿。

当出现疑问的时候,教师请幼儿看着图片再听一遍《在农场里》,看看哪种答案是正确的。

3. 欣赏动物的图片,幼儿自由进行模仿与造型。

(1)教师对应着地上的图片,请幼儿为这6种动物创编动作。

师:母鸡是什么样子的?你能用身体做出母鸡的造型吗?

(2)幼儿自由做喜欢的动物造型,互相模仿。

教师将6种动物的图片分别散放在教室的不同位置,引导幼儿选择自己想扮演的动物角色,并站在对应的图片旁边。

(3) 幼儿根据声音做出动物造型。

教师再次播放音乐《在农场里》,当某种动物的声音出现时,扮演相对应动物角色的幼儿就做出相应的动作,其中小鸟的声音一直存在,所以小鸟组的幼儿可以在教室里自由飞翔。

4. 结束游戏:"可爱的动物"。

在轻松愉快的音乐声中,幼儿扮演各种各样的动物造型,个别或分组定格造型,教师拍照纪念。

我学公鸡打鸣

戏剧游戏:老鹰捉小鸡

活动 7 　 神气的农场主

活动目标

1. 知道农场主是干什么的。

2. 装扮、模仿、扮演农场主的角色形象,对农场主的外貌、心理特征有所了解。

活动准备

1. 音乐《劳动舞》。

2. 农场主劳动的视频。

活动过程

1. 导入:戏剧游戏"大人物与小人物"。

每两个幼儿一组,一位幼儿把自己想象为一个"大人物",这个"大人物"可以是皇帝、大力士,也可以是很凶猛的动物。另一位扮演对应的小人物,如皇帝的侍臣、小矮人、小老鼠等。用哑剧的方式,交替地扮演这两个"人物"。

2. 分析农场主这一角色特征,尝试用肢体动作、语言与表情来塑造农场主形象。

(1)观看视频片段,了解农场主的工作。

师:视频中管理小动物们的是谁?他在农场主要负责什么工作?

(2)模仿农场主说话的声音。

师:在农场里,农场主是老大,所有的动物都由他来管理,老大说话时的声音有什么不一样?

(3)模仿农场主走路的样子。

师:农场主走路是什么样子的?谁来学一学?(大摇大摆、很骄傲、很得意)

(4)模仿农场主劳动的样子。

师:农场主是怎么劳动的?脚是怎样的?(两脚分开低着头),手又是怎样的?(手拿铁锹上下锄)

3. 欣赏音乐,了解音乐旋律,学跳劳动舞。

(1)欣赏音乐《劳动舞》。

师:瞧,农场主跟着音乐来跳舞了,我们来听一听是什么样的歌声让农场主起舞了(欣赏音乐)。

(2)创编有趣的舞蹈动作。

师:劳动舞多欢快呀,我们一起跟着音乐来跳个农场舞吧!(引导幼儿借用一些道具来丰富角色形象,如农场主的帽子、手杖等等)

4. 集体交流与展示。

(1)小组展示。

师:刚才大家表演得非常好,我想请几组小朋友到前面来表演给大家看一看,谁想上来试一试?

(2)反思交流。

师:你觉得自己表演得怎么样?觉得谁表演得好?哪里好?

5. 结束游戏:"主人,我爱你"。

跟随舒缓的音乐,幼儿两两一组,一人当农场主,一人当狗门卫,狗门卫帮农场主敲敲背、揉揉肩、捏捏腿,让农场主从身体到心里放松放松。幼儿交换角色扮演。

大人物和小人物　　　　　　　　我是农场主

活动8　冻感冒的母鸡

活动目标

1. 能在教师指导下,创编简单的情节,并用肢体动作、言语表达出来。

2. 创编母鸡冻感冒后,和动物的对象,进行两两角色的呼应。

3. 运用肢体动作模仿角色行为特征,学做感冒瑟瑟发抖的样子。

活动准备

1. 白大褂几件。

2. 音乐《健康歌》。

活动过程

1. 导入:戏剧游戏"医生和病人"。

幼儿分成小组,一人扮演医生,其余扮演病人,医生对病人"望、闻、问、切",病人向医生描述自己不舒服的地方。交换角色、轮流扮演。

2. 设置疑问组织讨论,引导幼儿创编合理的故事情节。

师:最近,总是下雨,你们觉得农场的鸡窝环境会变得怎样?母鸡住在这样潮湿、寒冷的环境里,该怎么办呢?

3. 想象与创编母鸡生病冻感冒的情节。

(1) 母鸡住在潮湿的鸡窝里,身体会怎样?

(2) 假如母鸡感冒了,身体会有怎样的症状?

(3) 感冒会打喷嚏、鼻塞、咳嗽,甚至发热,很不舒服,那它们该怎么办呢?

(4) 去医院看病,治好了以后还是要回到潮湿的鸡窝怎么办?

(5) 我们可以给鸡窝铺上电热毯,那母鸡应该跟谁要?

(6) 它应该怎么跟农场主说?

4. 表演所讨论的内容。

(1) 根据幼儿创编的内容,邀请部分幼儿扮演各个角色进行表演。

师: 大家想了很多,也说了很多,谁愿意来和我一起表演呀?

(2) 幼儿表演讲述的故事情节及各角色间的对话。

5. 结束游戏:"健康歌"。

教师播放《健康歌》音乐,教师扮演老母鸡,幼儿扮演小鸡,伴随音乐运动起来,当音乐停止,小鸡和母鸡定格造型,并请辅助老师帮忙拍照。

戏剧游戏:医生和病人

活动9 母鸡给农场主写信

活动目标

1. 大胆想象母鸡给农场主写信的内容,进行情节创编。

2. 理解并尝试表演所创编的情节。

3. 尝试自己动手写信。

活动准备

1. 一封信、一块黑板。

2. 幼儿人手一份记号笔及纸张。

活动过程

1. 认识信封,了解写信的格式。

(1) 出示信封,引导幼儿认识信封。

师: 听说母鸡想跟农场主要一个电热毯,它们集体写了一封信,准备派忠诚的狗门卫交给农场主,现在,这封信就在老师的手里。我们一起来看看信封上有什

么?(引导幼儿看信封、邮政编码、邮票、地址、收信人等信息)

(2)打开信封,让幼儿猜测信的内容,了解写信格式(教师在黑板上演示)。

师: 我们想一想,母鸡会在信里和农场主说些什么呢?

师: 写信的时候,首先要有称呼,母鸡会怎么称呼农场主呢?

师: 母鸡写信,主要想跟农场主要什么?为什么要?

师: 写信的最后要写上自己的姓名和日期。

2. 猜测农场主收到母鸡信后的情节。

(1)农场主收到母鸡的信后,会是什么反应?

(2)他会答应母鸡的要求吗?他会说什么?

(3)为什么农场主不答应给鸡窝铺上电热毯?

3. 创编母鸡收到农场主回复后的情节。

(1)母鸡得知农场主不给电热毯后,会怎么说?心情怎样?

(2)母鸡还有什么办法对付农场主?

4. 幼儿分组扮演农场主收到母鸡信后的情节和母鸡收到农场主回复后的情节。

(1)农场主收到母鸡信后的情节。

师: 我想请小朋友分为四个小组,协商选择想扮演的角色并表现农场主收到母鸡信后的情节。表演需要农场主2名、狗护卫2名、母鸡2名。先小组自由表演,稍后,我们来比比哪一组能很好地运用表情、语言和动作表现角色的特征。

(2)母鸡收到农场主回复后的情节。

5. 结束游戏:"我给妈妈写信"。

引导幼儿用记号笔在白纸上以图文并茂的方式给自己的妈妈写一封信。注意写信要有称呼,要有落款人及日期。

母鸡写信

活动10　动物集体罢工

活动目标

1. 大胆想象动物们罢工后的情节。

2. 能用不同声音、语言、表情和动作表现各角色的特征。

活动准备

1. 母鸡下蛋、奶牛产奶、猪的图片。

2. 舒缓的音乐。

3. 农场主、动物等的头饰。

活动过程

1. 导入：戏剧游戏"由大变小"。

幼儿围成圈，分别扮演母鸡、奶牛、猪，教师分别用语言提示幼儿"你现在是一头大胖猪""你现在是一头强壮的奶牛""你现在是一只很肥的母鸡"，引导幼儿用身体表示。然后提示幼儿"动物们正在减肥，大胖猪变成小瘦猪，壮奶牛变成小奶牛，肥母鸡变成小母鸡"，引导幼儿用身体表现由大变小的样子……

2. 引导幼儿认识动物们罢工的具体内涵。

（1）引出"罢工"的主题。

师：母鸡们写信给农场主要电热毯的愿望没有实现，它们很生气，农场里的动物们决定罢工，"罢工"是什么意思？

小结：罢工就是不再劳动的意思。

（2）理解"罢工"内涵。

师：奶牛罢工，意味着什么？母鸡罢工，意味着什么？母猪罢工呢？

小结：奶牛罢工，意味着它不再产牛奶，母鸡罢工，意味着它不再下蛋，母猪罢工，意味着它不吃饭，要减肥。

（3）知道"罢工"的后果。

师：奶牛不产奶，母鸡不下蛋，猪要减肥，会给农场带来什么后果？

2. 创编动物罢工后，农场主反应的情节。

（1）动物决定罢工后，农场里将没有牛奶、没有鸡蛋、没有猪肉，农场主将会是什么反应?

（2）农场主为什么很牛气地不满足动物们的愿望?

小结:因为在农场主的眼里,母鸡下蛋、奶牛产奶、猪长肉是它们生下来就有的本事。

（3）教师总结故事情节。

师:可怜的动物们,在寒冷潮湿的农场里辛勤地劳动着,它们只是想要个电热毯,以此取暖,但小气、骄傲的农场主拒绝了它们的请求,它们决定罢工,没有想到的是,农场主并不害怕,它认为母鸡就应该下蛋,奶牛就应该产奶,猪就应该长肉……

3. 教师扮演农场主,幼儿分组扮演奶牛、母鸡、小猪,运用肢体动作表演它们之间的对话。

（1）幼儿自由选择角色,并加入相应小组。

（2）选择合适场地,师幼创造性地表演农场主的傲慢神情和动物们罢工后的动作及语言。

我要罢工

活动 11　和农场主比武

活动目标

1. 了解猪、奶牛、母鸡的特点,知道它们的优势。
2. 能用动作、语言等表达出角色的优势。

活动准备

1. 音乐《忐忑》。
2. 母鸡、猪、奶牛角色头饰。
3. 农场主和动物比武的图卡。

活动过程

1. 导入:戏剧游戏"我是解放军"。

幼儿分成小组,扮演解放军,要攻占敌人的碉堡,过程中设置钻、爬、跳等障碍物,最先到达组,获胜。

2. 教师讲述,引导幼儿继续创编故事情节。

师: 农场的母鸡们想要电热毯,写信失败了,罢工失败了,它们还会想出什么办法呢?(幼儿自由想象、回答)

师: 动物们决定和农场主来一场比武争夺战,我们一起来看看它们是怎么比的?

(1)出示母鸡和农场主比武的图卡。

师: 图片中的母鸡和农场主在比拼什么?你们认为母鸡和农场主比,谁比较强?(请幼儿根据图片,两两模仿母鸡和农场主之间的对话)

(2)出示奶牛和农场主比武的图片。

师: 图片中的奶牛和农场主在比拼什么?你们认为奶牛和农场主比,谁比较强?(请幼儿根据图片,两两模仿奶牛和农场主之间的可能对话)

(3)出示猪和农场主比武的图片。

师: 图片中的猪和农场主在比拼什么?你们认为猪和农场主比,谁比较强?(请幼儿根据图片,两两模仿猪和农场主之间的可能对话)

3. 结束游戏:快乐农场。

跟随轻快的音乐,教师带领幼儿一起学母鸡、奶牛、小猪和农场主比武的动作和表情。

动物们和农场主比武

活动 12 战胜农场主

活动目标

1. 大胆想象母鸡和农场主斗争的办法。
2. 音乐游戏,体验战胜农场主的喜悦。

活动准备

1. 各种动物及农场主头饰。
2. 大树、围栏、KT 板制作的农场,农场里的鸡舍、狗窝、猪房等。
3. 欢快的音乐和低沉的音乐;打字舞音乐。

活动过程

1. 导入:戏剧游戏"农场主来了"。

教师扮演农场主,幼儿分别扮演各种动物,小动物们听到欢快的音乐在草地上围成圆圈玩捉迷藏的游戏。当听到低沉的音乐时,农场主来了,小动物们赶紧跑回自己的房中;当音乐变得欢快时,小动物们又出来一起做游戏。

2. 故事讲述,激发幼儿感受情节中的氛围。

师:动物们想要电热毯,农场主拒绝了,于是,它们写信给农场主,没有用;罢工,依然没有用;比武呢,大家力量都很强,还是没有用。这时,聪明的母鸡想到了一个好办法,它们假装感冒,假装感染了禽流感,农场主害怕了,立马命令狗门卫送来了电热毯……

师:母鸡们最后想到用什么办法赢得电热毯?这个办法有效吗?农场主听到后的反应是什么?

3. 幼儿分组自由交谈,激发已有的感冒经验。

(1) 幼儿用语言描述感受时的状态。

师:母鸡假装说它们感冒了,你们知道感冒有哪些症状吗?感冒要注意什么?

(2) 教师总结感冒的症状、心理感受以及注意事项。

4. 鼓励幼儿用身体造型表现感冒的状态。

(1) 教师口述,幼儿根据教师口述内容做出相应的动作。

师:感冒时,要流鼻涕,假装你手里拿着纸巾,开始擦鼻涕;感冒时,还要戴上口罩,请将手里的口罩戴好;感冒时,会咳嗽,咳嗽了轻轻拍自己的背……

（2）鼓励幼儿分组合作表演母鸡感冒造型。

5. 播放欢快音乐,表现战胜"农场主"的快乐氛围。

师:动物们战胜农场主了,大家高兴吗? 动物们会怎样表现(拥抱在一起)? 它们在一起会怎样庆祝胜利? 它们听到打字舞的音乐,会做什么? 它们的动作、表情是怎样的?

6. 结束游戏:躺下休息。

跟随柔和的音乐,幼儿扮演各种小动物,在教师的语言指令下,慢慢地放松身体,就地躺下,闭上眼睛,开始休息。

集体跳打字舞

活动 13　我们一起编剧本

活动目标

1. 能按照情节发展顺序讲述故事内容。

2. 能够采用不同方式记录故事片段,并将故事串联成完整的剧本。

活动准备

铅画纸、油画棒。

活动过程

1. 采用故事接龙的方式,讲述完整的农场故事。

(1)教师讲述故事的开头,幼儿可在教师提示下讲述具体情节和其中的对话。

师:天气越来越冷了,农场里的动物们每天都很辛苦,于是,它们希望农场主能给它们提供电热毯,生活得舒服一些,可是,它们写信给农场主,遭到了拒绝,于是,动物们……

(2)幼儿分组连续讲述"笑翻天的农场"。

师:下面我们分成三个小组,讲一讲动物们和农场主斗争的故事。每个小组讲一个地方,讲述的内容不能相同。现在故事接龙,动物们写信失败后,又采取了什么措施?

(3)幼儿讲述故事结局。

2. 划分剧本的剧幕。

根据前述故事内容,引导幼儿将剧本进行划幕。

第一幕:咕噜咕噜农场。

第二幕:农场主和母鸡写信较量。

第三幕:动物们和农场主罢工较量。

第四幕:动物们和农场主比武较量。

第五幕:母鸡智得电热毯。

3. 幼儿分组绘制连环画剧本。

将幼儿分成五组,每一组小朋友绘画出不同剧幕的内容。

剧本《笑翻天的农场》

【**剧情介绍**】 农场主遇到了大麻烦,他的母鸡们迷上了打字,而且还给他写字条——要电热毯,农场主没有答应母鸡们的要求,母鸡们就开始罢工了,农场的动物们把农场主折腾得气急败坏而又无计可施……

【**人　物**】 母鸡,农场主,奶牛,猪,狗。

【**舞台说明**】 鸡舍,栅栏,农场标牌。

第一幕：咕噜咕噜农场

【旁　白】清新的早晨，金灿灿的阳光洒满了咕噜咕噜农场，新的一天开始了，农场的动物们又跟往常一样热闹起来。

【猪出场(小猪舞)】

猪　1　哎哟，我这肚子，什么时候才能瘦下来啊。

猪　2　每天我们吃完睡，睡完吃，身材都变形了。

猪　3　就是就是，真难看，我们要减肥！

群　猪　嗯嗯，我们都要减肥！（边做运动边下场）

【奶牛出场(亲子奶牛舞)】

牛　1　喂，表姐呀，什么？荷兰奶粉涨价啦！

群　牛　发生什么事了？

牛　2　荷兰农场的奶牛忙得喘不过气来了，说是我们中国奶粉惹的祸，唉！

牛　3　就是啊，爸爸妈妈都不敢买奶粉，就怕小朋友受伤害。

牛　4　我们每天辛苦产出的奶，却变成这样，伤不起啊！

群　牛　伤不起，真的伤不起，我产奶产奶产到想要放弃；辛勤劳动，现在出了问题，人们竟然竟然竟然竟然还要怪你！（群牛唱歌）唉！（边叹气摇头边下场）

【母鸡出场(母鸡们抱着键盘跳起了打字舞)】

【旁　白】农场里的母鸡们呢？听说它们最近成了网虫，迷上了打字，看，它们来了……

群　鸡　上网冲浪真有趣，打字聊天玩游戏，轻松好玩又神奇，每天下蛋笑嘻嘻。

鸡　1　阿嚏，有点感冒了。

鸡　2　是啊，鸡舍又湿又冷，有张电热毯就好了。

鸡　3　对呀，去跟农场主说说吧。

群　鸡　好啊好啊，我们一起去。（边说边下场）

第二幕：农场主和母鸡写信较量

【农场主舞蹈入场，农场主劳动舞蹈

主 1　（众做仔细听声音状）听，什么声音，咔嗒咔嗒……

主 2　会不会是母鸡在下蛋啊？（众农场主正疑惑时，狗门卫送信过来了）

狗 1　主人，主人（狗喘）您的信。

【主人慢条斯理地打开信，惊呆，难以置信的样子

狗 2　主人，什么事，念给我们听听。

主 2　（念信）亲爱的农场主，鸡舍一到晚上就像冰窖，我们实在太冷了，给我们送几条电热毯吧。您的母鸡。

主 2　什么？母鸡还要睡电热毯？

主 3　前阵子刚拿走了仓库的旧电脑，这会儿又要电热毯。

主 4　不行不行，这么多母鸡，太费电了。

主 2　狗狗，我忠实的朋友，回去告诉那些鸡，想要电热毯，那是不可能的！

狗　　是，主人（狗拿信下场）。

主 4　好了好了，我们回去吧，没什么大事儿（农场主边摇头议论边下场）。

鸡 1　你们说说，只是要几条电热毯，这都不行，唉！

鸡 2　我们每天这么辛苦地下蛋，居然忍心让我们冻着，气死了。

鸡 3　好吧，好吧，不给电热毯，我们就罢工。

众 鸡　对，我们罢工！罢工！罢工！罢工！（音效）

第三幕：动物们和农场主罢工较量

【旁　白　第二天早上，农场主和往常一样，去鸡舍取蛋，走到门口却发现了不可思议的事情。

主 1　快看快看，"抱歉，今日停蛋"！

主 2　母鸡还能停蛋？没有蛋我们吃什么呀！

主 3　别着急，母鸡屁股憋着蛋，怎有不下之理，我们等着瞧！

群　主　对,我们等着瞧(农场主们哼哼唧唧地走了)。

【母鸡们(气愤地)上场

鸡　1　哼,看来农场主根本不在乎我们,牛姐姐,猪弟弟你们快来呀。

【奶牛,小猪出场(音效)

【旁　白　农场主没有答应母鸡们的要求,母鸡们找来奶牛、小猪帮助,它们在一起商量,想办法……终于它们决定统一战线,集体罢工!用实际行动保护自己(动物们围成两个圈在一起商量,最后在每个动物家门口都挂上"停牌")。

【动物集体舞《不怕不怕》

【母鸡,奶牛,猪(得意地)下场

【旁　白　傍晚时候,农场主请他的最忠实的狗门卫,去农场巡视……

狗　1　什么?我真的不敢相信自己的眼睛。

狗　2　今日停蛋,今日停奶,今日停肉(三只狗分别走上前,逐一介绍)。

众　狗　啊,这是怎么回事?

狗　3　出事了,出大事啦,赶紧报告主人。狗下场(音效)。

主　1　怎么还会有这样的事,受不了!母鸡们在打字,奶牛在罢工,猪在减肥,谁听过这样的事。

主　2　我们的农场没蛋,没奶,没肉,还能做什么?

主　3　真是不像话,居然串通一气来威胁我。狗门卫,把我的电脑拿来。

【一农场主打字写信,众边围着看边读"亲爱的母鸡,我不会给你们送电热毯,你们是母鸡,奶牛和猪,理所应当产蛋,产奶,产肉。农场主"

主　3　拿去,给那群异想天开的鸡,看它们能耍出什么花样来。

第四幕:动物们和农场主比武较量

【旁　白　农场主还是不答应母鸡们的小小要求,母鸡带领农场的动物们开了个紧急会议,它们给农场主写了封信。

狗　　　主人,主人,您的信。

主　1　亲爱的农场主,农场的动物们都知道,您力大无穷、舞姿优美、歌声嘹亮,大家都想和您比一比,请您忠实的狗门卫当裁判,谁赢了就要答应对方的条件。您的母鸡、奶牛、猪。

主 2　比就比,我们怎么会输给那群愚蠢的家伙,哼,走着瞧!

主 3　亲爱的狗狗们,出发!

【农场主和动物相遇(在忐忑的音乐声中动物们随乐说词)

群　主　来呀来呀来呀来呀,本事拿出来。

众　　　怎样怎样怎样怎样,没什么了不起。

群　主　来呀来呀来呀来呀,谁的本领大。

众　　　怎样怎样怎样怎样,我们不怕你。

群　猪　我的力气比你大。

群　主　我的力气比你更大。

群奶牛　我的舞姿比你美。

群　主　我的舞姿比你更美。

群　鸡　我的嗓门比你大。

群　主　我的嗓门比你更大。(双方大喊大叫比嗓门。)

狗　　　(大声喊)停——吵死了!(双方谁也不服输,抱胸扭头不看对方)

第五幕: 母鸡智得电热毯

【母鸡们围成一团商量

鸡 1　有了!

群　鸡　立刻变得萎靡不振,扶头、咳嗽、戴口罩。

鸡 1　亲爱的农场主,我们肯定是感冒了,咳咳咳!

鸡 2　好像有点发热,咳咳咳!

鸡 3　鸡舍如果再没有电热毯的话……咳咳咳!

【农场主吓得直往后退,边退边说

主 1　不会得禽流感吧。

主 2　狗、狗,快、快拿电热毯。(农场主下,众狗抬电热毯上场)

狗 1　给你,主人只有一个要求,用你们的旧电脑换电热毯。

鸡 3　耶,我们终于拿到电热毯啦!(动物们高高兴兴拿着电热毯回去了。)

狗 2　这就是那个能打字的玩意儿？我们也来试试。

狗 3　咔嗒咔嗒，真好玩！（狗狗跳起鸡的打字舞，下场。）

尾声　打字惹的祸

【旁　白】农场最最老实的狗门卫居然也迷上了打字，几天过去了，农场主又收到了一封信，"亲爱的农场主：在农场看门真无聊，给我送一台电视机吧，您的狗"！

主 1　天哪，这些麻烦事，什么时候是个头啊！

（七）亲子戏剧排演

角色的最终呈现是演员在经历了排演之后，在舞台艺术各个部门的配合下和同演者一起在舞台上呈现出来的。因此，可以说排演是呈现的过渡阶段，演出则是真正的呈现阶段。幼儿园亲子戏剧排演是幼儿及家长在教师的组织领导下，经过剧本分析、道具制作等准备工作之后，在共同认识的基础上，通过想象、模仿、创作出真实、鲜明、生动的舞台人物形象，最终完成整个演出的总体构思的一个阶段。排演共分为初排、细排、合成三个阶段，每个阶段所要完成的主要任务见本书"表4-7　亲子戏剧活动——排演环节工作一览表""表4-8　亲子戏剧活动——排演环节角色竞争告家长书""表4-9　亲子戏剧活动——排演环节告家长书"。

第四章
亲子戏剧教育实践

"笑翻天的农场"排演场景

（八）亲子戏剧展演

幼儿园亲子戏剧展演并非专业的演出团队，编剧、导演、演员、剧务等所有工作都是教师、家长、幼儿及行政人员来承担，因此，各部门必须抱团合作，制定详细的活动方案及工作进度安排表、人员分工安排表，落实到人，反复整改，督促跟进，以最佳的姿态、最优的节目、最高的效率迎接正式演出。演出前，活动总指挥要考察场地及人员，熟悉整个活动流程，确保各部门的协同运作，做好各项准备工作；观演过程中，要体察小观众复杂而微妙的感受反应，检查并调整自己的艺术构思和舞台处理，虚心听取观众的意见，将演出推向更高的水平。幼儿园亲子戏剧展演各部门工作任务见本书"表4-10 亲子戏剧活动展演环节部门工作一览表""表4-11 亲子戏剧活动展演环节——家长注意事项"。